心理健康教育系列

幼儿
心理健康教育

郑 雪 刘学兰 王 玲⊙著

暨南大学出版社
JINAN UNIVERSITY PRESS

中国·广州

图书在版编目（CIP）数据

幼儿心理健康教育/郑雪，刘学兰，王玲著. —广州：暨南大学出版社，2006.1（2022.1 重印）
（心理健康教育系列）
ISBN 978 – 7 –81079 –654 –5

Ⅰ.①幼…　Ⅱ.①郑…②刘…③王…　Ⅲ.①学前儿童—心理卫生—健康教育
Ⅳ.①G479

中国版本图书馆 CIP 数据核字（2005）第 146195 号

幼儿心理健康教育

YOU'ER XINLI JIANKANG JIAOYU

著　者：郑　雪　刘学兰　王　玲

出 版 人：张晋升
责任编辑：曾鑫华
责任校对：陈　涛　候丽庆
责任印制：周一丹　郑玉婷

出版发行：暨南大学出版社（510630）
电　　话：总编室（8620）85221601
　　　　　营销部（8620）85225284　85228291　85228292　85226712
传　　真：（8620）85221583（办公室）　85223774（营销部）
网　　址：http：//www.jnupress.com
排　　版：暨南大学出版社照排中心
印　　刷：佛山市浩文彩色印刷有限公司
开　　本：787mm×960mm　1/16
印　　张：16.5
字　　数：314 千
版　　次：2006 年 1 月第 1 版
印　　次：2022 年 1 月第 15 次
印　　数：38001—39500 册
定　　价：36.00 元

（本书所涉个别图片，如属个人版权，见书后请函告出版社，以便支付薄酬）

目　　录

第一章　幼儿心理健康教育概论

本章要点

〰〰〰〰〰〰〰〰〰〰〰〰〰〰〰〰〰〰〰〰〰〰〰〰

- □　心理健康与心理异常
- □　心理健康教育的意义
- □　心理健康教育的历史与发展
- □　幼儿心理健康教育的目标
- □　幼儿心理健康教育的原则

〰〰〰〰〰〰〰〰〰〰〰〰〰〰〰〰〰〰〰〰〰〰〰〰

第一节　心理健康教育的概念与意义

一、心理健康与心理异常

心理健康教育，顾名思义就是促进学生心理健康的教育。要理解心理健康教育，首先需要理解心理健康的概念。由于心理健康与心理异常是一对相对概念，因此有必要将它们联系起来加以说明。

长期以来，人们对于健康的认识更多地偏重于躯体方面而忽略了心理方面的健康。有学者把心理健康放在与他人的比较中来界定。如果一个人同其他人相比较，符合同龄阶段大多数人的心理发展水平，那么这个人的心理状况就是健康的；反之就是不健康的。然而，这个定义在今天已不能为人们广泛接受，因为将个人与他人进行比较，只是衡量心理健康的一种尺度。一个人的心理是否健康，还可以用其他尺度来衡量。

世界卫生组织1948年成立时通过的宪章规定："健康……是一种身体上、精神上和社会上的完整状态，而不只是没有疾病和虚弱。"也就是说，健康不但是指没有身体的缺陷和疾病，还要有完整的生理、心理状态和良好的社会适应能力。可见，心理健康包含有生理、心理、社会三方面的含义。

就生理层面而言，一个心理健康的人，其身体状况尤其是中枢神经系统应无疾病，其功能在正常范围，并无不健康的体质遗传。健康的心理必须以健康的身体为其先决条件，有了健康的身体，个人在情感、意识、认知和行为上才能正常运作。所以说，健康的心理基于健康的身体。

就心理层面而言，一个心理健康的人，其个体必须对自我持积极肯定的态度，能自我认识，明确自己的潜能、长处和缺点，悦纳自我与发展自我。自我与环境也能保持协调统一，特别是自我发展与人际和谐两方面能兼顾。人格发展健全，能积极面对现实，而不依赖消极的心理防御。

就社会层面而言，一个心理健康的人，在社会环境中能有效地适应，并能妥善地处理人际关系，其行为符合生活环境中的文化的常模而不离奇古怪，角色的扮演符合社会要求，与环境保持良好的接触，且能为社会贡献其力量。

心理健康是一个包含多种特征的复合概念。要判别一个人的心理是否健康，仅从某一方面去看是不够的，必须从多方面去考查。那么心理健康究竟包含哪些特征呢？美国学者坎布斯（A. M. Combs）认为心理健康、人格健全的人应有四种特质：

第一，积极的自我观念。能悦纳自己，也能为他人所悦纳；能体验到自己存在的价值，能面对并处理好日常生活中遇到的各种挑战；虽然有时也感觉不顺心，也并非总为他人所喜爱，但是肯定的、积极的自我观念总是占优势。

第二，恰当地认同他人。能认可别人的存在和重要性，既能认同他人又不依赖或强求他人，能体验到自己在许多方面与大家是相通的、相同的；能与别人分享爱与恨、乐与忧以及对未来美好的憧憬，并且不会因此而失去自我。

第三，面对和接受现实。能面对和接受现实，即使现实不符合自己的希望与信念，也能设身处地、实事求是地面对和接受现实的考验；能多方寻求信息，倾听不同意见，把握事实真相，相信自己的力量，随时接受挑战。

第四，主观经验丰富，可供随时取用。能对自己及周围的事物环境有较清楚的知觉，不会迷惑和彷徨。在自己的主观经验世界里，储存着各种可用的信息、知识和技能，并能随时提取使用，以解决所遇到的问题，从而提高自己行为的效率。

与心理健康相对应的概念是心理不健康，亦称为心理异常。心理异常是对许多不同种类的心理、情绪和行为失常的统称。类似的概念还有心理问题、心理变态、心理障碍、心理疾患等。这些概念尽管名称不同，但都是与心理健康概念相对应的，反映人的各种心理活动（包括认识活动、情感意志活动以及个性心理特征等）偏离正常。

根据心理异常的症状，我国神经精神科学会将精神疾病分为十大类：①脑器质性精神障碍；②躯体疾病伴发精神障碍；③精神分裂症；④情感性精神病；⑤反应性精神病；⑥其他精神病；⑦神经官能症；⑧人格障碍；⑨精神发育不全；⑩儿童期精神疾病。美国精神病诊断分类手册第三版，即 DSM－Ⅲ，将全部精神疾病归属于 17 个类别，包括：①通常发生在婴儿、儿童或青年身上的精神障碍；②器质性精神障碍；③某些物质所致的精神障碍；④精神分裂症；⑤偏执性精神障碍；⑥未归类精神障碍；⑦情感性精神障碍；⑧焦虑障碍；⑨躯体性精神障碍；⑩分离性精神障碍；⑪性心理障碍；⑫做作性精神障碍；⑬未归类的冲动控制障碍；⑭适应性障碍；⑮影响躯体状况的心理因素；⑯人格障碍；⑰不属于能引起注意或必须治疗的精神障碍。

心理异常尽管有不同的类型，但它们都会不同程度地影响到个人的生活、学习和工作能力。因此，及时判别个体的心理是否健康是非常重要的。然而，要判别心理活动的正常和异常是相当困难的，因为异常心理活动和正常心理活动之间的差别常常是相对的，两者之间并没有明显的分界线。但是，在有些情况下两者又有实质性差异，因而不能一概而论。企图找出一种绝对的划分标准应用于一切异常行为是不可能的。当然，判别标准并不是绝对没有，下面是前人曾论述的判别行为正常和异常的具体标准，供我们参考。

1. 以经验作为标准

所谓经验的标准有两种意义：其一是指病人自己的主观经验，他们感到忧郁、不愉快或不能自我控制某些行为，从而寻找医生的帮助。这种判别标准在许多心理障碍者身上常有应用，但也有某些病人由于坚决否认自己"不正常"而正好作为其行为异常的标准。其二是指医生或咨询员根据自身的活动经验来判别正常和异常。这种标准应用普遍，但常因人而异，主观性较大。

2. 社会常模和社会适应的标准

这一标准以社会常模为体（组织），以社会适应为用（行为准则），也就是说在社会常模的基础上来衡量行为顺应是否完善。人总是在特定的社会环境中生活，在一般情况下，人的行为总是与环境协调一致的。人依照社会生活的要求来适应环境和改造环境，因此，他的行为符合社会的准则，根据社会要求和道德规范行事。这里正常或异常首先是与社会常态的比较而言的，因此，也可以说这一标准是以人的行为的社会意义及个人完善的顺应为出发点。当然，人的社会适应行为和能力是受时间、地点、习俗和文化等条件影响的，因此，这一标准也并非一成不变，以此来进行判别也会有差异性。

3. 病因与症状存在与否的标准

有些异常心理现象或致病因素在常态人身上是不存在的。若在某些人身上发现这些致病因素或疾病的症状，则被判别为异常。例如麻痹性痴呆、药物中毒性心理障碍等不是人人都有的，那么确定有无梅毒螺旋体或某些药物的存在就可以作为判别是否异常的依据。此时，物理化学检查、心理生理测验等有重要的意义。这一标准比较客观，但应用的范围比较狭窄，因为不少心理障碍并没有明显可查的生物学病因，而且，心理异常现象常常是多种因素导致的心身机能的障碍。

4. 统计学标准

这一标准来源于对正常心理特征的心理测量，它是以全体人群中具有这种特征的人数的分配为依据的。在抽取的大样本统计中，一般心理特征的人数频率多为常态分布，居中间的大多数人为正常，居两端者为异常。因此，确定一个人的行为是正常或异常就是以其心理特征是否偏离平均值为依据。这就是说，许多异常心理现象在常人身上也多少有些表现，但不像在病人身上那样突出。也就是说，心理健康与心理异常不是黑白分明的事情，岳晓东曾提出过"灰色区"的概念，认为在心理健康（白色）与心理异常（黑色）之间存在一个广泛的灰色区域，世上大多数人的精神健康状况都散落在这一区域内。这个区域包含不同严重程度的心理问题，如痛苦、压抑的消极情绪、人际适应不良、各种人格异常等，这些心理问题在不同程度上干扰了人们的正常心理功能、生活、学习与工作。[①] 在这里，心理异常是相对而言的，其程度要根据其与全体的平均差异来确定。这种判别标准也是较为客观的，并可以在不少情况下采用。当然，有些行为的分布不一定是常态曲线，所以此标准也有一定的限制。

综上所述，在心理异常的划分上，实难找出一个十全十美的、客观而又一致的标准。上述种种标准中，几乎没有一个能在单独使用时完全解决问题的。但这并不是说心理活动的正常和异常就无法鉴别了。事实上，在患严重精神病时，所有的标准都是适用的。但在临界状态（边缘状态）时，则哪一种标准都难以判定。心理行为从正常范围过渡到异常范围会有许多细微的变化，而到了一定的阶段是会有突变的。这必须通过量与质的辩证关系分析才能正确解决问题。

二、心理卫生与心理健康教育

与心理健康概念紧密相连的是心理卫生。卡尔·赫希特（Karl Hecht）认

---

① 岳晓东，祝新华. 中小学心理辅导. 北京：北京师范大学出版社，2001. 67～68 页

为，心理卫生应理解为对人的心理健康进行的预防性保护，其方法是创造性地发挥大脑机能和充分发挥个人心理特征的最佳条件，改善劳动和生活条件，确立人与人之间多方面的关系，以及提高人的心理对周围环境有害因素的抵抗力。他指出，心理卫生包括：加强脑力和创造力的系统训练，注意社会条件的最佳化，消除劳动和空闲时的单调无味，防止提出过高或过低的要求，避免神经系统的超负荷。它的目的在于教会人们处理好日常生活中的各种矛盾，掌握科学信息和其他信息而无损于健康，克服病态的敏感和娇气。因此，心理卫生可以看作是研究如何维护和增进人类心理健康的一门学问，也是运用有关心理学知识和技术来改进人们心理健康的一种服务。在消极方面，它以预防心理方面的疾病、防止心理的不健康为目的；在积极方面，它以心理健康的保持、心理抵抗力的增进为目的。由此可见，心理卫生与心理健康可以说是一体两面，若严格区分，心理健康是心理卫生的目的，而心理卫生是要达成此目的的手段。

心理健康教育与心理卫生密切相关，可以说心理健康教育是心理卫生的主要方式之一，因为心理健康教育的主要目的是发展学生的心理素质、培养学生的健全人格。人的发展，不仅是身体的发育成熟、知识经验的增多和技能的形成，而且是各种智能、需要、动机、态度、价值观、气质和性格等心理特征的全面发展。通过营养和体育锻炼，可以促进身体的成长；通过学校的语文、数学、自然等各门课程的教学可以增长知识和技能；而通过有目的的心理健康教育，则可以促进学生良好心理特征的形成和发展，促进其心理健康水平的提高。

关于心理健康教育，可以从广义和狭义的两个角度来看。广义的心理健康教育是指一切有助于学生心理健康素质的培养和人格健全的教育活动，包括学校、家庭、社会的有关教育、学科渗透和社会影响等；而狭义的心理健康教育是指在学校范围内的、以心理健康素质培养和健全人格为目的的专门教育。我们这里所说心理健康教育，主要是指后者。那么，什么是心理健康教育呢？我们可从以下几方面来理解：

（1）从内容来看，心理健康教育包括两项基本任务：一是心理素质教育，主要是教育和培养个体形成各种良好的心理素质，如良好的观察力、记忆力、想象力、创造力、分析和解决问题的能力，以及良好的性格、气质特点等，以帮助其学业和事业的成功。二是心理健康教育，主要是使个体形成健康的心理，从而适应社会，正常地成长和发展。在这个方面，心理健康教育的任务包括：①帮助学生维持正常的心理状态，避免其不利的心理状态；②帮助出现了不利心理状态的学生及时摆脱这种状态，恢复正常状态；③帮助心理不健康的学生康复，使之恢复健康状态。

（2）从性质来看，心理健康教育则包括发展性教育与补救性教育两项任务：发展性教育主要是有目的、有计划地对学生的心理素质和心理健康进行培养与促进，使学生的心理品质不断优化；补救性教育则主要是对在心理素质或心理健康方面出现了问题的学生进行专门的帮助，使之得以克服。这两项任务层次也不同，发展性教育主要是针对正常发展的学生，是提高性的；而补救性教育则主要是针对在心理方面出现不同程度问题的学生，是矫正性的。如果将学生心理方面出现的问题比喻为生病的话，发展性教育就相当于锻炼身体和增强体质，而补救性教育就相当于治病。

（3）从途径来看，心理健康教育主要通过三个途径来实现：一是心理健康课程教学，二是心理咨询，三是心理治疗。所谓心理健康课程教学，是指根据个体心理特点和规律，运用辅导与教学的方法，以形成良好的心理素质或调节其不良的心理健康状态。其基本特点是由教育者主动地设计和实施辅导与教学方案。它既可以是发展性教学，也可以是补救性教学，但主要针对的是正常学生群体；其方案实施既可以在课堂内进行，也可以在课外活动中进行。而心理咨询是指根据个体心理特点与规律，运用心理学方法和技术，帮助前来咨询的人排除各种心理障碍，使之能及时摆脱不利的心理状态，恢复到健康状态。其特点是在咨询室内，由经过心理咨询专门训练的教育者，对前来咨询的学生进行咨询和帮助。心理咨询一般是补救性的，主要针对的是心理处于不平衡状态的学生或者心理处于程度较轻的不健康状态的学生。心理治疗则是运用心理学的方法，对已经产生较严重心理障碍的人进行专门的调节，使其恢复到正常状态。其特点是治疗性的，对象是有比较严重的心理问题的学生，通过专门的心理治疗人员进行系统的治疗。三种方式的比较见图1-1。①

（4）从类型来看，心理健康教育根据其对象、方式和性质，可分为团体发展性教育、团体补救性教育、个别发展性教育和个别补救性教育四种基本类型。

团体发展性教育，主要指心育课程或心育课程教学。它是有目的、有计划地以班级为单位，对学生实施系统的教育方案，促进学生形成适应社会、适应生活的心理素质。团体发展性教育是学校根据办学方针、培养目标与办学特点，确定应重点培养学生哪些心理素质，各年级应如何安排，然后设计相应的团体教育方案，并按计划实施。团体发展教育活动一般程序是：设计一定的情境，安排一定的活动，通过教育、感染、交流、暗示等，促进学生形成或加强一定的心理素质。

① 莫雷．中小学心理教育基本原理．暨南大学出版社，1997，第6页

6

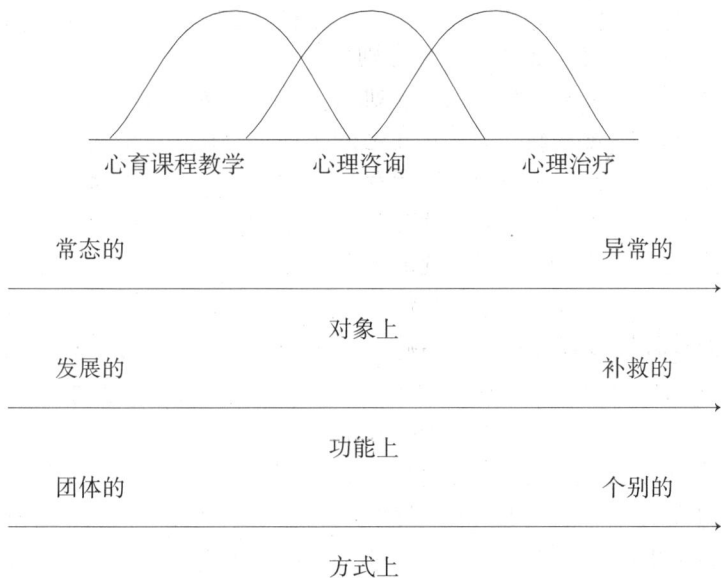

図 1-1 心理健康教育三种方式的比较

团体补救性教育，主要是团体辅导。它是根据学生值得注意或普遍存在的心理问题，设计教育方案，以学生班级或小组为单位实施教育方案，使学生能获得正确的观念，改变不利的心理健康状态。这类教育活动的进行程序与团体发展教育基本相同，但是，它不是根据培养目标、办学思想而作系统的设计，而是根据学生具体情况或出现的问题，有针对性地设计教育活动。

个别发展性教育，即个别培养，指有目的、有计划地根据各个学生的心理素质实际，设计适合该学生心理健康发展的系统培养方案，然后对该生个别实施，使该生能健康发展。由于不同的学生有不同的心理特点或情况，完全靠团体教育是不行的，因此，注重共性的团体教育必须与注重个性的个别教育结合起来，才能有效地进行心理健康教育。个别发展教育就是根据每个学生的特点来确定该生的教育发展方案。与团体教育不同，个别教育不是在课堂上进行，而是通过提供一定的条件或设置一定的环境，通过谈心、行为指导、强化等手段，以达到培养目的。

个别补救性教育，主要是个别咨询，即根据学生值得注意的心理健康方面存在的问题，结合该生的个人特点，有针对性地设计适合该生改善其心理健康问题的专门的培养方案，然后对该生个别实施，使该生获得正确的观念，改善不良的心理状态。此类教育活动与个别发展教育不同，它的系统设计不是预先确定的，而是根据学生在发展过程中出现的特定的心理健康方面的问题而确定

7

的，其目的是通过这个教育程序的实施，来消除学生所出现的心理问题，因此，它是一种矫正性或补救性的教育方式。

综上所述，心理健康教育是学校教育中的一种具有专门目的的特别教育，它包括了心理健康课程教学、心理咨询和心理治疗在内的多种途径和多种形式的旨在培养学生良好心理素质、促进学生心理健康的教育和辅导活动。

三、幼儿心理健康教育的意义

从心理健康教育的任务可以看出，心理健康教育的意义不单是对各种心理疾病（如精神病、神经症、心身疾病等）的防治，更主要的是要促进个体的心理健康。对个人而言，心理健康教育要使个体自幼就培育健康的心理和完整的人格，树立正确的价值观和人生观，成为身心健康的社会成员。对社会而言，心理健康教育有助于促进社会主义的精神文明建设。因为，心理健康教育的研究和措施有助于克服人的消极的心理状态，促进健康心理的形成，振奋民族精神；有助于缓解人际的冲突，改善交往环境，增进社会稳定；有助于塑造良好的个性，发展健全的品格，提高人们的道德水平；有助于人的积极性和创造力的发展，推动社会主义现代化建设的进程。

为什么要在幼儿期就开展心理健康教育？我们认为幼儿心理健康教育具有非常重大的意义，这些意义主要表现在以下几个方面：

1. 心理健康教育是幼儿心理发展的实际需要

幼儿期是人身心发展最迅速的时期，这一阶段中的生活经历与环境教育都对幼儿的发展产生重要的影响，有的影响甚至是终生的。著名心理学家弗洛伊德就认为儿童早期经验对于人格发展极端重要，在这些经验的作用下会形成一个人长期的人格基本框架与基本特征。因此，早期幼儿生活环境与教育是否适当，直接关系到幼儿良好心理品质的形成。适当的心理健康教育可以促进了幼儿良好心理品质的形成，不适当的环境影响与教育作用，会导致幼儿心理问题或心理障碍的产生，乃至不良心理品质的形成。

有关研究资料显示，幼儿的心理和行为问题是比较普遍的。脾气暴怒、说谎、爱骂人、语言障碍、自私、咬手指甲等行为问题存在于不少幼儿中。在日常生活中，只要我们稍加留意，也会发现不少幼儿的不良行为习惯和不正常的行为举动，如遗尿、哭泣不止、厌食等。这些心理问题与不良行为主要是不当的环境影响与教育造成的。对于这些心理问题与不良行为，如果不及时予以纠正，则会直接影响到他们的心理健康与发展。因此，从消极方面来看，心理健康教育有助于解决幼儿发展中存在的心理问题与不良行为。

从积极方面看，心理健康教育有助于幼儿良好心理品质的形成与发展。处于成长中的幼儿，知识经验不足，生理和心理未臻成熟。但是，他们有旺盛的求知欲和巨大的发展潜力。这些潜力的发展，不仅有赖于适当的社会环境条件，而且需要个人良好的心理品质。国内外关于智力与非智力因素关系的研究表明，好奇心、求知欲、上进心和坚持性等非智力因素或人格特征对于智力发展有重要的促进作用。传统的教育未能很好地处理智力因素与非智力因素的辩证关系，过分强调了知识、智力的因素，着眼于当前的考试分数，而忽略了学生非智力因素或人格特征的发展，致使某些学生求知欲减弱、畏惧学校和畏惧学习，因而阻碍了他们智力的发展、潜力的发挥。虽然心理健康教育的重点不在知识技能的获得，但是，它通过培养学生良好的态度、动机和人格特征，从而间接地促进了学生知识技能的获得和智力的发展，并最大限度地促进幼儿潜力的发挥。

2. 幼儿心理健康教育是我国社会发展与现代化的迫切需要

从社会发展的角度来看，学校教育包括幼儿园教育的基本目的是为社会发展培养所需要的人才。幼儿园与学校不能关起门来进行教学，培养温室里的花朵，而应面向社会，培养出能经受住社会风吹雨打的参天大树。当代社会是一个迅速发展的社会，无论是科技文明和社会生产，还是人的生活方式和思想观念，都在不断变化更新。面对当代迅速发展变化的社会，强调知识传授的传统教育将难以实现其基本目的，会被强调素质培养和人格发展的新型教育模式——心理健康教育所取代。

在这个日新月异的时代里，知识不断积累，迅速膨胀"爆炸"；知识老化的速度在加快，"知识的半衰期"愈来愈短，尤其在科技方面更是如此。当代社会是一个推陈出新的社会，社会的竞争归根结底是新思想、新知识的创造力的竞争。在这种形势下，学校教育最重要的不再是给学生"金子"，使学生吸取前人的知识，因为"金子"也会不断老化为"破铜烂铁"。学校教育最重要的是使他们获得学习知识的能力和创造能力，只有交给他们这把"金钥匙"和这种"点金术"，才能打开当今知识的宝库，才能在当代社会激烈的竞争中立于不败之地。

当代社会是一个日趋开放的和多样化的社会，社会阶层的流动性大增，社会给予人们更多发展的机会和选择的自由。开放社会的一大特征就是机会均等，个人通过自己的才智和努力，都可以有升迁和成功的机会。机会多意味着进取的途径增多和成功的概率增大，同时也意味着更多的冒险和更多失败的可能性。一个人在社会上要取得成功，首先要敢于冒险、不怕失败。其次要自主选择、善于选择。在传统社会里，不敢冒险，虽然难以成功，但不至于失败，而在现代社会里，"不进则退"，甚至"进步得少也是退步"，因此，只有勇于开拓、进取，才有可能生存和发展。传统教育要求人循规蹈矩，听从长者，服从集体，这种教育削弱了学生自我的发展，限制了他们自主性和选择能力的发展，缺乏独立自主性的学生将难以适应发展中的现代社会。因为社会在迅速变化，何是规？何是矩？听从长者，长者的知识经验很可能已经过时；服从集体，集体不能告诉你何去何从？因此，现代社会要求个人具有较强的独立自主性和自我决策的能力。心理健康教育的一个重要课题就是促进学生自我的发展，培养学生独立自主、勇于挑战和善于选择的人格特征。

在传统的中国社会中，人际关系讲究"人情"和"人缘"；而现代社会的人际关系则注重"权利"与"义务"。一相情愿地要求别人奉献、牺牲，已难获得回应。"尽义务，享权利"，彼此相互尊重，对等付出和对等享受，这才是现代社会人际互动的适当策略。现代社会中人们的生活节奏加快，人人忙忙碌碌，大多只关心自己，人际关系远比过去疏远，彼此之间很少坦诚交流。虽然有些人一味向群体认同，追逐时髦，找寻定位，却迷失了自我。人情淡薄的结果，人与人之间的物理距离虽然越来越近，但心理距离却愈来愈远了。在过去，一个人长期乃至终生服务一个单位或集体，而该单位或集体为他或她几乎解决了一切问题，如提升、福利、住房、保险，甚至婚姻恋爱、小孩上学和家庭纠纷等。这样的传统集体正在解体，其多种功能不断分化，逐渐移交给社会。一个人与集体的关系只是单纯的工作关系，个人和集体双方可以按照合同或有关法规随时中断这种关系。于是个人与集体的关系疏远了，缺乏感情上深层次的联系，个人日益成为社会中各种集体或单位之间自由移动的独立分子。与此同时，传统的大家庭也在迅速解体，被一夫一妻及其子女的核心家庭所取代。"家有一老，如有一宝"的时代已经过去，年轻的夫妇与公婆不住在一起，小孩的照顾成为问题；夫妻分手容易，产生许多破碎家庭。更由于电视等大众媒介对人们的影响加剧，亲子之间相处和交流的时间减少，家人之间缺乏过去所具有的亲密感，父母对孩子的影响力与家庭安定社会的力量大为减弱。以上这些社会关系和结构的变迁，导致个体日益孤立和无助，这就要求个体具有更为坚强的自我、独立性和心理承受力；否则，难以在这个变化了的社会中生存。而传统的教育并不能够有效地培养学生这样的心理品质，因此，社会的发展必然呼唤一种新型的教育模式，即有意识地、有目的地、科学地培养学生良好心理品质与健全人格的心理健康教育。

3. 心理健康教育是幼儿素质教育的重要组成部分

目前国际间的政治、经济与军事以及综合国力的竞争在很大程度上取决于科学技术的竞争，从根本上说又取决于教育、人才与国民素质的竞争。各个国家都在想方设法进行教育改革，提高人才素质。因此，素质教育成为国际包括本国教育的主流。素质是指人发展的水平与质量，是个体在遗传体质与先天条件的基础上，在社会环境影响、教育以及个人实践中形成起来的那些稳定的、基础性的身心特点的综合。素质包括身体素质、品德素质、文化素质、劳动素质与心理素质，而心理素质是素质结构中的核心成分。心理素质包括广泛的兴趣、积极的情绪、奋发的进取心、坚强的意志力、健康的人格等。素质教育必然包括心理素质教育，心理素质教育或称心理健康教育是素质教育的重要组成部分。

幼儿期是实施素质教育的一个关键时期，因为这一时期是一个人身心发展最为迅速的时期，也是人格或心理品质形成的非常重要的阶段。在这一阶段进行心理健康教育，可以有利地促进幼儿良好心理素质的形成与发展，并且为科学文化素质等方面的教育打下坚实的基础。例如，通过心理健康教育培养幼儿积极的情感，可以提高幼儿学习科学文化的积极性与有效性；通过心理健康教育培养幼儿良好的意志品质，可以促进幼儿学习的自觉性、主动性与坚持性；通过心理健康教育培养幼儿的自尊心、自信心与上进心等性格特征，可以促进幼儿的成就动机，提高学习效率。总之，心理健康教育是幼儿素质教育的重要组成部分，是幼儿教育改革与发展的一个主要方向。

4. 心理健康教育是幼儿品德教育的基础

心理健康教育与德育是教育体系中两个不同的部分，但它们之间又相互联系、相互作用。品德素质在素质结构中占据中心地位，对人的各方面素质的发展有积极的导向作用、动力作用。但这并不否认品德素质的发展要以良好的心理素质为其心理基础。

从人格结构来看，道德品质可以看成是人格的一个部分。通过教育社会化的过程，个人认可和同化外在的社会道德规范，并根据这些规范来调节自己的行为。这些内化的道德规范就是个人的道德品质，而个人的道德品质与其他心理品质联系在一起，共同组成个人统一的人格结构。传统学校教育中的德育虽然对于学生道德品质的形成起到了一定的积极作用，但是，由于传统德育的目标和方法偏重于政治思想和道德认识的灌输，未将道德品质当作一种内在的人格特征来培养，因而致使不少学生的道德认识与道德行为相脱节。辽宁省人民医院儿科医生对一千多名儿童进行了身心健康检查，发现具有骂人、打人、说谎、自我中心等不良行为的儿童占19%，而这些儿童大多知道这些行为是不良行为。要克服儿童知与行脱节的现象，培养良好的道德品质，应进行德育改革，把德育与心理健康教育结合起来，并以心理健康教育为基础。如果说现代教育的基本精神是道德、民主和科学，那么，传统的教育显然是"道德"（说教式的）有余，而民主和科学不足，心理健康教育强调民主的教育态度（如尊重、接纳、信赖）与科学的方法（如心理测量和评定、心理咨询和治疗的方法、个案研究），正好可以弥补传统品德教育的不足，而与我国固有的伦理精神结合，以促进幼儿德、智、体素质的全面发展。

从理论上看，个体的品质可以分为三个层次：第一个层次为个体的心理品质，诸如自信心、上进心、勇敢和毅力等，这些品质是个人成就和幸福生活的基本的主观条件。对于这些品质，可以通过心理健康教育来培养。第二个层次是社会道德和法律品质，诸如关心集体、利他、有责任心、遵纪守法等。这些品质有利于社会的协调发展，社会中的每一个成员都应该具备这些品质。对于这些品质，可以通过道德和法律教育来培养。第三个层次是思想政治品质，诸如世界观、人生观、爱党爱国等，这些品质是一个社会阶级为了自己的统治所要求的。对于这些品质可以通过思想政治教育来培养。

三个层次品质的教育是相互联系和相互作用的，个体心理品质的教育是基础性的。心理健康教育培养学生良好的心理品质，从而为品德和思想政治教育提供更好的个人主观条件。思想政治教育需要心理品质修养为前提条件，在良好的、健康的心理品质基础上，才有可能形成良好的道德和思想政治品质。具有不良的心理品质的人，如自高自大、心胸狭窄、嫉妒偏激等，难以形成高尚的道德和良好的思想素质。传统的学校德育工作偏重于学生思想政治和道德认识的灌输，而忽略了学生心理品质的培养，使得道德和思想政治教育缺乏良好的心理基础。

把心理素质教育与德育和政治思想教育结合起来，可以较好地解决德育、思想政治教育中的知与不知、信与不信、知与行这三对矛盾，将道德认知与道德情感和道德行为统一起来。心理品质的教育通过调动学生的积极主动性，发挥学生情感、信念和意志因素的作用，从而更好地培养学生的政治思想品德。同时，心理品质教育为德育过程扫除心理上的障碍。学生的心理问题与心理障碍不能简单地当成是思想品德问题去处理。这样做，不仅不能解决问题，反而会造成学生的逆反心理，带来更为严重的后果。心理的问题需要用心理的方法来解决，所谓"心病还需心药医"。通过心理疏导、心理矫正和心理健康教育等能较好地、较科学地适应学生的需要，取得更好的效果。

第二节　心理健康教育的历史与发展

一、心理健康教育的思想渊源

　　心理健康教育的思想渊源通常被认为产生于两千多年前的古希腊时代。当时古希腊有一位杰出人物，那就是著名的医生和自然科学家希波克拉底（Hip-pokrates）。他的"体液学说"可谓影响深远，被认为是心理健康的重要见解。按照希波克拉底的观念，人体内含有四种体液，黏液生于脑，黄胆汁生于肝，黑胆汁生于胃，血液出于心脏。一个人的身体是否健康，个性是否健全，概因体内四种体液的比例混合是否恰当所致。正如希波克拉底在《论人的本性》一书中所描述的："当这些元素（体液）在复合上，力量上，体积上，彼此没有适当的比例，并当这些元素有一种太多或太少，或在体内孤立而不与一切其他元素结合时，人就会感到痛苦。"① 希波克拉底认为，使人的体液始终保持正常平衡，或把已经紊乱的体液结合恢复到正常的状态，是精神健康的基本途径，也是医生的主要职责。

　　在古希腊，除了希波克拉底之外，还有一位重要的人物也对人的心理健康问题发表过一些独到的见解。这就是哲学大师柏拉图（Platon）。他认为，形成健康人格的决定因素是理性对于情欲的调节控制与相互协调。柏拉图认为人的本性即灵魂由三个部分组成，即理性、意志、欲望，它们分处于身体的不同部位：理性是灵魂中最高贵、最优秀的部分，具有认识真理的智慧功能，居于人的脑部；意志具有产生激情与勇敢、发动行为的作用，位于人的心脏；欲望是灵魂中最低级的部分，追求物质与肉体满足，居于人的腹部。既然灵魂是神创造的，它本身具有善性，灵魂各部分基于自己的本性而活动，各自都是善的表现。但是，如果仅仅是各个部分各自活动，灵魂就不能达到作为整体的善。只有让理性统帅各个部分，协调各部分的活动，才能达到整体的善。相反，若是灵魂各部分不服从理性的支配，相互矛盾冲突，破坏了灵魂的和谐秩序，就会产生不正义、无知、怯懦与放荡，导致人格变态。

　　古希腊著名学者亚里士多德主张"中庸之道"。在他看来，美德或健全人格的核心与实质就是追求与选择介于"过度"与"不及"之间的一种适度或

---

　　① 　陈永胜．导引人生——心理卫生学．山东教育出版社，1996.3 页

中庸状态。例如，对于"恐惧"这一情感，选择中庸适度是"勇敢"，恐惧过度则"怯懦"，不及则"鲁莽"；对于"财物使用"，选择中庸适度就是"慷慨"，过度是"挥霍"，不及是"吝啬"；以及自尊在傲慢与自卑之间，谦恭在无耻与怕羞之间等。过度与不及都是与道德本性格格不入的，唯有适度才能保证道德的本性与善。一切罪恶则是由于不顺从理性，在情感和行动方面，走上了与中庸适度正相反的两个极端而产生的。如何才能把握中庸与适度呢？亚里士多德认为中庸适度不能通过机械的算术运算来获得，因为中庸适度没有一个绝对的标准，而是要因人、因事、因环境的差异而有所不同。要掌握中庸之道就需要依靠个人的智慧与见识，这种智慧被亚里士多德称为"实践智慧"。他认为，实践智慧不是天生的，而是在不断的实践活动中训练出来的。一个人只要在实践中不断摸索，就可以找出中庸之道的分寸来，并由习惯而成自然。从这里可看出，亚里士多德主张中庸或适度是心理健康的标志与核心，健全的人格可以通过后天的实践与教育来实现，这些都是很有启发意义的思想。

在近代欧洲，资产阶级革命的启蒙思想家卢梭主张包含心理健康教育思想的自然教育论。所谓自然教育就是要服从自然法则，适应自然过程，听任人的身心自由发展。这种发展注重人的人格，强调儿童的独立性与独特性。受卢梭的影响，西方近代教育思想家裴斯泰洛齐主张对儿童实施爱的教育，尊重儿童的个性与人格，发展他们的自主精神，让他们在生活中自我服务，自己管理自己。他不主张用强制的方法，而采用尊重儿童个性与兴趣的"实物教学法"（或"直观教学法"）与"自动教育"，激发他们独立思考和自主活动，启发他们自动学习。以上思想对现代西方心理健康教育的产生有积极的意义。

在古代中国，同样有许多哲学家、思想家对心理健康与教育的问题提出了重要论述。比如，我国学者陈永胜在其著作《导引人生——心理卫生学》一书中，对我国古代的心理卫生思想作了如下阐述①：早在春秋之初，我国著名的政治家、思想家管仲在其《管子·内业》篇中，将人的适应心理状态分为善心、定心、全心、大心等不同层次，并以此为标准，提出了相应的养心之术。《管子》中说"凡道无所，善心安爱"；"定心在中，耳目聪明"；"心全于中，形全于外，不逢天灾，不遇人害"；"大心而敢，宽气而广，其形安而不移"。而养心的具体方法则包括正静（形体要正，心神要静）、平正（中平和正，节欲去凶）、守一（专心致志，独乐其身）。

著名思想家、教育家孔子的著作中也有许多心理健康教育的思想。孔子不仅认识到人与人之间人格上的差异，而且探讨了影响人格形成的因素或条件，

---

① 陈永胜．导引人生——心理卫生学．山东教育出版社，1996．4～7页

完善人格的方法与途径。他已经认识到影响人格形成与发展的四种因素：

（1）先天因素。在孔子的著名命题"性相近，习相远"中，已经表现出他认识到先天因素是影响人格形成的第一个因素，同时也考虑到了后天环境教育的作用。

（2）环境因素。孔子十分重视环境熏陶对人格形成与完善的作用，因此，他提倡"择邻处仁"、"见贤思齐"、"择善而从"等培养良好人格的方法。对于环境因素的重要作用，孔子说了一段形象而精辟的话："与善人居，如入芝兰之室，久而不闻其香，则与之化矣；与恶人居，如入鲍鱼之肆，久而不闻其臭，亦与之化矣。故曰：'丹之所藏者赤，乌之所藏者黑。'君子慎所藏。"

（3）学习与教育因素。作为教育家，孔子非常重视学习与教育对人格形成与完善的作用，他主张"学而知之"、"学而不厌"、"敏以求之"等，认为"不好学"，就不能真正形成仁、知、直、勇、刚等各种优良品德，反而会养成愚、荡（放荡）、贼（祸害）、狡（说话尖刻）、乱（捣乱）、狂（狂妄）等不良品德。

（4）主观努力因素。依据孔子的教育思想与实践，影响人格健康发展的第四个因素是主观努力的因素。因此，他说过："为仁由己，而由人乎哉？"（《论语·颜渊》）又说："仁远乎哉？我欲仁，斯仁至矣！"（《论语·述而》）这两段话明确地指出，一个人的好与坏，关键还在于他自己，取决于他是否发挥主观能动性，是否努力塑造自己。另外，孔子十分注重诗歌、音乐对陶冶人的性情的作用，提出"兴于《诗》、立于礼、成于乐"；他也特别注重人际交往中的心理卫生，提出："己欲立而立人，己欲达而达人"，"己所不欲，勿施于人"等。他还强调教师素养对学生心理健康的意义，认为教师须慎重地对待自己的一言一行、一举一动，所谓"君子有九思：视思明，听思聪，色思温，貌思恭，言思忠，事思敬，疑思问，忿思难，见得思义"，这就是孔子为人师表的一贯主张。早在两千多年前，孔子就如此全面地提出了影响人格健全发展的四种因素以及有关心理健康教育的种种方法，这不能不说明我国传统思想文化的博大精深。

在孔子之后，孟子进一步阐发了孔子的观点。他认为人生来就具有"恻隐、羞恶、辞让、是非"四种善端，这四种善端扩而充之，就会发展成为"仁、义、礼、智"四种品德。这种学说指出了人性与人格发展有先天遗传的基础。同时，他还提出了"悟善端"、"寡欲清心"、"养浩然之气"以及"学圣人"等人格完善与教育的方法。

战国末期，儒家的代表人物荀子从性恶论出发，提出了"化性起伪"的方法，以改变矫正人恶的本性，发展善性，以培养健全的人格。如何化性起伪呢？①安排环境并创造变恶为善的客观条件。他要求人们"居必择乡，游必就土"，因为环境对人性发展有很大作用。对环境的作用，他形象地比喻说："蓬生麻中，不扶而直；白沙在涅，与之俱黑。"（《荀子·劝学》）②节制欲望与引导欲望。荀子认为人的自然欲望不能由人为而根除，也不能完全满足，所谓"虽为天子，欲不可尽"。（《荀子·正名》）因此，满足欲望并没有错，只是不要过分。荀子认为期望人们"去欲"或"寡欲"是不可能的，但可以教育人们通过理智来调节和控制情欲，将其引向某种有益的努力中去。③加强教育并提供变恶为善的有利因素。荀子认为通过教育，可以使人"博学、积善而化性"。（《荀子·富国》）④加强主观努力并提高变恶为善的自觉要求。荀子要求人们做"积"的工夫，通过不断的道德实践，日积月累，最终可以"积善全尽"而成圣人。

在中国古代，不仅儒家学派有许多有关心理健康教育的重要思想，而且作为儒家学派的对立面，道家学派也有不少有关的精辟论述。道家学派的创始人老子的思想中含有许多养心健神的宝贵财富，历来为医家所重视。老子主张"恬淡"、"素朴"、"清静"、"知足"为养心之根本。例如，他指出："致虚极，守静笃"，这是修身治性的基本要求；"见素抱朴，少私寡欲"，这是免除忧难的有效途径；"居善地，心善渊，与善仁，言善信，政善治，事善能，动善时"，这是为人处事的美德标准；"知足不辱，知止不殆"、"知人者智，自知者明。胜人者有力，自胜者强"，这是带有勉励性质的心理健康箴言，既是老子的经验之谈，也是对后人的谆谆教诲。

庄子继承老子柔弱无为的处世哲学和做人标准，并加以发展，提出了健全人格的下列标准：

（1）无情。即不动感情，保持心境平和，不为喜怒哀乐等情绪困扰。无情不是说人无感情，而是说要听其自然，不以好恶伤身，也不人为地增益生命。不仅要对是非不动感情，而且对生死也不动感情。他说："且夫得者，时也；失者，顺也；安时而处顺，哀乐不能入也。此古之所谓悬解也。"（《庄子·大宗师》）

（2）无己。庄子在其名篇《逍遥游》中提出了这个标准。所谓"逍遥游"，是对老子无为说的一种形象的表述。整篇文章的宗旨是，理想的人格应该是"逍遥游"的境界。庄子在文中将理想人格概括为"至人无己，神人无功，圣人无名"。"无己"即不考虑自己，"无功"是说不追求功绩，"无名"是说不追求名誉。三种人中，以无己的境界最高，因为做到了无己，才能视功名为粪土，才能做到"逍遥游"。

（3）无所待。庄子说："若夫乘天地之正，而御六气之辩而游无穷者，彼且恶乎待哉！"（《庄子·逍遥游》）"恶乎待"，即何所待，也即无所待的意思。这是说，至人并不凭借别的东西，而是凭借天地之正气，在宇宙中遨游而无穷尽，所以无所待，不追求名利，也不追求德行与才智，完全从人世生活中解脱出来。

（4）无用。达到逍遥游的一条途径是"无用"，就是要把自己当成一块废料，没有任何用处，才可以过自由自在的生活。庄子在《大宗师》中说过："人知有用之用，而莫知无用之用也。"无用反而有大用，这就是保存自己、享受逍遥游的生活。

（5）不以人助天。即不要从事人为的努力，不从事任何人为的变革。庄子说："古之真人，不知说生，不知恶死；其出不诉，其入不距；翛然而往，翛然而来而已矣。不忘其所始，不求其所终；受而喜之，忘而复之，是之谓不以心捐道，不以人助天。是之为真人。"（《庄子·大宗师》）这里说理想人格对生死的态度，既不好生，亦不恶死，生而欣然，死而不拒，生死都不追求，一切顺其自然，不用心背道，不以人助天，只是顺从自然而变化，不加任何改造，这就是真人。

从庄子以上健全或理想人格的特征可看出，庄子虽然有贬低人的主观努力，消极无为的倾向，但他主张保持心境平和，顺其自然而生活，不要过高期望与要求，不为名利所动等观点在一定程度上符合现代心理卫生的观念。

二、现代心理健康教育的兴起

当代心理健康教育是从如何正确认识精神病和给精神病患者以人道的待遇开始的。法国大革命（1789 年）以后，比奈（P. Pinel）医生对全人类的"自由与和平"充满希望。在他工作过的两所医院里，他以大无畏的勇气和改革的气魄，毅然给住院精神病人解除了束缚他们躯体的锁链，并且努力为他们提供清洁的房间、良好的食物和仁慈的护理。这一创举引起了社会上的巨大反响，因为在此之前，精神病人一直遭受着锁链的折磨和非人的待遇。法国政府对比奈的改革十分重视，并予以支持，遂使一些精神病院的治疗环境逐步得到改善。比奈的名声也因此而传遍欧洲，被公认为是心理卫生的倡导者。

另一个对现代心理卫生运动的兴起做出贡献的是美国人比尔斯（C. W. Beers）。比尔斯生于 1876 年，18 岁就读于耶鲁大学商科。毕业后，到纽约一家保险公司工作。比尔斯的哥哥患有癫痫病，他目睹其兄病情发作时昏倒在地、四肢抽搐、口吐泡沫的可怕情景，担心这种病会遗传到自己身上，于是终日惶恐不安。24 岁时，比尔斯因精神失常从四楼跳下，但自杀未遂，结果被送入精神病院。在精神病院的三年痛苦经历，使比尔斯亲身体验到精神病患者的苦闷和所受到的虐待，亲自目睹了一系列精神病人惨遭折磨和受不公正对待的事件。病愈出院后，比尔斯立志为改善精神病患者的待遇而努力。1907年，他写了一本自传体著作，取名为《自觉之心》（*A Mind, That Found Itself*）。在这本书中，他用生动的笔墨，历数了当时精神病院的冷酷和落后，详细记述了自己的病情、治疗和康复经过，并且向世人发出改善精神病患者待遇的强烈呼声。此书第二年3月问世之后，得到心理学大师詹姆斯（W. James）的赞赏和著名精神病学家迈耶（A. Meyer）的支持。迈耶指出，比尔斯所倡导的是心理卫生。比尔斯得到各方面的赞助和鼓励后，于1908年5月成立了"康涅狄格州心理卫生协会"，这便是世界上第一个心理卫生组织。1909年2月，又在纽约成立了全国心理卫生委员会（比尔斯任顾问）。1917年，全国心理卫生委员会创办了《心理卫生》杂志，采用多种形式宣传普及心理卫生知识，使心理卫生运动逐步在美国形成了一股热潮。

在美国心理卫生活动的推动下，世界许多国家纷纷成立各国的心理卫生组织。1918年，加拿大全国心理卫生协会宣告成立。1919年至1926年的7年之间，法国、比利时、英国、巴西、匈牙利、德国、日本、意大利等国，先后建立起全国性的心理卫生组织。此后，又有一些国家，如阿根廷、古巴、印度、新西兰、前苏联、土耳其、挪威等国，建立相应的心理卫生机构。1930年5月5日，第一届国际心理卫生大会在华盛顿召开，有3 042人代表53个国家和地区出席了会议，中国也有代表参加，盛极一时。同时产生了一个永久性的国际心理卫生委员会，标志着心理卫生运动已经发展成为一种世界性的潮流。

现代西方心理健康教育思想包含在西方新教育和自由主义教育思想、实用主义教育与存在主义教育思想之中。新教育思想和自由主义教育思想继承了卢梭、裴斯泰洛齐的自然主义教育思想，从研究儿童的自然本性入手，强调教育应该尊重儿童的个性，主张教育的民主与自由，提倡办新学校。教育家蒙台梭利认为儿童的发展是一个自然过程，教育的作用只是在于帮助儿童发展其自然力量，教育应该是自由教育和活动教育。所谓自由教育，第一是为学生提供一个自由环境，在这个环境下，儿童是自己的主人，教师的任务是了解儿童的发展，及时为儿童创造自由活动的环境与条件。第二是以培养儿童自我教育的能力为核心。所谓活动教育，是指围绕儿童发展的自然规律安排活动、实施教育。思想家罗素主张"爱的人格教育"，他认为旧教育是缺乏爱的教育，儿童毫无自由与人格可言，所以，一个真正善于施教的人，要使学生发展得完全，一定要十分透彻地充满尊敬的精神。美国的进步主义与实用主义教育思想主张发展和尊重儿童人格，坚持教育的民主与自由；主张自然教育，将兴趣看成是活动的动力；强调儿童是教育的中心。杜威认为教育既要注重个人的发展，又要强调社会进步，把个人发展与合作精神的培养结合起来，把课程的生活性、社会性与课程的儿童性放在同等重要地位。尽管这些教育思想中有过分强调儿童的"自由"、"兴趣"，忽视系统文化科学知识学习的局限性，但其重视儿童人格健全发展的思想对现代心理健康教育的产生起了推动作用。

作为心理健康教育的实践出现在 20 世纪三四十年代。某些西方学者提出了以专门的教学或训练课程来培养学生的某种能力或心理品质，这就是心理健康教育的现代心理健康教育雏形。例如，克劳福德（Crawford，1931）开创性地提出了一种思维训练课程，该课程的主要目的是为了改善工程师、经理与设计师等专业人员的思维能力。他要求受训者掌握"属性罗列法"，即列出产品的关键属性，然后提出改进产品的办法。美国著名创造学家奥斯本（Osborn）在 20 世纪 40 年代开始推广"头脑风暴法"（亦称为脑力激荡术），它是一种训练创造思维的方法。著名社会心理学家勒温在 1946 提出了"敏感性训练"的课程。此后，在西方国家中出现了大量专门的心理训练课程或心理教学模式。由此，真正意义的心理健康教育发展起来了。

三、现代心理健康教育的发展

现代心理健康教育的发展，大致经历了三个阶段。第一阶段是从改善精神病人的待遇到注意精神疾病的预防。在 1930 年召开第一届国际心理卫生大会，大会的中心议题是进一步改善精神病人的待遇，积极研究、治疗和预防精神疾病。在这一阶段，从事心理卫生与心理健康教育工作的大多数是精神病学工作者，心理卫生与心理健康教育的重点也更多地放在精神病患者本身及其家属方面。该阶段从 20 世纪 20 年代开始到第二次世界大战结束。

现代心理健康教育的第二阶段是从关心身心因素的制约到关注社会因素的影响。这一阶段从第二次世界大战后到 20 世纪 60 年代。此阶段，随着临床领域生物学模式向生物——心理——社会医学模式的逐步转变，心理健康教育工作的重点也从关心身心因素对精神健康的制约逐步向关注社会因素对精神健康的影响方面发展。在 1948 年伦敦第三届国际心理卫生大会上通过的《心理健康与世界公民》文件中，明确指出了心理卫生的社会化趋向，要求各国的心理卫生工作者必须十分重视社会因素对心理健康的影响。到了 1961 年，世界心理健康联合会在其出版的《国际心理健康展望》中，更明确地提出：心理卫生今后的任务是在生物学、医学、教育学和社会学等最为广泛的方面，使居民的心理健康达到尽可能高的水平。这一奋斗目标表明，此时的心理卫生工作已远远超出传统的精神病学的活动范围，而与新形成的生物——心理——社会医学模式合拍并进，正在向更为广阔的领域渗透。

从 20 世纪 70 年代初至今是心理健康教育发展的第三个阶段，该阶段从努力提高个人的适应能力到力图全面提高人的心理素质的心理健康教育。70 年代以来，随着人本主义心理学的兴盛，西方的不少心理学工作者，开始尝试用人本主义的观点重新审视心理健康教育问题。一些学者指出，过去的心理健康教育工作过多地集中在个体心理的不健康的一面，而对人的心理健康的一面关心不够，特别是对如何增强人的适应能力缺乏应有的重视，这种状况亟须改变。著名的心理耳卫生专家贾霍达（Jahoda）认为，应当从个体对于自己的态度，个体成长、发展的类型与程序，个体人格的完整性，个体的独立性或自主体，个体现实知觉的适宜性，个体驾驭环境的能力等方面，大力增强人的适应能力。贾霍达的这种观点，得到许多学者的赞同与支持。但是，增强个体的适应能力，毕竟没有从更积极的方面反映出人类对于心理健康的向往与追求。因此，全面提高人的心理素质，充分发挥人的潜能和创造性，塑造美好的心灵与个性，便成为当今世界心理健康教育的新的目标和发展趋向。

中国的心理健康与教育事业自 20 世纪 80 年代复苏以来，也正在朝着这一目标积极努力。1985 年中国心理卫生协会在泰安宣告成立后，在党和国家的重视以及社会各界的大力支持下，开展了内容丰富、形式多样的心理卫生宣传普及、科学研究和骨干培训工作。20 世纪 90 年代以来，全国各地教育工作者逐渐重视学生的心理健康与心理健康教育问题，在许多学校设立了心理咨询室，并开设心理健康教育课程。心理健康教育活动已经在各地学校、医院和社会兴起。进入 21 世纪后，心理健康教育已经开始步入科学化、规范化和普及化。心理健康教育对儿童、青少年心理的健康成长，对提高整个中华民族的心理素质，有着不可低估的意义。可以肯定，心理健康教育这一具有远大前途的事业一定能够在我国得到更快的发展，为我国的社会发展培养出更多身心健康与人格健全的人才。

第三节　幼儿心理健康教育的目标与原则

幼儿心理健康教育意义重大，势在必行。应当如何进行幼儿的心理健康教育呢？我们认为对幼儿的心理健康教育，首先要确定好幼儿心理健康教育的目标与内容，因为明确心理健康教育的目标是正确而有效地实施心理健康教育的先决条件，而心理健康教育内容是目标的具体化，一定的心理健康教育目标的实现又是以心理健康教育的内容转化为学生自身的心理品质为条件的。教育目标是对受教育者的质量规格的总体要求，是一切教育工作的出发点和最终归宿。简单地说，人们在向幼儿进行教育之前，总是会对教育结果有一种期望，这种对教育结果的期望，就可看作是教育的目标。幼儿心理健康教育的目标，体现并规定了向幼儿进行心理健康教育的目的和要求，是向幼儿进行心理健康教育的依据和准则。有了明确的目标，才能选择相应的教育内容，才能依据目标评价心理健康教育的效果。因此，幼儿心理健康教育目标的确定是十分重要的。

一、确定幼儿心理健康教育目标的原则

要把握幼儿心理健康教育的目标，必须首先了解确定幼儿心理健康教育目标的正确依据或原则。我们知道心理健康教育主要是培养学生良好的心理品质。什么才是良好的心理品质？人的心理品质是多方面的，既有积极的方面，也有消极的方面；既有认知的方面，也有非认知的方面；既有健康的一面，也有非健康的一面。因此，确定心理健康教育的目标实际上就是要选择出适当的人格特征。要选择出适当的人格特征，必须遵循以下几个原则：

第一，超前的社会适应性原则。学校教育（包括幼儿园教育）的基本目的就是为社会培养所需的人才。我们的学生不仅是当今社会所需要的人才，而且更应该是今后社会所需要的人才，能够适应今后发展了的社会环境。因为我们的社会正在迅速发展变化，如果我们的眼光短浅，教育目标没有一定的超前性，只是根据当前社会甚至是过去社会的需要来制定教育目标，我们培养出来的学生将难以适应未来社会。因此，我们要面向社会、面向未来，选择有利于适应今后社会的人格特征作为我们教育的目标。

第二，发展性原则。所谓发展性原则，就是心理健康教育目标的制定要符合幼儿心理发展的规律与特点。只有充分考虑了每个年龄阶段幼儿的心理规律与特点，才能制定出适应的心理健康教育目标。

第三，可操作性原则。所谓可操作性原则就是心理健康教育目标不能假大空，而要明确，具体化为可以观察评定的和可以训练培养的心理行为特征。例如，我们不能泛泛地把"完善自我"、"道德高尚"和"心理健康"等作为心理健康教育的目标，而应该把这些抽象的概念具体化为各种心理和行为特征，如了解自己、接受自己和肯定自己，自己的事自己做，敢于表达自己的观点和感情，遵纪守法等。这样的特征是可以观察到的，可以通过一定的测验和评定

方法来评估，并且可以通过一定的教育手段和措施来加以训练和改造。遵循这个原则，可以使心理健康教育的可行性得到一定的保证。

第四，协同性原则。心理健康教育目标从属于学校教育的总目标，它是从"心理"这一侧面反映教育的总目标与要求的，因而心理健康教育目标必须与学校教育目标协同一致，不能矛盾冲突。同时，心理健康教育的目标也应该与社会教育、家庭教育保持一定的协同性。否则，各种教育之间目标的不协同会导致教育效果的相互抵消。

二、幼儿心理健康教育的总目标

幼儿心理健康教育的总目标是促进幼儿心理健康，培养幼儿良好的心理素质与健全的人格。什么才是心理健康与良好的心理素质？什么是健全的人格？前面我们对此已经做了一个基本的陈述。1948 年第三届国际心理卫生大会曾对心理健康下过一个定义：所谓心理健康是指在身体上、智能上以及情感上与他人的心理健康不相矛盾的范围内，将个人心境发展成最佳的状态。这个定义是把心理健康放在与他人的比较中来界定的。如果一个人同其他人相比较，符合同龄阶段大多数人的心理发展水平，那么这个人的心理状况就是健康的；反之就是不健康的。这个定义在今天已不能为人们广泛接受，因为将个人与他人进行比较，只是衡量心理健康的一种尺度。一个人的心理是否健康，还可以用其他尺度来衡量。为此，有学者将心理健康定义为：心理健康不仅指个体没有心理上的疾病或变态，而且指在身体上、心理上和社会上均能保持最高、最佳的状态。美国学者坎布斯还分析了心理健康和人格健全的人应有的四种特质：包括积极的自我观念；恰当地认同他人；面对和接受现实；主观经验丰富，可供取用等。这些心理健康特征与健全人格的描述是成人化的，且具有一定的理想性。但是，我们可以把这些特征作为幼儿心理健康教育的最高目标。

三、幼儿心理健康教育目标的层次

促进幼儿心理健康、培养良好心理品质与健全人格是幼儿心理健康教育的总目标，这一总目标还可以分解为不同层次的具体目标。

第一，从心理成分上分析，幼儿心理健康教育的目标应包括认知目标，如知道心理健康与良好心理品质的重要意义，了解某些心理健康教育的知识，发展感知、记忆、思维与想象的认知能力等；情感态度目标，如培养幼儿对心理健康教育活动的兴趣，帮助幼儿悦纳自己，养成乐观进取的生活态度等；动作机能目标，如帮助幼儿养成良好的学习习惯，学习社会交往的礼仪与技巧，培养幼儿勤劳的习惯等。

第二，依据幼儿心理健康教育的总目标，并考虑幼儿年龄发展的特点，分别提出各个年龄段的教育目标。小班幼儿要养成在幼儿园生活与学习的良好习惯，学习自己照顾自己，发展注意力与观察力等；中班幼儿要发展记忆力与想象力，培养积极的情感与态度，认识自己的身体、心理与社会等各个方面的特点等；大班的幼儿要发展思维与创造能力，较好地认识自己，愉悦接纳自己，培养自信心，发展承受挫折的能力，懂得关心与某些社会技能等。

第三，心理健康教育是通过各项具体的心理健康教育活动来进行的，而每一活动都要有明确具体的目标。心理健康教育活动的目标根据教育的总目标与教育内容，可以是一次活动要完成的任务，也可能是要通过若干次教育活动或主题系列活动实现的目标。教育活动目标应该是具体的与可操作性的。也就是说，教师可以从幼儿的活动表现中，观察到幼儿在目标实现上的情况，并可以通过适当的教育措施加以改进。

四、幼儿心理健康教育的具体目标

根据幼儿心理健康教育目标制定的原则，我们把幼儿心理健康教育的总目标具体化为三个方面的子目标。

1. 矫正与预防幼儿心理与行为问题，促进幼儿心理健康

由于早期环境与教育的种种不良影响，相当部分幼儿会出现一些心理问题与不良行为，如任性、脾气暴躁、攻击性行为、多动与冲动、说谎、恐惧、焦虑等。对于已经出现的心理与行为问题，要通过适当的心理健康教育与行为训练来加以矫正。对于那些尚未出现问题但有可能出现问题的幼儿，要及早进行心理健康教育，打"预防针"，防止心理与行为问题的出现。

2. 培养幼儿良好的心理素质和健全的人格

良好心理素质与健全人格包含多方面的特征：

第一，自主坚强的人格。通过心理健康教育帮助幼儿认识自己、接受自己和坚信自己，提高自信心；努力提高幼儿的自觉性，行为的目的性，使他们能够选定自己的目标，根据自己的目标选择实现目标的有效途径；培养幼儿的独立性，依靠自己解决自己的问题，不轻易接受他人帮助和支配；培养他们勇敢的品格，鼓励他们勇于挑战，不胆小怕事，不怕苦累。培养幼儿的成就动机，鼓励他们力争上游、尽力做好事情、争取成功；培养幼儿的责任心，敢于承担

责任、对自己和自己所做之事负责；培养幼儿的坚持性，做事要彻底，要有耐心。

第二，培养幼儿的关爱品格，养成良好的社会兴趣和交往技能。通过心理健康教育，让幼儿学会关心、学会爱人，不仅要关心自己，爱护自己，更要同情他人，关心和帮助他人，包括自己的父母、老师与同伴。还要让幼儿学习社会交往的有关技能，能够倾听他人谈话，自如地表达自己的思想感情，还会懂得有关的礼节等。

第三，培养幼儿乐观开朗的性格特征。乐观的人生态度是一个人生活幸福的重要基础，通过心理健康教育，帮助幼儿树立正确的人生态度，常常看到生活的光明面，对前途充满希望和信心；通过心理健康教育培养幼儿幽默感与开朗的性格，以及应付挫折的心理承受力。帮助幼儿在挫折和困难面前，采取正确的态度和应付方法。

3．开发幼儿心理潜能，促进幼儿智力发展

学习是幼儿园生活的一大主题，学习与智力发展是幼儿心理健康教育的主要内容。这方面的心理健康教育包括：利用幼儿的好奇心，培养幼儿的求知欲与学习兴趣；培养幼儿良好的学习方法与学习习惯；训练幼儿的思维；开发幼儿的智能。

五、幼儿心理健康教育的基本原则

要实现心理健康教育的目标，需遵循以下五个原则：

1．个性化与社会化相协调的原则

个性化就是随着身心的发展和成熟，一个人越来越显现出与他人相区别的独特的人格特征。社会化是指特定社会通过各种措施使个人形成该社会所规定的具有一定共同性的行为模式或人格特征。个性化和社会化是心理品质发展过程中的两个方面，它们相辅相成，互为补充，不可偏废。因此，在幼儿心理健康教育中，我们应遵循个性化与社会化相协调的原则，既要重视幼儿的社会化，培养社会发展所需的共同性的心理特征，又不能忽视幼儿的个性化，抹杀他们的个性特点，并且还要通过各种个别性教育措施来促进幼儿的特长和独特性的发展。现代社会是一个多样化的社会，具有独特个性的人会受到学校和社会的重视和鼓励。

2．渗透性原则

幼儿心理健康教育应该渗透到教育的各个方面和各个环节之中，因为心理健康教育是一个全方位的和长时期的熏陶、教育和训练的过程，任何课程都不能单独实现心理健康教育的总目标。我们应该从心理健康教育的角度重新考虑教育者、教育环境、课程和教学方法等。教育者不是"教书匠"，而是受教育者的楷模和仿效的榜样，教育者的心理品质在一定程度上决定了心理健康教育的成败。因此，教师应该自觉地加强自身的人格修养与心理健康教育，提高自己的人格水平，发展良好的心理品质。在各种具体教育活动中，教师不仅要传授专门知识和相关能力，而且要有意识地培养幼儿的心理品质，引入心理健康教育的因素。例如在体育课中，不仅要训练幼儿的体能，教授幼儿有关的体育运动知识和技巧，而且要训练幼儿勇敢、坚强的人格特征；在音乐美术课程中，要注重培养幼儿的美感；在语言教学中，通过讲有关伟人的英雄事迹、祖国山河等精选故事，陶冶幼儿的人格；在科学教学中，要重视培养幼儿严谨求实的科学态度、灵活创新的思维方式。总之，要把心理健康教育渗透到幼儿教育的每个侧面和每一个教育环节。

3. 认知教育与行为训练相结合的原则

心理品质既不是单纯的思想观念，又不是单纯的行为方式，而是认知与行为紧密联系的综合体或心理—行为结构。要培养这种内在心理和外显行为表里一致的结构，不仅要从内在思想观念入手进行认知教育，而且要从外在行为方式入手进行行为训练，只有把两种心理健康教育方式有机结合起来才能有效地促进幼儿良好心理品质的形成与发展。否则会出现过去道德教育中常常有的两个偏差，一是单纯强调道德观念和政治思想的认知教育，而忽视学生行为方式的训练；二是强调具体道德行为的训练，而忽视道德理想的认知教育，结果使幼儿的知与行脱节，难以形成完善的道德品质。

4. 适应幼儿年龄发展的特点与规律

幼儿身心发展快，但有规律与顺序。要根据幼儿发展的规律与顺序，预测他们下一阶段的发展，并做好相应的教育准备。心理健康教育目标与内容的确定，心理健康教育方法与措施的选择等都要考虑幼儿的年龄特点及其发展规律。幼儿的生活与学习具有直接体验性与游戏性的特点，心理健康教育要通过直接经验和游戏的教育方式影响幼儿，让幼儿获得更多的直接经验，在愉快的游戏活动中学习，这样会学得更快更好。另外，幼儿具有情绪波动性与表情性的特点，教师需要细心观察幼儿的行为表现，了解他们的想法与愿望，理解他们，并在教育中不怕反复，保持耐心，坚持下去总会有收获。

5. 幼儿园、家庭和社会协同教育的原则

在幼儿心理发展中，幼儿园、家庭与社会环境都起着同样重要的作用，这几方面的作用应该相互协调一致，才能取得最大的效果。因此，在幼儿心理健康教育中，要求家庭教育与幼儿心理健康教育一致，社会环境的影响要符合幼儿心理的发展。如果家庭教育不符合幼儿心理健康教育的要求，要通过家长会、家访等各种途径影响家长，使他们做出适当的调整；对于社会环境中存在的对幼儿心理发展的消极影响，要采取适当的措施给予限制和消除。幼儿自我意识逐渐觉醒之后，自我对心理结构及其发展都会起到一定的调节作用。因此，我们不仅要通过家庭教育、学校教育和社会教育来促进幼儿心理品质的发展，而且要通过幼儿的自我教育来调控自己，把外控转化为内控，引向自尊、自爱、自强、自我完善和自我实现。

思考与讨论

1. 心理健康的特征与评价标准是什么？
2. 心理异常及其评价标准是什么？
3. 试论幼儿心理健康教育的意义。
4. 试析幼儿心理健康教育的目标。
5. 幼儿心理健康教育的基本原则有哪些？

第二章 幼儿心理健康教育的理论模式

本章要点

☐ 精神分析的人格理论与方法
☐ 行为主义理论与行为矫正方法
☐ 罗杰斯的人格理论与个人中心疗法
☐ 马斯洛的需要层次论与自我实现者的特征
☐ 心理健康教育的教学理论模式

虽然心理健康教育的观念是在 20 世纪 90 年代开始才被普遍确认和接受，但是该观念的形成却经历了相当漫长的历程。因为，早在古代中国和古希腊的许多教育家、思想家的著作中，就已经有了许多心理健康教育的思想。然而，作为心理科学与教育科学相结合而产生的一个新的边缘学科领域，心理健康教育是随着心理科学的发展和对教育的渗透而形成起来的。一般认为，心理健康教育的形成和发展，主要经历了从"心理治疗"到"心理咨询"，再到"心理健康教育"的发展。在这个过程中，各种心理学的理论和思想流派，都对心理健康教育的理论和模式产生了重大影响。这里我们主要介绍三种最具影响力的理论模式，并介绍有关心理健康教育的几种主要教学理论模式。

第一节 精神分析的理论模式

精神分析理论是弗洛伊德在心理治疗的实践中创立的一种独特的心理学理论。它创建于 19 世纪末 20 世纪初，是心理治疗理论中历史最悠久、影响也最深远的一派。在精神分析理论中，与心理咨询和治疗有关的思想主要有：意识和无意识概念、人格构成学说、性心理发展学说和神经症的精神分析治疗技术。

一、意识、前意识和无意识

弗洛伊德认为人的精神（这里指人格）是由不同意识水平的三个部分所组成，即意识、前意识和无意识。意识是人格的最表层部分，它是由人能随意想到、清楚觉察到的主观经验所组成。它的特点是具有逻辑性、时空规定性和现实性。前意识位于意识和无意识之间，由那些虽不能即刻回想起来，但经过努力就可以进入意识领域的主观经验所组成。在弗洛伊德看来，意识和前意识两者虽有区别，但没有不可逾越的鸿沟，前意识的东西可以通过回忆进入意识中来，而意识中的东西当没有被注意时，也可以转入前意识中。

前意识的主要作用就是检查，即不许那些使人产生焦虑的创伤性经验、不良情感以及为社会道德所不容的原始欲望和本能冲动进入意识领域，而把它们压制在无意识之中，使意识和无意识完全隔离。

人格结构的最深层部分是无意识，弗洛伊德把它定义为不曾在意识中出现的心理活动和曾是意识的但已受压抑的心理活动。这个部分的主要成分是原始的冲动和各种本能、通过种族遗传得到的人类早期经验以及个人遗忘了的童年时期的经验和创伤性经验、不合伦理的各种欲望和感情。无意识具有无时空秩序、无矛盾性、非理性与非现实性等特点。无意识是人格结构中最大、最有力的部分。虽然，在通常情况下，我们并意识不到它的存在，但它对于我们的一切行为都产生影响。它影响我们的思维、感知和行为的方式，影响我们的职业和婚姻对象的选择，影响我们的健康状况、爱好、兴趣和习惯等。在弗洛伊德看来，不存在任何自由意志的行为，有些行为表面上似乎出自我们的意识和自由意志，但实际上都是受无意识力量所驱使的，它们只不过是无意识过程的外部标志。有意识的心理现象往往是虚假的、表面的和象征的，它们的真面目、真实原因和真正动机隐藏在内心深处的无意识之中。

二、本我、自我和超我

弗洛伊德提出了本我（id）、自我（ego）和超我（superego）三部分人格结构的理论。本我是人格中最难接近但又最有力的部分。说它难以接近是因为它潜藏在无意识之中；说它最有力，因为它是人所有精神活动所需能量的贮存库。本我完全是由先天的本能、原始的欲望所组成的。它同人的肉体过程相联系，将躯体能量转化为精神能量，并且贮藏它们和向自我、超我提供能量。弗洛伊德把本我中所具有的精神能量称为力必多（libido），有时弗洛伊德把力必多特指性本能所产生的能量。

弗洛伊德还提出了死本能和生本能的概念。死本能是有机体返回自己先前无机状态的趋向。弗洛伊德说：一切生命的目标是死亡。生命过程本身就是一种紧张，只有死亡，才能最终解除这种紧张。因此，人生下来就具有死亡的本能。弗洛伊德把死本能具有的能量称为萨纳托斯（Thanatos）。萨纳托斯是一种破坏力，当它指向个人内部，则表现为自责、自杀或受虐狂等行为。当它指向个人外部，就会产生憎恨、攻击、侵犯和施虐狂等行为。与死本能相对立的概念是生本能，它包括生存本能和性本能。生本能所提供的能量称为厄洛斯（Eros），厄洛斯代表爱和创造的力量。

弗洛伊德认为厄洛斯和萨纳托斯等心理能量是幽闭在本我之中的，随着时间的延长，这些心理能量不断聚集、增长，以至机体内部紧张度太高而不能忍受。因此，本我会要求能量不断释放以减轻紧张度。当能量释放时，紧张度下降，人随之体会到快乐感。弗洛伊德认为本我的唯一目标是追求快乐。本我像一个暴躁的婴儿，非常贪婪而不开化，只对自己的需要感兴趣，一点也不听从现实和理性的指引。弗洛伊德把本我这种只图快乐的活动准则称为"快乐原则"。

自我是人格中理智的、符合现实的部分。它派生于本我，不能脱离本我而单独存在。自我的力量就是从本我那里得到的，自我是来帮助本我而不是妨碍本我，它总是根据现实的可能性力图满足本我的要求。因此，自我是本我的执行机构。弗洛伊德把本我与自我的关系比喻为马与骑手的关系。马提供能量，而骑手则调节、引导和改变能量的方向，指引马向目的地前进。自我在本我与现实之间、本我与超我之间起调节、整合作用。与本我不顾一切地追求享乐的办事风格不同，作为理性化身的自我则是按照"现实原则"办事，即是说自我总是根据现实情况来满足本我的欲求。现实条件许可时，就即时满足本我的要求；现实条件不许可时，就暂时延缓甚至否定本我欲求的满足，以求得与现实的协调，避免与现实发生冲突而带来痛苦的后果。自我活动过程具有逻辑性和符合现实的特点。

人格结构的第三部分是超我，它是人格中最文明、最有道德的部分。超我有两个方面，一个是自我理想，另一个是良心。在儿童早期生活中，父母总是有意无意地依据自己的道德标准和社会规范去评价、奖励和惩罚儿童。父母对儿童的某些行为做出"好"的评价，给儿童以物质和精神的奖励，对儿童的另一些行为，父母做出"坏"的评价，并给以惩罚。长此以往，儿童就知道什么行为是好的，什么行为是坏的，父母关于奖惩儿童行为的标准逐渐内化为儿童自己的行为规范。儿童可以在父母不在场的情况下，自己评价自己，当自己行为符合道德规范时，就感到愉快和满意（内在奖励）；当自己行为违反了这些规范时，就感到内疚（良心谴责）。到这个时候，父母关于什么行为是"好"的标准就内化为儿童的自我理想，父母关于什么行为是"坏"的惩罚规则就内化为儿童的良心，这样超我就形成了。

超我的形成使问题变得更加复杂。自我在满足本我欲求时，不仅要考虑现实条件的可能性，而且要受到超我的制约。与自我不同，超我是社会道德的化身，按照"道德原则"行事，它总是与享乐主义的本我直接对立和冲突，力图限制本我的私欲，使它得不到满足。弗洛伊德把自我喻之为三个暴君统治下的臣民，它要尽力满足专横本我的欲求，要应付严酷的现实环境，还要遵从神圣超我的规范。自我在三个暴君之间周旋、调停，力图使三者的要求都得到满足，以便达到一种相对平衡的状态。可见，自我是人格结构中维护统一的关键因素。如果自我力量不够强大，则难以协调各种力量，使之保持平衡。

三、冲突、焦虑和防御机制

根据弗洛伊德的人格结构理论，自我是调解者，通过调解，使人格内部各种力量之间、人与环境之间达到一种平衡，实现人格的整合和统一。但是，平衡是相对的、暂时的，而不平衡是绝对的、持久的，人格内部冲突不可避免。随着矛盾冲突的加剧，人就会产生心理焦虑，如果冲突过于激烈，而自我无法应付时，就会导致人格的分裂和精神障碍。

弗洛伊德认为人有三种焦虑。第一种是现实焦虑，它是人觉察到周围环境中存在的现实危险所产生的内心紧张、不安和恐惧。第二种为神经质焦虑，它是由于担心失去对本我控制而产生的潜在危险所生的，这种焦虑不是对本我自身的恐惧，而是害怕它不分青红皂白的冲动带来受惩罚的结果。第三种焦虑称为道德焦虑，它是由于意识到自己的思想行为不符合道德规范而产生的良心不安、羞耻感和有罪感。道德焦虑是伴随着超我的形成而来的，超我不成熟的人很少体验到道德焦虑。

不管是哪种焦虑，都是人内心的一种紧张状态。而人具有一种解除紧张状态的先天倾向，因此，焦虑本身会起到一种动力的作用。同时，焦虑也起到对人行为的控制和引导作用。因为它警告我们，如果继续以那种方式行动或思考，我们就会处于危险之中。焦虑对人有积极的一面，但是，如果焦虑水平太高，持续时间太长，那人是无法忍受的，严重的焦虑往往导致人格的分裂和精神病。为了减轻或消除人格内部的冲突、降低或避免焦虑，以保持人格的完整和统一，自我发展了许多保护性的机制，弗洛伊德称之为自我防御机制。下面是几种主要的防御机制。

（1）压抑（depression）。压抑是自我最基本的防御机制，因为它先于其他任何防御机制而产生，别的防御机制的运行要以它为基础。压抑是自我防止引起焦虑的思想观念进入意识领域的一种方法。通过它，那些会带来焦虑的观念和欲望被禁闭在本我之中，人意识不到它，焦虑自然会大大减轻。压抑有两种情况：一种是对本我中的先天本能冲动和原始欲望的压制；另一种是对个人后天生活中的痛苦经验和不良欲望的压抑。人们往往不去回忆早年创伤性的生活经验，因为这样的回忆会使人痛苦。通过压抑，自我将它们压抑在本我之中，不能上升到意识水平，从而减少了个人的焦虑。

（2）否认（denial）。否认是最早形成的自我防御机制之一。据说它伴随着痛苦感情一起产生，是为了减轻痛苦的一种保护性机制。通过这种机制，人不相信、不承认对自己不利的、带来痛苦的现实情况。一些人在亲人逝世的噩耗传来时，大叫道："不！不！这不是真的！我不相信！"这类情况就是自我否认机制在起作用。否认使人逃离现实，是一种解决问题的消极办法。它只不过是通过对令人痛苦的现实闭上自己的眼睛，假定那种现实情况不存在来回避使人痛苦的现实问题。

（3）投射（projection）。它是一种拿别人做"替罪羊"的方法。利用这种方法的人，不承认自己身上有某种不良品质和思想感情，而把这些不良品质、思想感情投射给别人，看成是别人具有的东西。既然那些不良品质与思想感情不是自己的，而是别人的，那么，自己就不会感到不安和焦虑。现实中我们大多数人或多或少利用过这种防御机制。例如，一个男子可能会对妻子说："你并不真心爱我。"并坚信自己的话是真实的。然而事实上他早不爱自己的妻子了，而被别的女子所吸引，他只不过是把自己的不良品质投射到自己妻子身上。

（4）反向作用（reaction formation）。这是人努力表现出自己不良品质和情感的对立面来减轻焦虑的方法。例如，刚刚步入青春期的少男少女们有一段时间相互对抗、敌意，这种意识上的对抗和敌意是一种假面具，掩盖了潜意识中对异性的好感和倾慕。又如，一个母亲无意识中潜藏着对养育子女的厌烦感情，但她在行为上却表现为对子女的过分关心和保护。

（5）合理化（rationalization），又可称为文饰作用。通过这种机制，人对自己不良行为或者内心想要却未能得到等痛苦经历编造出一个似乎合理、自己能接受的解释。一个中学生因没有考上大学而懊丧不已，为了解脱自己，他说："为什么要读大学，寒窗之苦还没受够吗？我再也不想读书了。"鲁迅小说中的阿Q在挨揍时，口里念叨着"儿子打老子"，皮肉受苦，可心里舒坦。

这些都是人利用合理化的防御机制原谅自己、保护自尊的例子。

（6）替代和升华（displacement and sublimation）。弗洛伊德认为本我中聚集的大量能量总是力图通过各种渠道发泄出来（弗洛伊德称之为精神发泄），而满足本能欲望、发泄能量的直接方式往往为超我的道德规范或现实要求所不容，因此会遭受自我和超我的抵制与压抑（反精神发泄）。这些受抵制的力必多能量不得不转换对象和改变方向，企图以间接的方式发泄出来，这就是自我的一种防御机制"替代"。例如，某人在公司里被老板训斥，内心愤怒，但不敢公开与老板对抗，结果回到家里把愤怒之情发泄到自己妻子身上。

弗洛伊德认为，如果力必多发泄的直接与原始的方式被社会赞许的、高尚的间接方式所替代，就称为升华。弗洛伊德曾对一些著名文学家、艺术家和科学家进行分析，认为他们的伟大成就与原始欲望的升华有关。例如，歌德青年时期钟情于一个女子，可受到阻碍不能如愿，他痛苦万分，几乎自杀。后来歌德这种强烈的爱欲转化为创作冲动，写出了《少年维特之烦恼》，此后他内心平静了，痛苦消失了。因为通过创作活动，他的力必多得到了发泄，从而解除了内心的紧张和烦恼。弗洛伊德特别强调升华的作用，他在《文明及其不满》一书中指出文明和文化的进步依赖于力必多的升华。没有升华就没有文学、艺术，没有科学发明和创造。

四、以性心理为主线的人格发展阶段论

弗洛伊德不仅重视人格的发展及其阶段，而且强调婴幼儿期生活经验对人格发展的重要意义，因此，在心理学上，有时也把弗洛伊德的精神分析称为"发展理论"。弗洛伊德认为婴幼儿期是人格发展的最重要阶段，一个人出生之后长到 6 岁时，其人格的基本模式就大致形成了，以后保持终生，几乎没有什么大的变化。正因为早期经验的重要性，一个成人的人格适应问题，追根溯源常常可以从他的童年生活中找到原因。弗洛伊德的人格发展理论是以他的泛性论思想为基础的，在他看来，性心理发展和人格发展几乎是一个同义语。弗洛伊德主张人的性心理发展也即人格发展经过五个阶段，每一阶段都有其特点和特殊问题，阶段之间的先后顺序是固定的，这种固定的发展顺序是由成熟过程决定的。人的性心理发展也即人格发展的五个不同阶段是口腔期、肛门期、性蕾期、潜伏期和生殖期。

（1）口腔期（oral stage）：弗洛伊德把出生到满周岁这段时间称为口腔期，因为在这个阶段婴儿力必多发泄的主要动欲区是口腔。通过口腔活动的吮吸、吞咽、咀嚼等，不仅满足了婴儿饥饿时的需要，而且这些活动本身也提高

了性快感。我们常常看到饥饿的婴儿吸吮拇指的现象，这说明吸吮活动本身也提供了某种快感。

口腔期可以分为两个亚期，即前口腔期和后口腔期。前口腔期从出生到八个月，这段时间内，婴儿的性快感主要来自于吸吮和吞咽活动，唇和舌成了主要的动欲带。力必多的第一个目标是在动欲区的自恋刺激，随后增加另一个目标，即希望与对象协调。通过对象协调的幻想，婴儿把养育他的人看成是物或食物的提供者。后口腔期大约是出生后第八个月到一周岁。随着牙的生长，力必多倾注的动欲区集中在牙、牙龈和咽部。性快乐主要来自于咬、咀嚼和吞食活动。当遇到挫折时，婴儿常常以咬来报复。这种伤害或毁害对象的欲望被称为"口腔型施虐欲"（oralsadism）。

在口腔期，婴儿通过与食物和食物提供者的协调活动，逐步产生了亲密感，开始把自己与现实环境区别开来。这种现实感的获得，标志着婴儿自我的诞生。儿童的人格不再是单一的、混沌的本我。现实原则逐步取代快乐原则，成为儿童获得满足的主要途径。自我的形成是口腔期最重要的成就。

（2）肛门期（anal stage）：这一阶段大约从出生后第二年起到三岁末。在肛门期，幼儿的主要动欲区，从口腔转移到肛门。肛门的排泄活动成为力必多发泄的主要途径，而肛门期的经验对人格发展具有十分重要的意义。

同口腔期一样，肛门期也有两个亚期，即前肛门期与后肛门期。前肛门期力必多的主要目标是通过肛门排泄粪便解除内包压力以获得快感体验。除排泄粪便解除紧张所产生的快感外，成人对儿童排泄活动的过分注意也增加了儿童对排泄本身的兴趣。儿童保留粪便，以便在排泄时得到更大的快感。

在后肛门期（又称保持期），力必多快感主要来自于保持粪便而不是排泄粪便。原因在于保持粪便也能产生性刺激，另外也是由于成人对儿童排泄活动的高度重视。既然这些粪便被成人看成是如此贵重，那么儿童自然希望保留它们，而不是放弃它们。在这个阶段，父母和儿童之间会产生很大的冲突，父母力图对儿童的便溺行为进行训练，以养成卫生习惯。而儿童则希望自由地、不受干扰地进行排泄活动。他们想在什么时候排泄，就在什么时候排泄，想在什么地点排泄，就在什么地点排泄。他们往往对父母的卫生训练持敌意和抗拒态度，而父母为了使儿童养成讲清洁、爱卫生的习惯，极力把与排泄有关的都说成是下流的，必须加以隐蔽和控制。在这个阶段，随着儿童主动控制自己，应付环境能力的增强，言语和思维的发展，他们的自我得到进一步巩固和发展。在这一阶段的后期，儿童在排便习惯问题上进行了一定的妥协，而儿童的动欲区也就从肛门转移到身体别的部位，儿童的人格发展进入了一个新的阶段。

（3）性蕾期（phallic stage）：大约从三岁到六岁是性蕾期。在这个阶段，儿童的动欲区转移到了生殖器，儿童通过抚摸、显露生殖器获得力必多的满足。

弗洛伊德认为，这一时期内儿童不仅对自己的性器官发生兴趣，有手淫行为，而且他们的行为开始有了性别之分。在这个阶段中，对人格的发展最为重要的事件是在儿童心中产生了有关父母的情绪冲突，即男孩心中的俄狄浦斯（Oedipus complex）情结和女孩心中的厄勒克拉特（Electra complex）情结。

弗洛伊德说："在三岁之后，儿童开始表现出一个对象的选择，对某些人深情偏爱。"对于男孩，他所选择的第一个恋爱对象是自己的母亲。男孩想独占母亲，而父亲的存在是一种干扰，于是男孩内心中产生了一种对父亲的嫉恨、仇视的潜意识倾向。男孩心中这种恋母嫉父的情绪纠葛，被弗洛伊德称为俄狄浦斯情结。俄狄浦斯是古希腊神话中一个国王的名字，这个国王由于命运的安排在无意中"杀父娶母"。弗洛伊德借这位不幸国王的名字来表示男孩的这种情结。

在同父亲争夺母亲爱情的过程中，男孩感到自己的力量有限，无法战胜对手，并且还产生了"阉割恐惧"（fear of castration），即害怕强大的父亲割掉自己的性器官。这种"阉割恐惧"迫使男孩抑制恋母倾向及对父亲的憎恨，由此本我和自我之间会发生激烈的冲突。为了解决这种冲突，男孩开始尽量以父亲为榜样，模仿父亲，并认同父亲。通过认同（identification）来获得对母亲性冲动的间接满足，同时认同本身也促使儿童习得男性行为，形成男子性格。

弗洛伊德特别重视儿童如何解决自己内心的俄狄浦斯情结，认为若解决不好这些情结往往会导致各种性变态和心理失常。比如一些人的同性恋就是由于儿童时期对自己的异性父母产生了强烈的认同和模仿所造成的。解决恋母或恋父情结，不仅对于儿童心理健康很重要，而且对儿童人格的发展具有重要的意义。弗洛伊德甚至把它看成是人类"宗教和道德的最后根源"。在解决恋父或恋母情结的过程中，儿童以自己同性别的父亲或母亲为榜样，模仿他们，认同他们，这样不仅使儿童获得男性或女性行为风格，而且还把父母的道德观念、社会态度内化为儿童自己的东西，从而形成儿童第二自我即超我。

（4）潜伏期（latent period）：按照弗洛伊德理论，当儿童解决了俄狄浦斯或厄勒克拉特情结后，他们的力必多冲动就处于暂时的潜伏状态，性兴趣被其他兴趣，如探索自然环境、知识学习、文艺体育活动和同伴交往等所取代。这段时期被弗洛伊德称为潜伏期。性潜伏期一直延续到十二岁左右。在这段时间里，由于儿童生活范围的扩大和在学校吸取了系统知识，儿童人格中的自我和超我部分获得了更大的发展。男女儿童之间的关系较疏远，团体活动时多是男女分组，甚至壁垒分明，互不来往。这种状况一直维持到青春期才又发生变化。

（5）生殖期（genital stage）：在以上性心理发展的时期内，儿童虽然具有性冲动，但它主要是一种"自恋"性质的冲动，性的满足主要来于自己身体感受的刺激和对自己性器官的抚弄。弗洛伊德把前几个性心理发展阶段统称为"前生殖期"（pregenital）。进入青春时期后，由于性器官的成熟，儿童的性冲动再次萌发，他们开始对异性发生兴趣，喜欢参加由两性组成的集体活动。这时儿童的心理发生了根本的转折，从"自恋"转变为"异性恋"。异性恋倾向一旦形成后，就一直持续一生，以后再不会发生根本的变化。弗洛伊德把性心理发展的最后阶段称为"生殖期"。从这个时期起，人类个体就开始摆脱对父母的依赖，成为社会中的一个独立的成员。他们寻找职业，选择婚姻对象，开始异性恋的生活、生育和抚养后代。

基于性心理的演变，个体的人格发展经历了五个阶段。从低级阶段进入到较高级的阶段，其首要条件是顺利解决前一阶段的主要矛盾和冲突，不至于发生严重的心理障碍。反之，不能解决好前一阶段的矛盾和冲突，发生了严重的心理障碍，就不能完全过渡到较高阶段，因为低级阶段的特征在很大程度上保持下来了。心理障碍可以导致任何阶段的发展停顿或延缓，这种现象被称为停滞（fixation）。由于早期阶段发展停滞使某些早期的特征保留在以后的阶段中，当个人面临危机或受挫时，他很有可能退回到较早的阶段，这一过程被称为"倒退"（regression）。停滞和倒退是相互补充的，停滞的现象越是严重，就越容易产生倒退。

停滞和倒退不仅使个人人格发展受到阻碍，而且会对人格结构特征产生深刻的影响。某些人在成人以后，还保留着早期发展阶段的心理特征，这主要是因为他在早期阶段有过停滞或倒退的经验。进一步说，一个成人的人格特征往往是他早期阶段发展的停滞和倒退的反映。一个在口腔期产生过停滞的人，长大后会具有口腔型特征。在肛门期发生停滞或倒退的人，成人时往往具有肛门型特征，如此等等。在成人中间，可以发现几种典型的人格特征类型。

（1）口腔型特征（oral character）。口腔期发生过停滞的人，会有口腔型特征。具有口腔型特征的人只对自己感兴趣，而对他人的看法则完全从"他能给（喂）我什么"着眼，总要求别人给他什么东西（不论物质上的，还是精神上的），不论采取乞求或是攻击性的方式索取，总离不开口腔期"吸吮"的本质。他们在生活和工作中，追求安全感，扮演被动和依赖的角色，他们退缩、依赖、好嫉妒、猜忌别人、苛求别人，遇到挫折易怒、易悲观和仇视人等。据弗洛伊德的看法，咬和吮手指、吸烟、酗酒、贪吃和接吻等行为多与口腔期停滞有关。

（2）腔门型特征（anal character）。肛门期停滞所导致的人格特征称为肛门型特征。肛门期儿童的主要冲突是粪便的累积和排泄，父母对他们的大小便训练和他们对训练的抵抗。如果父母对子女的卫生训练过分严厉或放纵，都可能使儿童人格发展停滞，形成肛门型特征。肛门型人格有两个亚型：一是肛门便秘型，另一是肛门排泄型。便秘型的最基本特征有三种：①讲究秩序和整洁；②过分吝啬或节约；③固执或强迫性强。弗洛伊德把过分整洁和讲求秩序看成是对父母卫生要求屈从的延续，把过分节约看成是儿童在肛门期粪便保持和积累习惯的进一步发展。肛门便秘型特征者时间观念很强，不愿浪费任何时间，他们不断累积钱财，节省和不愿花用钱财。他们不是把金钱看成是使用的东西，而只把它看作贮存的对象。他们对时间和金钱的看法类似于早期儿童对粪便的看法。肛门期某个时候，儿童特别珍视自己的粪便，尽量保持而不愿放弃。固执这种特征是一种消极被动的反抗和攻击，它发源于肛门期儿童对父母大小便训练的反抗。与便秘型特征相反，排泄型特征者有肮脏、放肆和浪费的习惯。

（3）性器型特征（phallic character）。这类特征是性蕾期没有解决好俄狄浦斯情结和厄勒克拉特情结所导致的。具有性器型特征的人，行为轻率、果断和自信，这些行为特征主要是对"阉割"焦虑的反抗。性器期儿童对性器官过高的评价，导致了强烈的自负、夸张、好表现和敏感，他们常常显出攻击性和挑衅性。他们的攻击性、支配性和易怒都是"阉割恐惧"的反映。他们的勇敢和冒险行为也是对这种恐惧的过度补偿。性器型特征实质上是极端自私和自恋，它妨碍良好人际关系的建立。性器型特征者力图表现自己的男子汉气概，因而对妇女往往是粗暴和具有敌意的。性器型女子受强烈的阴茎嫉妒所驱使，总想在生活中扮演男性角色，力求超越男子。

（4）生殖型特征（genital character）。弗洛伊德认为极少有人真正达到了人格发展的最高阶段——生殖阶段，因为人们很难顺利地、彻底地解决早期发展阶段所存在的各种心理矛盾和冲突，以至于产生停滞和倒退。一个人只要有过停滞和倒退，那他就不可能完全达到最高阶段，具有与该阶段相应的人格特征。与生殖阶段相应的人格特征称为生殖型特征。生殖型人格是弗洛伊德最推崇的理想人格。具有这种人格的人，不仅在性的方面，而且在心理和社会方面都达到了完美的境界。他们能消除本能力量的破坏作用，使之富有建设性。他们有能力建立完满的爱情生活，获得事业上的成功。换句话说，具有生殖型性格的人，有能力控制和引导他们自身的大量力必多能量，使之通过升华的途径释放出来，为人类社会的文明和共同福利做出贡献。

五、精神分析的治疗方法

精神分析的治疗方法主要在于逐渐地觉察、明了人的行为及各种症状所显示的无意识的意义。精神分析认为症状是人格各部分冲突的结果，它经过化装以神经症的形式出现，其背后包含有无意识的动机与冲突。治疗者要帮助当事人寻找症状背后的无意识动机，使之上升到意识领域。即通过分析认识当事人自己，意识到其无意识中的症结所在，产生意识层次的领悟，使无意识的心理过程转变为有意识的，使当事人真正了解症状的真实意义，便可使症状消失。精神分析的治疗方法主要有以下五种：

1. 自由联想

分析者要求当事人，尽可能地将心中的话说出来，能不假思索地立即报告出来，不管它们是多么的琐碎、无逻辑、不清楚。当事人直觉的、不加思考的观念与情感的流露对于分析者把握病因十分重要。在自由联想过程中，治疗者的任务是鉴别与解析潜意识中被压抑的事件与当事人症状有关联的资料。当事人通常躺在长椅上，而咨询员则坐在其后方，这样才能使当事人放松，产生更多的自由联想。

2. 梦的分析

在睡眠中防卫是比较弱的，一些被压抑的情感会表面化。弗洛伊德把梦看作通往潜意识的大道，在梦中一个人的潜意识欲望、需要与恐惧表现出来。某些不被人所接受的动机会以伪装的形式表现出来，而非直接显现。对梦的分析就是要揭示梦的隐义。

3. 拒抗的分析

抗拒是当事人有意识或无意识地回避某些敏感话题，有意无意地使咨询重心偏移。弗洛伊德认为，当事人抗拒的原因是一种潜意识的防御作用，以逃避自己去面对自己所无法忍受的焦虑的意识化。处理抗拒的方法是治疗者指出当事人的抗拒心理，帮助当事人了解抗拒的原因，使当事人正视抗拒的行为，并借此探讨潜意识的作用。

4. 移情的分析

移情是指当事人在咨询过程中，把治疗者当成他过去生命中的一个重要人物（如父母或其他重要人物），当事人并以对待此人物的情感转移来对待治疗者。在咨询过程中，移情是一个关键，因为通过移情作用，治疗者有机会去具体地观察和了解当事人的人际关系，并解析问题行为的冲突所在。

5. 解释

解释是心理分析中最常用的方法。要揭示症状背后的无意识动机，消除抗拒和移情的干扰，使当事人对其症状的真正含义的领悟、解释都是不可少的。解释的目的是让当事人正视他所回避的东西或尚未意识到的东西，使无意识之中的内容变成意识。

弗洛伊德的精神分析理论，自诞生之日起就受到了学术界的广泛批评，特别是他的泛性论思想，为当时的许多人所指责。尽管如此，弗洛伊德所创立的精神分析疗法，在心理治疗领域的作用仍是无人可以替代的。而且，精神分析理论中的一些观念，如潜意识的概念、早期经验对人心理发展的重要影响、人格结构完整即心理健康等，至今都是心理咨询和心理健康教育的重要理论依据。

第二节　行为主义理论模式

行为主义心理学理论诞生于 20 世纪 20 年代的美国，后来成为美国心理学的主流直至 60 年代。它与精神分析不同，从一开始就植根于实验的发现之中。行为主义理论强调对人的可观察行为的研究，既不重视意识，也不重视无意识。它认为人的行为（包括不正常行为）都是通过后天学习而获得的。因此，主张通过学习来塑造或矫正人的行为。在行为主义理论中，与心理咨询和治疗有关的部分，主要包括经典的条件反射原理、操作条件作用原理和模仿的学习原理。

一、经典的条件反射原理

提到经典的条件作用，必然会想到巴甫洛夫的经典性实验。他用狗做实验，当狗吃食物时会引起唾液的分泌，这是先天的反射，称无条件反射。单以铃声刺激狗，不会引起狗的唾液分泌。但如果每次给狗吃食物以前出现铃声，这样铃声与食物多次结合之后，铃声一响，狗就会出现唾液分泌。铃声本来与唾液分泌无关（称为无关刺激），由于多次与食物结合，铃声已具有引起唾液分泌的作用，即铃声已成为进食的"信号"了。这时，铃声已转化为信号刺激（即条件刺激），这种反射就是条件反射，也称应答性条件作用。

心理学家华生很早就利用应答性条件作用的知识进行实验，他曾使一个本来喜欢动物的 11 个月的男孩对白鼠产生恐惧的反应。其做法是每当这个男孩伸手要去玩弄白鼠时，实验者就在他背后猛击铁棒，巨大的响声使幼儿惊恐。经过这样几次的结合之后，每当白鼠出现，这个男孩就会哭闹，出现恐惧的表现。此后，又进一步发现这个男孩的这种反应又泛化到其他白色的动物身上去了，本来他并不害怕的对象，如兔子、狗、有毛的玩具等，现在看到也发生了恐惧或消极的反应。这就是经典的条件作用原理。

二、操作条件反射原理

美国的心理学家桑代克与斯金纳相继提出了操作性条件反射的学习理论。桑代克曾把猫关在迷箱之中，猫可以借助拉绳圈、推动杠杆、转动旋钮而逃出来。关在迷箱之中的猫一开始挤栅门，抓、咬放在迷箱里的东西，把爪子伸出来等，进行了多种尝试以逃出迷箱，结果会偶然碰到打开迷箱的机关而逃出迷箱。多次尝试错误后，猫的错误行为渐渐减少，成功的反应保存了下来。最后，猫学会了如何逃出迷箱，即学会了"开门"的动作。这种条件反射后被斯金纳称之为操作条件反射，因为正是该行为的操作导致了成功的结果，获得强化。

斯金纳也做过许多操作性条件反射的实验研究。他研制出一种现在被称为"斯金纳箱"的实验仪器。从这个仪器的实验中，他得出了许多用于行为治疗的原理，如强化机制、强化的时间与方式等。他认为，包括心理疾病在内的大多数行为都是习得的，因此，心理咨询和治疗就是要改变对来访者起作用的强化物来矫正其变态的或不正常的行为。

三、模仿学习原理

模仿学习原理又称社会学习原理，主要是由美国心理学家班杜拉提出来的。班杜拉对幼儿作了大量的实验研究，认为个体通过观察其他人的行为反应就可以达到模仿学习的目的。观察学习是个体社会学习的一种最重要的形式。班杜拉指出，观察的学习机制不能简单地用操作条件反射的原理进行解释。观察学习由注意、保持、动作复演和动机建立四个相互联系的阶段构成，各阶段分别受一系列变量的影响。这四个阶段是社会模仿学习必备的阶段，除此之外，被模仿人的特征、观察者的特征和观察者的参与程度等也是影响模仿学习的重要因素。

模仿学习理论认为，人的大量行为都可以通过模仿而习得，人的不良行为也常常是通过这一方式而形成。如儿童看到成人或电视中的攻击行为，自己就会变得有攻击性。疑病症的儿童多来自特别关注疾病的家庭。模仿有助于人们学会很多重要的技能，但也可能会在习得变态行为方面发挥其作用。

四、行为矫正技术

从行为学习的原理发展出了行为矫正技术。在心理咨询和治疗中，常用的行为矫正技术与方法主要有下面五种。

1. 系统脱敏法

系统脱敏法是最早应用的行为治疗技术之一，它主要利用交互抑制或逆向条件作用的原理来矫治当事人在某一特定的情境下产生的超出一般紧张水平的焦虑或恐怖状态。

系统脱敏法主要是利用人肌肉的放松状态去拮抗由焦虑或恐怖引起的个体心率、呼吸、皮电等生理指标的变化反应。放松状态多次与引起当事人焦虑或恐怖的条件刺激物结合，即可消除原来因该刺激物引发的焦虑或恐怖条件反应。由于人的肌肉放松状态每次只能拮抗一个较低程度的焦虑或恐怖反应，因此治疗时要从能引起个体较低程度的焦虑或恐怖的刺激物开始治疗。一旦某一刺激不会再引起当事人焦虑或恐怖的反应时，治疗者便可向处于放松状态的当事人呈现另一个比前一刺激略强一点的刺激。如果一个刺激所引起的焦虑或恐怖状态在当事人所能忍受的范围之内，经多次反复地呈现，当事人便不会再对该刺激感到焦虑和恐惧了。例如，心理医生让一个对白色动物有恐惧倾向的患者处于放松状态，拿出一个装在笼子里的小白鼠，放在离患者较远的地方，患者会紧张。心理医生让患者放松之后，将小白鼠再放近一点，患者又会紧张。如此不断靠近，最终患者不再对小白鼠紧张了，这就是说患者脱敏了。

2. 模仿学习

模仿学习也是行为治疗常用的方法之一，其原理来自社会学习理论。它利用人类通过模仿学习获得新的行为反应倾向，帮助某些具有不良行为的人以适当的反应取代其不适当的反应，或帮助某些缺乏某种行为的人学习这种行为。一般而言，模仿学习的行为治疗方法有两种方式：一是想象模仿，二是参与模仿。

第一，想象模仿。想象模仿是指借想象来仿效示范者的行为方式，即让当事人想象其他人（等于楷模）在从事有关活动的情境，借此来改变当事人的行为。通常这些楷模的行为也正是当事人所要养成的目标行为。例如，想治疗

幼儿心理健康教育

YOUER XINLI JIANKANG JIAOYU

40

一位在社交场合极端退缩的患者，须帮助他去想象一位楷模正在从事各种社交活动的情境。起初也只能想到楷模正在问候别人；而后，随着治疗的进展，当事人就要想象楷模在从事更复杂的社交活动，诸如楷模与许多人讲话，楷模在大会场所与许多宾客寒暄，或是楷模在大会上发表演说等。这些想象情境的安排必须事先与当事人商量，并考虑是否可以帮助当事人发展适当的社交行为。

第二，参与想象。参与想象是让当事人一面观摩示范者的所作所为，同时在治疗者的引导下，实际逐步地参与演练有关的活动。参与模仿训练包含示范者表现适当行为，当事人模仿，再由治疗者逐步改正当事人的模仿行为。

例如，班杜拉等人曾用参与模仿的方法治疗一些有恐蛇症的人。做法是请一位示范者玩弄一条蛇，让当事人在一旁观看，同时还要在治疗者的指导下，逐步采取行为去接触自己所恐惧的对象（蛇）。先是带着手套去抚摸蛇，进一步再用空手去摸蛇。如果当事人不敢摸蛇，就要让他先把手放在示范者手上，然后一起去摸蛇身，再摸头部及尾部。若当事人表演这些动作不再那么紧张之后，就让蛇在房中随意爬行。此种渐进的治疗速度，需视当事人的紧张状态而定。

3. 角色扮演

角色扮演是指扮演与来访者问题有关的特定人物，将其可能出现的行为表现出来。角色扮演可以说是对现实生活的一种重复，又是一种预演。在角色扮演过程中，来访者可学习改变自己旧有的行为或学习新的行为，并进而改变自己对某一问题的看法。

例如，一位女学生来咨询，她希望以比较成人化的方式与其母亲交流，这时使用角色扮演技术是最恰当不过的。首先，咨询员可以鼓励来访者尝试几种不同的交谈方式，同时咨询员根据来访者的情况介绍，扮演她的母亲。这样，可以帮助这位女学生在一种比较安全的、较少焦虑的情境中试验不同的做法。通过这样的角色扮演训练，来访者就能够比较准确地预期她母亲的各种反应，进而恰当地选择与其母亲交流的方式。

4. 果敢训练

果敢训练又称肯定性训练、自信训练、敢于自我表达训练等。此方法适用于人际关系的情境，用于帮助来访者正确地和适当地与他人交往，尤其适用于那些不能表达自己愤怒或者苦闷的人、很难对他人说"不"字的人和那些很难表达自己积极情感的人。通过果敢训练，可以帮助他们能够或敢于表达自己的正当要求和意见或自己内心的情感体验。一般而言，果敢训练主要包括这样几个步骤：①确认需要进行果敢训练的问题；②提高来访者进行果敢训练的动机；③定义适当的行为；④确定果敢行为的训练阶段。

5. 强化的方法

强化的方法是建立在操作条件作用的原理上的。例如，某一行为若得到奖赏，那么以后这个行为重复出现的频率就会增加；反之，得不到奖赏的行为出现的次数就可能会减少。在行为治疗中，常用的强化的方法有如下四种。

（1）增强法。增强法有两种方式，一是积极增强，二是消极增强。所谓积极增强是指给予正性增强物（即人所喜欢的事物），而消极增强是指拿掉负性增强物（即人不喜欢的事物，或厌恶刺激），两者都是用来鼓励当事人的受欢迎行为，抑制不受欢迎的行为。比如，要鼓励孩子上课专心听讲的表现，可给予奖励物，这就是积极增强；如果孩子因为上课做小动作而正在受罚站的惩罚，但如果老师发现孩子已经在专心听讲了，这时老师可以通过撤销罚站的惩罚来鼓励孩子变好的行为，这就是消极增强。

（2）惩罚法。惩罚的方法也有两种形式，一是给予个体不喜欢的物体或厌恶刺激，二是撤销个体正在享用的正性增强物。两种形式都是用来抑制或阻断不受欢迎的行为。

具体而言，常用的惩罚方法有：①一般性惩罚，如给予批评、打手心、打屁股、罚站、记过、勒令退学等。②特殊性惩罚，如束缚身体、隔离、厌恶疗法等。其中厌恶疗法包括给予电击、催吐剂等，此法是一种很有争议性的技术，批评者认为它很不人道，通常在特殊情况下才采用。还有一种比较特殊，但又比较柔和的厌恶技术，即饱和策略。其做法是治疗者主动提供大量的当事人所追求的目的物，让当事人享受到极限之后，产生生理上的不适，进而解除当事人的不适当要求，或削弱不良反应。比如，要矫正儿童乱撕衣物的不良习惯，治疗者可以给儿童提供大量的破旧衣服，并督促他一再反复地去撕扯。即使是儿童感到很累了，也要让他继续撕，直到他感到厌恶并吵着要把衣服拿走为止。

（3）消退法。这种方法是指对不适应的行为不予注意、不予强化，使之渐趋削弱直至消失。例如，小孩因为某种原因而无理取闹，借哭闹的方式来引起大人的注意、达到自己的目的。这时，父母的劝说或打骂都可能成为孩子继续哭闹的强化因素。因此，不予注意、不予理睬，孩子的无理取闹行为就会慢慢减弱，最后消失。

（4）代币管制法。代币管制法是一种利用强化原理促进更多的适应性行为出现的方法。代币指可以在某一范围内兑换物品的证券，其形式有小红旗、小铁牌、小票卷等。当事人可以用这些证券换取自己所需的物品。我国许多精神病院已采用此法管理病人，使精神病人的不良行为减少，生活秩序好转。此法也可用于培养儿童的适应性行为。

行为矫正的理论模式在 20 世纪 60 年代非常盛行，而且影响很大。它不仅作为心理治疗的技术而在该领域独领风骚，而且，其行为矫正的理论和方法也成为学校教育中对学生进行教育和辅导的重要原理。至今，行为主义的思想仍然影响着包括我国在内的许多国家的教育体制和教育风格。

第三节 人本主义理论模式

人本主义心理学是继精神分析和行为主义两大派别之后的另一个影响深远的心理咨询和心理健康教育理论模式。它创立于 20 世纪六七十年代，被心理学界誉为第三势力。与前面两个理论模式相比较，人本主义对人性的看法更为积极：它认为人是有意识的，也是有责任心的，他们能够认识到自己的行为并为自己的行为负责。人有很大的潜能，每个人都愿意积极进取，都愿意发挥自己的才能，以达到自我的实现。

一、罗杰斯的人格理论

罗杰斯是人本主义理论的创始人之一，他提出了"以人为中心"的心理咨询与心理治疗方法。他相信，人的本质都是好的，虽然人们有时也不友善甚至残酷，但是，他认为如果我们能够被允许成为我们想成为的人，我们将不会受生命中存在问题的干扰，所有的人都能充分发挥自己的潜能而成为可爱的、值得依赖的人。为此，罗杰斯把功能得以充分发挥的人称为心理健康的人。他认为，人之所以出现心理问题，在很大程度上是因为受到了来自环境的各种不良因素的压制，使人不能充分发挥自己，进而导致自我认识的歪曲。因此，罗杰斯主张在心理咨询过程中，咨询员要以当事人为中心，要给予当事人充分的尊重和无条件的积极关注，只有这样，才能帮助当事人重新认识自己，排除干扰，使自己的能力充分发挥出来。

罗杰斯认为，在我们的社会里，我们大多数人都是在一种"有条件"积极关注的环境中成长起来的。作为儿童，父母亲和其他一些"意义重大的人物"向他们提供爱和支持，但这种提供不是无条件的，也就是说大多数父母只要孩子们做他们所期望的，他们就爱孩子。当父母亲对孩子的行为不满意时，他们就拒绝给孩子爱，孩子获取了这样的信息，即只有当他们做父母亲想让他们做的事他们才能得到爱。这种积极关注孩子的需要和想法是以他们的行为作为条件的。

作为这种有条件积极关注的结果，孩子们学会放弃他们真实的情感和愿望而仅仅只接受父母亲认为是合适的有关自己的那一部分，他们回避自己的缺点和不足。最终孩子们变得越来越不了解自己，而且在将来也越来越难以使机能充分发挥。成年后我们继续这一过程，仅仅将那些可能赢得在我们生活中有重要意义的人的赞扬和支持的方面纳入我们的自我概念。当然，我们每个人身上都存在那么一些东西，如果我们把它们暴露给我们所爱的人，就有可能遭到非难甚至拒绝，于是取代接受和表达这些思想和愿望，我们采取回避或歪曲，我们不让它们进入我们的自我概念。这样，我们失去了与我们真实情感接触的机会，从而变得越来越难以使机能充分发挥，这就是罗杰斯所说的"人类中一种基本的隔离"。

这个问题进一步发展为我们怎样才能逐步接受我们的缺点和不足？我们什么时候才知道它们不被别人接受？按罗杰斯的看法，我们需要无条件的积极关注去接受我们人格中的所有方面。因为无条件积极关注，我们知道不论我们做什么，我们都会被接受，被爱甚至被"奖励"。父母亲能与孩子们进行感情交流，尽管他们并不赞许孩子们某种特别的行为，他们却总是爱和接受孩子。在这种条件下，孩子们不再感到需要回避人格中那些可能导致失去积极关注的方面，他们自由地体验自己的所有方面，自由地将缺点和错误纳入自我概念，自由体验生命的全部。

父母亲并不是无条件积极关注的唯一来源，成长在一个没有这种认可的家庭中，并不能宣告一个人更少充分享受生命。在心理治疗中治疗者也能体现这种无条件积极关注的思想，通过利用这种气氛和罗杰斯创立的一些其他治疗程序，成人也能使他们自己返回到朝向自我实现和幸福的正确轨道上来。

二、马斯洛的人格理论

马斯洛是人本主义心理学派的另一位重要人物。当大多数心理治疗者正将他们的注意引向人们为什么会产生精神混乱的时候，马斯洛却在探索心理学怎样才能促进人格中幸福、健康一面的发展。

马斯洛虽然也承认无意识动机的存在，但是他把注意力集中在人格中存在于意识之上的那些部分。他相信人性本善，而且人是有着自由意愿的个体。每个人都会用适合个人风格并与他们所处环境的独特要求相称的方式、方法，来使他们与生俱来的动机得到满足。马斯洛也反对将人还原成只有刺激—反应的行为模式，强调人的完整性，认为有机体是一个高度统一的整体，具有自己独特的风格。

马斯洛最为著名的理论可能就是他的需要层次理论。他认为，人的需要可以区分成明显不同的层次，因为某些需要要求先于其他一些需要得到满足。马斯洛把这些需要分成了五个层次水平，如图2-1所示。

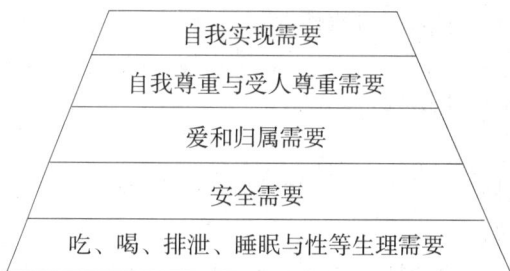

图2-1　马斯洛的需要层次理论

马斯洛认为，一般说来，我们在关心高一级需要之前首先必须基本满足低一级需要。比方说，你正处于饥饿状态，那么你所关心的主要就是获得食物。除非这一需要得到满足，否则你是不会太多考虑结交新朋友或者发展什么浪漫关系的。当然，一旦这种低一级的需要得到了满足，你就可能考虑其他东西。在整个生命历程中，我们在这个层次阶梯中向上攀登，直到自我实现的需要得到满足为止。马斯洛认为，目前我们人类中仅有1%的人最终能达到自我实现这一境界。

在马斯洛的心理学体系中，把自我实现看作人的本质存在。他认为可以将自我实现定义为"不断实现潜能、智能和天资……定义为在个人内部不断趋向统一、整合或协同动作的过程"。在对自我现实含义的理解基础上，马斯洛对自我现实的人格特征进行了深入的研究。他挑选了一些他认为达到了自我实现的人来进行人格分析。这些人的一部分是和马斯洛同时代的人，曾接受过马斯洛的访问，另外一些是似乎曾经以一种自我实现的生活风格生活的历史人物。马斯洛利用历史文献来收集像杰斐逊、爱因斯坦、罗斯福等这类自我实现者的有关资料。通过分析研究，马斯洛概括出了一系列自我实现者的人格特征。

（1）对现实世界有敏锐的洞察力；

（2）能接受自己、他人和现实；

（3）言行坦率、自然和纯真；

（4）不过分关注自己，而以问题为中心；

（5）具有超然于世的品格和独处的需要；

（6）独立自主；

（7）常常有新鲜感；

（8）常常能体会到狂喜、惊异和崇高等所谓的"高峰体验"；

（9）对人类充满深厚的爱；

（10）其亲密朋友不多，但感情深厚；

（11）具有民主的态度；

（12）具有很强的道德感；

（13）有幽默感；

（14）有创造性；

（15）不盲从等。

马斯洛认为，一个达到自我实现的人就是心理健康的人。这种通过分析有成就的健康正常人来揭示心理健康本质的研究，无疑比从不健康人身上进行的研究是更为积极的。因此，马斯洛的心理健康观得到了许多心理学家的支持和认同，它丰富和拓展了心理咨询领域，促进了心理健康教育的产生和发展。

目前，我们国家提倡素质教育，就是强调以学生为中心，注重学生的全面发展。特别是要求根据学生的心理特点，通过适当的教育来促进其潜能的发挥和创造力的培养。这种教育改革的思想无疑与人本主义的健康观和教育观是相一致的。

三、个人中心疗法

个人中心疗法又称为患者中心疗法，是由卡尔·罗杰斯于 20 世纪 40 年代首创的一种心理治疗与咨询的方法，目前已成为心理治疗领域中的主要理论流派之一。它的基本假设就是：只要给患者提供适当的心理环境和气氛，他们自己就能产生自我理解，改变对自己和他人的看法，产生自我导向的行为，并最终达到心理健康的水平。

按照罗杰斯的观点，每一个人都是独特的，并且具有充分实现其潜力的能力。这种能力和潜力就存在于机体先天具有的智慧之中，这种先天具有的智慧又可被称为机体评价过程。根据这一过程，婴儿可以在任何时候对自己的感受进行评价，区分什么是好（即实现了自己的潜力），什么是不好（没有实现自己的潜力）。与生俱来的还有一种实现倾向，它的发展为个体提高了保持和促进其生活的能力。这种独特的人类潜力又被称为是对自我实现的渴望。

随着儿童对自己存在的认知，以及儿童机能的发展，他们会从自己的经验、价值、意义感以及信念中形成我或自我概念，并从中产生了"我"和"我自己"的感觉。在这种自我感觉中还包括儿童对与其他人的关系的知觉以及赋予这种知觉的价值。自我概念一旦形成，个体就会随之产生另外两种需要，即得到别人积极关注的需要以及对自己积极自尊的需要，它们是自我实现倾向的社会化表达。

只有当儿童和其他重要人物之间达到和谐时，儿童才会对自己产生积极的自尊和价值感。当儿童认识到只有以某种方式去做事或感受才会被看重时，在他的自我结构中就会出现一种被看重的条件。一旦儿童把被看重的条件内化为自我概念的一部分，他们就会否认或歪曲某种经验以保持积极的自尊和自我价值感。儿童出现自我概念间的不一致会导致一种在自我概念与经验之间的不和谐。这种不和谐正是出现心理异常或适应不良的主要原因。

在任何情况下，如果个体对自己经验的知觉出现歪曲或否认，就会出现一种心理上适应不良的状态。在自我概念与经验之间的不和谐会导致知觉和行为的刻板性，并会引起防御反应，包括合理化、幻想、补偿、投射以及偏执观念等。

在个人中心治疗中，关系是最根本的。它是治疗过程的开始，是治疗中的主要事件，也是治疗的结束。治疗者与病人之间的关系应是安全和相互信任的，而且一旦建立了一种安全和相互信任的气氛，就能促进治疗关系的发展。

因为个人中心治疗是一种以关系为导向的方法，因此在罗杰斯的治疗策略中并不要求为病人做什么的技术，也没有什么固定的步骤、技术或工具可以促进病人产生朝向某一治疗目标，取代它们的就是对关系体验的促进策略。治疗者不是理智地讲出病人所关心的问题，而是直接关注病人在某一时刻内心深处所关心的问题。个人中心治疗的技术中主要的就是促进心理成长的三个条件，它们都是通过治疗者的努力建立起来的。下面将分别介绍这三种技术。

1. 促进设身处地的理解的技术

设身处地的理解意味着从病人的角度去知觉他们的世界，并把这种知觉向病人交流出来。促进这种设身处地的理解的技术包括关注，设身处地的理解的言语和非言语交流，以及适用沉默的技术等。

（1）关注治疗者要达到设身处地的理解，必须在一开始就能让病人感觉到治疗者在关注他的病人。治疗者对病人的注意既需要某种态度，也需要某种技巧。有效的治疗者在不牺牲自己的认同感和独特性的前提下，在治疗过程中要抛开自己的问题，而全力以赴地关注病人的问题。

治疗者的面部表情和躯体姿势可以告诉病人他是否关注于病人的话题和情

感。一定数量的点头、目光接触、微笑，对病人心境的反映、表情的严肃性，对病人的实实在在的兴趣以及深层的关注等都可以表明治疗者全力以赴。治疗者的姿势也可以表明他对病人的问题是否认真、接受、放松、焦虑、疑惑、困倦等。适当的面部表情和身体姿势能使病人感受到治疗者的介入、认真、承诺以及信任的程度。从另一个方面来看，过多的目光接触、微笑、点头等却往往会产生消极的影响。过分频繁的点头和持续的目光接触达到"紧盯"的程度，会使病人对治疗关系感到不自在，特别是当病人在开始感到威胁和不信任时。

治疗者与病人之间的身体距离也是一个很重要的因素。好多治疗者都坐在桌子的对面，容易让病人感到远不可及。病人可能把这张桌子解释为治疗者保护自己安全的方式，或者是一种屈尊的姿态。一般来说，当治疗者与病人很舒适地围坐在一起，之间没有东西相隔时，病人的感觉会好些。当治疗者与病人相对而坐，而且距离适当时，能促进病人对治疗者全力以赴的感受。如果距离太近，有些病人可能会感到不自在或受威胁。

治疗者的声音特点也能在很大程度上反映出治疗者全力以赴的程度。选择使用一些代表病人文化背景和价值系统的词语有助于表达对病人的理解和接受。

很多病人在前来治疗时都带有某种脆弱、痛苦、恐惧以及不确定的情感。治疗者表现出全力以赴的态度和技巧将有助于减轻病人的消极情感。治疗者如果能够全力关注病人，他就能较快、较容易地以感情移入的方式进入到病人的世界，也就增加了释放病人的防御并坦诚地与病人建立关系的可能性。

（2）用言语交流设身处地的理解意味着理解病人的情感和认知信息，并且要让病人知道他们的情感和想法是被准确地理解了的，不论是表面水平的还是深层水平的。促进性的言语交流必须把重点放在病人目前的情感和认知内容上。因此，治疗者要直接地应付病人所关心的问题，而不是分析和谈到病人的处境。

非言语交流的设身处地的理解包括准确地解释治疗者和病人所表达出来的言语和非言语线索。非言语信息可以通过几种方式传达出来，包括姿态、身体活动和位置、面部表情、动作的频率、声音态度、目光接触等。省略的、没有说出来的话，以及观察到的肌体活动水平等也传达非言语的信息。甚至家具的摆放也会影响到个人距离和社会距离以及相互理解。

（3）沉默作为交流设身处地的理解的一种方式，在心理治疗的很多情况下"沉默是金"。治疗中会出现某一时刻，治疗者和病人都需要考虑所说过的话，而不需要任何语言。而且这时任何语言都可能会产生干扰作用。一个善于观察的治疗者能够感觉到病人什么时候在对情感或信息进行有意义的加工处理，因此，沉默也是治疗者表示设身处地的理解的一种有效策略。

2. 坦诚交流的技术

艾根（Egan，1975）的帮助技巧系统是来源于罗杰斯的理论的。按照艾根的观点，坦诚的交流包括：

（1）不固定角色（freedom from roles）。治疗者不固定自己的角色就意味着他在治疗中的表现如同他在现实生活中的表现一样坦率，即他们是职业的心理治疗者，但并不把自己隐藏在这个角色之内，而是继续保持与目前情感和体验的和谐，并交流自己的情感。

（2）自发性（spontaneity）。一个自发的人会很自由地表达和交流，而不是总在掂量该说什么。自发的治疗者的表现很自由，不会出现冲动性或压制，并且不为某种角色或技术所羁绊。他的言语表达和行为都以自信心为基础。

（3）没有防御反应（nondefensiveness）。坦诚的人也是没有防御反应的。一个没有防御反应的治疗者很了解自己的优势和不足之所在，并且很了解该如何感受它们。因此，他们能够理解这种消极的反应并进一步探索自己的弱点，而不是对它们做出防御反应。

（4）一致性（consistency）。对坦诚的人来说，他的所思、所感及所信的东西与他的实际表现之间只有很小的差异。例如，一个坦诚的治疗家不会在对病人有某种看法的时候，反而告诉病人另外的内容；他们也不会信奉某一价值观时却表现出与这一价值观相冲突的行为。

（5）自我的交流（sharing of self）。坦诚的人在合适的时候能够袒露自我。因此，坦诚的治疗者会让病人及其他人通过他的公开的言语和非言语线索了解他的真实情感。

3. 交流无条件积极关注的技术

治疗者的行为所提供的第三个基本条件就是表达对病人无条件的积极关注。这一条件也有各种各样的叫法，如接受、尊重、关心以及珍视（priging）。艾根将无条件的积极关注称为尊重，并且指出它是一个高水平的治疗者的最高价值观。在艾根看来，治疗者可用不同的方式向病人表示对他们的尊重：从病人的人性和发展的潜力这一基础上表现对他的尊重；应承自己要与他们一起努力；把病人作为一个独特的个体予以支持并帮助他们发展这种独特性；相信病人有自我导向的潜力；而且相信病人是能够做出改变的。在治疗过程中如果治疗者能表现以下四种行为，那么上述五种态度就会起作用：①对病人的问题和情感表示关注；②把病人作为一个值得坦诚相待的人来对待，并且持有一种非评价性的态度；③对病人的反应要伴有准确的感情移入（即设身处地的理解）；④培养病人的潜力，并以此向病人表明他们本身的潜力以及行为的能力。

第四节　心理健康教育的教学理论模式

20世纪三四十年代以来，某些西方学者提出了以专门的教学或训练课程来培养学生的某种能力或心理品质。例如，克劳福德（Crawford，1931）开创性地提出了一种思维训练课程，该课程的主要目的是为了改善工程师、经理与设计师等专业人员的思维能力。他要求受训者掌握"属性罗列法"，即列出产品的关键属性，然后提出改进产品的办法。美国著名创造学家奥斯本（Osborn）在20世纪40年代开始推广"头脑风暴法"（亦称为脑力激荡术），一种训练创造性思维的方法。著名社会心理学家勒温在1946年提出了"敏感性训练"的课程。此后，在西方国家中出现了大量专门的心理训练课程或心理教学模式。由此，真正意义的心理健康教育发展起来了。这里着重介绍其中几种典型的、有影响的教学模式。

一、奥斯本的脑力激荡

奥斯本提出的脑力激荡主要是通过集体思考与讨论的方式，使观点与想法相互激荡，产生连锁反应，以引导出更多的新观点或新想法的方法。脑力激荡的训练策略或教学模式主要包括以下几个步骤：

第一，选择并说明问题。所选择的问题应该是开放性的和具体性的，例如，如何搞好六一儿童节的庆祝活动，采用什么方法使大家不乱扔垃圾，为本班的新刊物取什么样的名，等等。

第二，说明必须遵守的规则。奥斯本提出了"脑力激荡"的四条著名规则：①不要批评别人的意见；②观点与意见越多越好；③自由思考，容许异想天开；④可以将别人的观点组合或改进。

第三，组织并激发轻松自如、开放热烈的团体气氛。

第四，主持团体讨论，鼓励大家发表意见。

第五，记录大家提出来的意见或观点。

第六，共同制定评价标准，以选取最佳的意见。评价标准可以是以下内容：①是否能达到预期结果；②是否具有效率；③是否符合现行法律法规以及道德准则；④时机是否适当；⑤是否可行；⑥手续是否简便等。

在脑力激荡提出众多意见之后，一般可采用投票的方式，选出大家最喜欢的意见；并且，还可以共同讨论如何改进或完善这一意见。由于脑力激荡的教学模式具有易实施、效果好的优点，因此它在创造力训练以及各种心理品质的教育中被广泛应用。

二、勒温的敏感性训练

勒温在研究团体动力过程中，发明了敏感性训练这一心理教学形式，这一特殊教学形式被著名心理家罗杰斯称之为20世纪最伟大的心理学发明。"敏感性训练"主要是通过小组交流讨论的形式，让参加者学会如何有效地与他人沟通和交流；如何有效地倾听和了解他人的感情与感受；了解别人如何看待自己，自己的行为又如何影响别人，以及自己又如何受别人的影响等。这一教学模式不需要教师课堂讲课，教师只是在小组中临时召集人，组织大家参与小组活动。小组成员主要通过自己的实践与亲身体验，在与小组其他成员的相互作用过程中进行学习，认识自己，也认识他人，丰富自己的生活。

典型的敏感性训练的目标主要包括五个方面：①培养明确、坦率的社会交往与交流方式；②培养社会交往中各种角色的适应性；③培养社会兴趣，以及增进对社会和对他人的了解；④培养平等、合作与相互信赖的社会交往态度；⑤培养解决社会交往中各种问题的能力。敏感性训练的教学模式强调在人与人之间相互作用的实际过程中，依靠自己的亲身体验和感受来学习。学习的目标主要不是认知领域的目标，而是情意或人格方面的目标。小组内的交流活动是学习的主要途径，而小组中真诚、坦率和理解的气氛是教学成功的一个关键因素。大量的敏感性训练实践表明了该教学模式有助于提高参与者的自信心，增进对自己与他人的了解，以及人与人之间的相互理解与信任，从而促进人与人之间的沟通与人际关系的和谐。

在勒温提出敏感性训练之后，在美国陆续出现了许多性质相同的团体辅导与训练课程，诸如人际关系小组、个人成长团体、人类潜能促进小组等。20世纪60年代中期罗杰斯把这些心理训练与辅导团体统称为"交心团体"（encounter group）。这些团体尽管名称不同，但本质上是一致的，因为它们都强调团体中的人际关系经验，都重视各种情感问题，不重视智力问题，团体辅导与训练的目的主要不是为了治疗或矫正某种心理问题，而是促进个人人格的发展，包括了解自我，增强自信，寻求有意义的生活，改善人际关系等。交心就是指人与人之间心灵的沟通与交流，概括了这些辅导训练团体最突出的特征。

三、成就动机训练

早在 20 世纪 30 年代著名心理学家默里（H. A. Murry）就提出成就动机的概念，他认为人除了吃、喝、性与排泄等生理需要外，更重要的是人有各种心理需要。他列举了 27 种心理需要，而成就动机就是其中最重要，也是研究得最广泛的一种心理需要。他认为成就动机是个体克服障碍、施展才能、力求解决某种难题的欲望或趋向。在此之后，麦克莱尔（D. C. McClelland）和阿特金森（J. W. Atkinson）等人都对成就动机进行过长期的系统研究。他们进一步从成就动机中区分出两种动机倾向，即追求成功动机倾向与避免失败的动机倾向。一个人的行为动机是由这两种倾向的合力来决定的。一个追求成功动机倾向占优势的人（求成型的人）对成功感到极大的满足，对失败则并不过分在意；而一个避免失败动机倾向占优势的人（避败型的人）对失败深感羞耻。当所面临的任务有 50% 的把握能完成时，求成型的人完成任务的欲望最强烈，而避败型的人最感焦虑，回避的倾向最强，他们愿意去做更难或更容易的工作。

麦克莱尔等人认为成就动机不是天生的，而是在后天环境的影响与教育的作用下发展起来的，因此，通过适当的训练与培养可以提高个体的成就动机。由此，在西方国家中发展出了一种专门训练成就动机的教学模式。这种训练的目的是让学生了解并掌握高成就动机者的心理特征与行为方式，以增强学生学习的主动积极性，提高其成就动机水平。训练通常包含 10～20 个教学训练单元，训练内容可集中在一个星期内完成，也可分散在一个学期内完成。训练的内容与方法包括以下几个方面：

（1）实施主题统觉测验（TAT），让学生了解自己的成就动机，也了解高成就动机者的特征。主题统觉测验是默里设计的一套测试个体成就动机的心理测验，它包括一套 20 张意义模糊的图片，要求受测者针对每一张图片中所描述的人物或事件构思出一个故事。默里认为一个人的动机会影响他的想象，因此，当一个人在编故事时，其主导动机会不知不觉地影响他的想象过程，并在他所构想的故事内容中流露出来。在测试时，教师先让学生观看一张图片 15 秒钟，然后，让学生在 5 分钟之内将图片的内容编成一个故事。故事内容要包括事件的起因、经过和结局三个部分，字数不少于 300 字。在同样一张图片中，成就动机强的学生与弱的学生所编的故事往往有很大的差异，成就动机强的学生通常会讲图片中的人物如何勇敢面对挑战、克服困难、力争取得成功；而成就动机弱的学生则很少构想出这样的故事。

（2）通过阅读有关资料、观看录像片，识别高成就动机者的心理与行为特征。例如，在国外用于培养中小学生成就动机的课本中，就有许多描述成就动机强者与成就动机弱者的对比鲜明的故事，要求学生阅读之后，对两类人物的思想、言行进行对比分析，找出他们各自的特征。

（3）通过团体讨论或个别辅导，帮助学生认识自己的动机与抱负水平，认识成就动机与亲和动机（想要获得他人关心、认可、支持的动机）的关系，了解成就动机在个人未来学习、生活与工作中的作用。

（4）组织学生参加投环、掷镖等竞赛性的游戏，让学生建立与自己实际相符合的目标，获得成功的体验。鼓励学生冒中度失败的危险，或敢于面对有50%成功机会的任务，让学生勇于尝试新的思想与行为方式。

（5）在学科学习活动中，鼓励学生建立符合自己的实际目标，体会更多的成功经验，从而逐步加强自信心。

大量成就动机训练表明，这样的教学模式对于学生的学习动机有一定的促进作用。但是，这种训练是不全面的，因为一个人行为的成功与否，不仅取决于成就动机，而且还取决于主客观的诸多因素，仅仅训练主观的成就动机是不够的。

四、创造性问题解决的教学模式

美国学者帕尼斯（Parnes，1967）则依据创造性问题的解决过程，提出自己的创造性问题解决的教学模式。帕尼斯认为每个人都具有不同程度的创造潜力，这种创造潜力可以通过教育训练和实践活动来提高与发挥。知识在创造力的培养中非常重要，因为一个人如果没有预先储备相应的知识，则不可能创造。所以，培养创造力应该贯穿于知识的教学过程中。当然，知识的传授不等同于创造力的培养。教师只有充分理解了创造性问题的解决过程，并遵循这一过程的有关规律来进行教学活动，才能有效地培养学生的创造力。根据研究，帕尼斯认为创造性问题解决的过程包括六个步骤，即发现困惑、发现事实、发现问题、发现构想、发现解答和寻求接纳。在每一步骤中，都包含两种思维方式，一是发散性的思维方式，一是集中性的思维方式。下面将每一步骤作具体的说明：

第一，发现困惑。从自己平时的兴趣、经验中寻找一些困扰自己而有待解决的问题，并选择要解决的问题和确定解决这些问题的先后顺序。在这一步骤中，教师可以引导学生进行发散性与集中性的思考。发散性的问题有：什么对我重要？我对什么感到好奇？我对什么东西感兴趣？我关心什么？我想要接受何种挑战与机会？有什么矛盾与困扰的问题，我对这些困惑应该做什么样的反应？安排什么样的活动计划？等等。集中性的问题有：什么要求是真正最急迫的？什么事情最紧急、最重要？我处理问题的优先顺序是什么？我最希望保护、实现、得到或避免的是什么？我最需要扩展、提高与改进的是什么？等等。

第二，发现事实。收集一切可供参考的信息、知识、感觉与意见或其他有关资料，并将其分析、归纳与总结。在这一步骤中，发散性思维问题有：我有什么信息资料？我可以在何处得到帮助？我可能接触、尝试、观察、感受、探测什么？我要如何或自何处才能得到更多的信息？我可能要阅读、注意、倾听、观看、研究与学习什么？等等；集中性思维问题有：什么信息资料最重要？这些资料的重要程度与顺序怎样？哪些信息可能有关联，应该组合在一起？什么资料必须在我们开始进行之前搜集？

第三，发现问题。思考许多可能的问题，充分运用想象力去发现更多的问题或次要问题，并说明这些问题。在这一步骤中，学生思考的发散性思维问题有：我要解决什么问题？获得什么利益？这个问题何以对我重要？我能够做什么？想要制造什么？生产什么？集中性思维问题有：什么问题最重要？哪些是普通的问题？我的真正目标是什么？我该从什么问题入手？对我来说，真正最重要的事情是什么？等等。

第四，发现构想。针对问题，探索可行的对策或构想。发散性问题有：我能否想出更多可行的方法？有没有不同的方法？或新的特殊的方法？这个问题应该如何解决？我能否找出哪些新的关联？我能否创造出其他的可能性？集中性问题有：哪种选择最有说服力？哪种方法最有效、最可行？哪种意见我最喜欢？哪些构想可以结合或组织在一起？哪些构想值得做更多的试验或考虑？等等。

第五，发现解答。要求列出评价构想的标准，以判断构想的合理性、可行性或有效性等，然后对每一构想进行系统的分析评价，最后找出最有可能解决问题的构想。这一步骤中，常思考的发散性问题有：有哪些因素或标准需要考虑？哪些标准可用于这些构想？如何分析比较这些构想？如何确定这些构想的优点与缺点？如何使有趣的构想变得更好？如何使幻想式的构想更实际、更可行？集中性思考的问题有：哪些标准是我们在使用时最重要的或必需的？哪些标准有助于我们精练或发展构想？哪些构想具有前瞻性？哪些构想能够使我们达到目的、完成任务？

第六，寻求接纳。这一步骤主要是确定构想或方案，并将构想或解决方案付诸实施。在实施过程中，可能受到各种阻力或助力、资源和环境的影响，因此要全面深入考虑如何有效实施，以保证任务的完成。关键的发散性思考问题有：我们会采取这些行动吗？有什么因素支持或阻碍我们实施这一方案？实施过程中会产生什么问题？如果这些问题发生了，我们应该如何做？需要什么样的帮助？在什么情况下我们的计划会暂停、延迟或放弃？集中性思考问题有：我们计划成功的首要条件是什么？什么东西最有可能阻碍我们获得成功？我们应该采取什么样的必要措施以防万一？何时何处开始实施？什么时候完成？解决问题的最晚期限是什么？

在创造力的训练中，教师应按照上述步骤有计划地进行。对于教师来讲，教学训练成功的关键因素在于：①教师要向学生提供一个宽松的、能自由表达自己意见和看法的环境；②教师要善于提出各种发散性和集中性思考的问题，以激发学生的想象力与思维能力。

五、温斯坦的自我教育课程模式

美国学者温斯坦于1983年提出了一套自我教育的课程模式，其主要目的是帮助学生探索自我、认识自我、发展自我。通过一套系统的课程计划来训练学生，帮助他们加深对自己，以及自己与他人、自己与世界的关系，掌握有关认识自我与决策的知识、技能与态度，发展他们自我的独特性，增强他们独立自主的能力与意识。

温斯坦提出了描述自我探索过程的模式（见图2-2），以说明个人的自我探索是如何发生、如何加强的。当一个人面临冲突情景时，自我探索就开始了。第一步，他会问自己：我面临的问题或矛盾是什么。第二步，他会考虑各种可能的反应，问自己该如何反应；与以往的问题情景相比，这个情景有何特殊之处；有何共同之处。第三步，他要了解各种反应的性质，知道这些反应对他有什么影响。第四步，他要了解自己的特性，认清自己在这一问题上的优点与长处、缺点与不足。第五步，他要考虑采取哪种反应，这种反应可能会产生什么样的后果，对自己的一生有什么样的影响。第六步，他应该考虑其他反应的可能性与可行性，知道现有的条件是否允许他作别的反应。第七步，他要做出决定并对自己的决定做出评价，知道采取这样的行为反应是否适当，是否可行，是否有效。第八步，他要制定行动的计划，采取一系列的行动来解决问题，实现自己的目标。

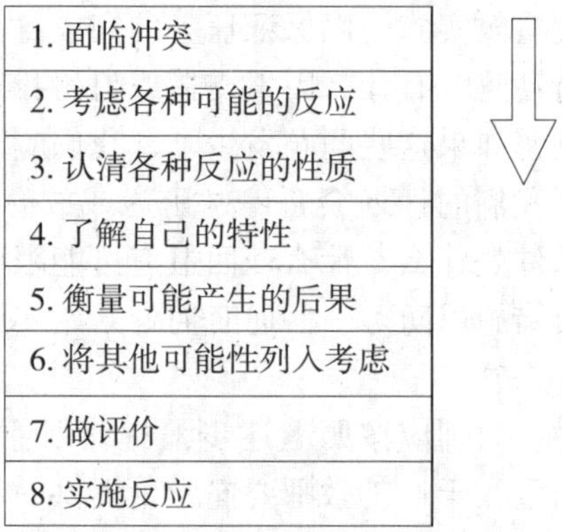

| 1. 面临冲突 |
| 2. 考虑各种可能的反应 |
| 3. 认清各种反应的性质 |
| 4. 了解自己的特性 |
| 5. 衡量可能产生的后果 |
| 6. 将其他可能性列入考虑 |
| 7. 做评价 |
| 8. 实施反应 |

图2－2　个人自我探索的过程

自我教育的课程计划要依据个人自我探索的心理过程来设计。课程设计的关键是教师要精心设计一些问题情景，让学生面临现实或假想的问题情景。以问题情景来激起学生的自我探索过程，并在这一过程中一步步地引导学生认识自我以及各种主客观条件，做出行动的决定与行动计划，并实施计划。这种课程的优点是可以帮助学生了解心理成长的一些基本原则，学生可以通过具体的自我探索的认知与实践过程来直接体验自我，拓展自我、他人与社会的认识。但是，要设计出学生普遍欢迎的系列课程是相当困难的。在课程教学中要使学生向他人展示自我、暴露自我的隐秘也非易事。另外，课程的教学也需要得到学校、家庭与社会多方面的支持与配合，才能取得较好的教学效果。

六、心理健康教育的教学模式特点

通过以上重要心理教学模式的陈述与分析，我们可以看出，尽管心理教学的模式多种多样，各有特点，但仍然有其共同的特点，与一般传统的教学模式相区别并归纳出心理健康教育课程模式的以下七个特点。

（1）与一般的学科教学模式不同，各种心理健康教育课程都是以培养或训练心理品质为主要的教学目标。作为教学目标的心理品质可以是智力与创造力，也可以是非智力的各种心理因素，如自我意识、成就动机、归因模式、意志品质、心理健康等。不同的教学模式各有其侧重，有的强调智力因素的培养，有的强调非智力因素的训练，有的要求较全面地培养各种心理品质，有的重视某一方面的心理品质训练。

（2）心理健康教育的课程教学必须规定教学的基本步骤或主要程序，而这样的教学步骤或程序一般都明确地以学习者的心理过程与心理发展的理论观点为基础。而传统的教学模式往往缺乏对学生学习者的心理过程与心理发展的深入分析，或者说看不出有什么清晰的心理学理论观点，因而其教学程序不容易适应学生的心理过程及其特点。

（3）心理健康教育的课程教学一般都主张学习者主体性的教学原则，强调充分发挥学生学习的主动性。在教学过程中，一般都要求教学要以学生的需要与特点为出发点，教学的内容尽量围绕学生关心的实际问题来进行，以此来激发学生的学习兴趣与主动性。教学中教师要尊重学生的主体地位，鼓励学生"唱主角"。强调学生的主体性，并不是反对教师的主导作用，教师的主导作用主要体现在课程设计以及教学过程的组织上。教师在课程教学设计上，尽量安排符合学生实际需要的内容，设计好问题情景，留给学生发挥想象力与思维活动的余地；在教学过程中，教师要鼓励学生发表意见，暴露真情实感，努力探索解决问题的办法。教师要善于提出有启发性的问题，多用鼓励性的、商量式的语气说话，尽量避免使用"你听我说"、"我告诉你"之类的命令式、灌输式的口吻。

（4）心理健康教育的课程教学一般要求面向全体学生，同时也要求重视学生的个别差异。教学要面向包括正常学生在内的全体学生，它既不以少数"尖子"学生为主要对象，也不以少数有明显心理障碍的学生为对象。面向全体学生就是要求在制定教学计划时要着眼于全体学生；确定教学内容时要考虑大多数学生共同的需要与普遍存在的问题；在教学过程中要创造条件让尽可能多的学生参与，特别是要给那些内向、沉默、害羞，平时不大引人注目的学生提供参与和表现的机会。面向全体学生并不是要否定学生的个别差异，恰恰相反，只有重视学生的个别差异，个别化地对待每一个学生，才能做到"因材施教"，给全体学生提供有效的教学与服务。教师不仅要了解学生的共性，更要了解学生的个性。在组织教学过程中，既要有面向全体学生的教学形式，也要有面向小组的教学形式，乃至需要个别化的教学形式。

（5）心理健康教育的课程教学大多要求提供支持性的教学气氛与教学环境。所谓支持性的环境是指一种自由宽松的、民主的、安全的环境。在这种环境中学生敢想敢说，没有太多的心理压力与负担，不担心教师或其他学生批评自己说错话或说话幼稚。支持性环境的形成，教师是一个关键的因素。如果一个教师能充分理解学生，尊重学生及其选择，以平等、民主与和蔼可亲的态度来对待学生，则容易造成良好的环境气氛。而那些以居高临下的姿态来批评学生，羞辱、挖苦与讽刺学生，粗暴与强制的手段来压服学生的教师是不可能提供支持性环境的。在教学过程中，教师要鼓励学生提出不同的意见，悦纳学生的意见，减少价值性的评判，容许学生有经历错误的机会。

（6）心理健康教育的课程教学一般都重视学生的实际操作活动，主张在"做"中学，因而强调活动课程的设计，要求向学生提供各种实践活动的机会。心理品质的形成，不仅需要认识上的提高，而且需要情感态度上的改变，更需要相应的行为方式的形成。因此，单纯从知识上入手的教学往往使学生知与情、知与行相分离，难以培养学生知、情、意三者有机结合的良好心理品质。在教学过程，只有重视学生的实际操作活动与亲身的体验，才能有效地促进学生知、情、意的统一，培养学生良好的心理品质。

（7）心理健康教育的课程教学一般都强调教学过程中师生之间的多向反馈与互动。在课堂教学中教师与学生、学生与学生之间的相互关系与相互作用，直接影响着教学的效果与质量。传统的教学模式一般以教师活动为主，师生之间的关系主要是一种单向的反馈结构，学生对教师完全处于被动受教的地位，难以发挥自身的主动性。心理教学的模式则要求充分发挥学生的主动积极性，实施一种师生之间、学生之间，以及学生自身的多向反馈结构。在班集体中，教师与学生都是其成员或参与者，他们之间都可以通过正式或非正式的方式进行多向的信息交流（参见图2－3），从而提高班集体活动的数量与质量，对学生产生更深刻、更有效的影响。

教师对学生的单向反馈　　　　　　教师与学生之间的多向反馈

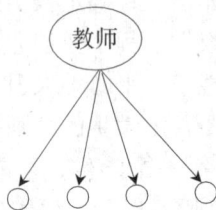
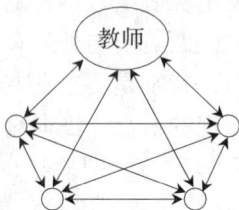

图2－3　课堂教学师生互动类型

思考与讨论

1. 简述弗洛伊德关于人格结构的学说。
2. 试析弗洛伊德关于人格发展的理论。
3. 试述行为主义的学习理论。
4. 简述行为矫正的方法。
5. 试析罗杰斯的个人中心疗法。
6. 试述马斯洛的需要层次理论。
7. 分析比较心理健康教育的教学理论模式。

第三章 幼儿心理健康教育的研究方法

本章要点

□ 观察法
□ 谈话法
□ 问卷调查法
□ 心理实验法
□ 心理测验法

开展幼儿心理健康教育的一个前提条件，就是要采用科学的研究方法准确地掌握幼儿心理的发展状况和特点、发展趋势与规律，以及存在的问题及其根源等。只有充分掌握这些资料后，才能制定相应的并行之有效的心理健康教育方案。要获得这些资料，仅仅依靠个人与幼儿接触的经验是很不够的，还需要懂得一些幼儿心理研究的方法。下面我们就幼儿心理研究的几种主要方法进行简要的介绍。

第一节 观察法

一、观察法的概念

观察法是观察者通过感官或一定的科学仪器，在一定时间内有目的、有计划地考察和描述幼儿的心理活动和行为表现。

观察法是幼儿心理健康教育的最基本方法之一。幼儿的心理发展水平低，言语表达能力和理解力都不强，行为的不随意性强，自控力差，因此，有些方法用在幼儿身上不太适合。而观察法可以了解在自然状态下幼儿行为的真实表现，无须他做出超出自身水平的反应，因而是最适合于幼儿的。

观察法具有目的性、自然性和直接性等三个特点。

（1）目的性。观察者是主动的、自觉的，而不是盲目的、被动的，要根据研究任务来确定观察对象、条件、范围和方法。由于观察是在自然状态下进行，观察现场可能会有很多意想不到的人和事，但观察者不是观察一切作用于自己感官的东西，其注意中心必须集中于预先确定的对象和范围，不能随意转换。

（2）自然性。观察法不需人为制造某种情境，是在自然发生的条件下，在对幼儿不加任何控制和干预下进行的，记录的是幼儿的真实反应。在这一过程中，不发生观察者与对象的交互作用，也不需要对象的配合，当然，观察者的出现本身就有可能对幼儿的行为产生影响，因此，在观察中，往往借助于录音、录像设备来获取资料，尽量保持自然性。

（3）直接性。观察对象是幼儿当前正在发生的事实和行为，而不是过去的事实，观察者可以直接了解这些事实的发生、发展过程。

二、观察法的种类

观察法可依据不同的标准分为长期观察和定期观察，全面观察和重点观察，直接观察和间接观察，结构性观察和非结构性观察等。

1. 长期观察和定期观察

从观察时间上可以分为长期观察和定期观察。长期观察是在比较长的时间内（几个星期、几个月或若干年）连续进行的有系统的观察。很多心理学家对儿童心理发展所做的日记式或传记式的记录和分析，就属于这种观察法。

定期观察是每隔一定时期观察一次。例如，为了了解大班幼儿游戏活动的心理特点，可以每周观察两次，每次一小时，连续观察一个月，然后把记录的材料加以整理和分析。至于如何"定期"，根据具体任务来定。

2. 全面观察和重点观察

从观察内容上可以分为全面观察和重点观察。全面观察是观察幼儿在一定时期内全部的心理表现。全面观察由于涉及的项目比较多，因而观察的时间往往也是比较长的。例如，要对一个幼儿的个性进行评定，需要进行全面观察才能下结论。又如，对超常儿童或弱智儿童的诊断，也需要进行全面观察。

重点观察是有重点地观察幼儿在一定时期内某一活动（游戏、学习、劳动等）中的心理特点和行为表现。例如，观察幼儿在游戏中的合作性，在学习中的注意力集中情况，在交往中的退缩行为等。

3. 直接观察和间接观察

从观察方式上，可以分为直接观察和间接观察。直接观察是直接凭借观察者的感官进行的观察，不用任何仪器辅助。间接观察是借助于仪器进行的观察，通常采用录音、录像设备。还可以设置单向观察室，使幼儿在自然的心态下表现出真实的行为，保证观察的客观性。另外，通过仪器，可以帮助观察者扩大观察范围，提高观察精确度，克服生理上的局限，有效提高观察效率。

4. 结构性观察和非结构性观察

从对观察过程的控制程度来看，可以分为结构性观察和非结构性观察。结构性观察是指有明确的目标，按照一定的步骤与项目进行观察。这种观察一般都经过严密的设计，规定好所要观察的项目，采用预先设计好的表格进行记录，控制严格。这样得到的资料可以用于定量分析，因而有时也称为定量观察。

非结构性观察的步骤不预先确定，记录也不要求规定工具，观察者尽可能详细地记录对象的言行，并可在事后对记录加以必要的补充和完善。它控制不多，使用灵活，不追求量的确定，而追求质的描述，因而也称为定性观察。这种观察保留了较多的细节和情景，真实生动，完整自然。

三、观察室的设计

为了加强观察的科学性，可以利用科学仪器，通过观察室来进行。下面是两个儿童观察室的示意图。

图 3-1 是利用单向玻璃设计的观察室，录音、录像设备在儿童活动室外。

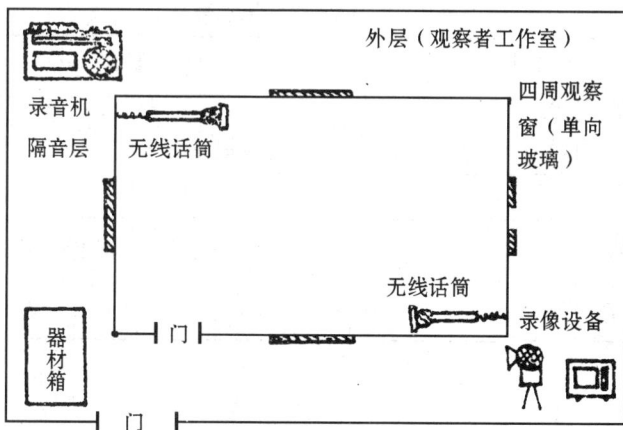

图 3-1　儿童观察室示意图一

图 3 - 2 不安装单向玻璃，四周密封，在儿童活动室内的墙角安装了四个转动式的摄像机镜头，能摄录每个角落的情景，然后再对录像内容进行分析和处理。

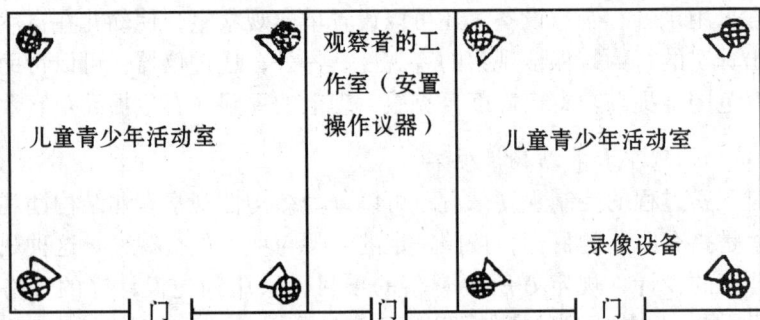

图 3 - 2　儿童观察室示意图二

四、结构性观察的记录方法

1. 次数记录法

次数是指在特定时间内所发生的行为次数，又称频次。使用次数记录法有两个限定条件：一是所观察的行为必须是经常出现的，频率较高，每 15 分钟不低于 1 次的行为才适合用这种方法来记录；二是必须是外显的容易被观察到的行为。次数记录法常用表格的形式，表 3 - 1 和表 3 - 2 是两种常见的次数记录表。

表 3 - 1　行为次数记录表一

观察对象：张明明　　　　　　　　　　　观察者：赵燕

幼儿年龄：5 岁　　　　　　　　　　　　观察地点：中班教室

观察时间：1999 年 12 月 15 日 9 时 10 分至 9 时 40 分

行为	画记	小计	备注
上课时离开座位	正 一	6	常走到后面丢纸巾
上课时骚扰邻座同学	正 正	9	拿邻座文具、推挤他人

表 3 - 2   行为次数记录表二

行为问题：上课时间咬指甲的发生次数

观察对象：刘丽   观察者：江云

幼儿年龄：3 岁   观察地点：小班教室

观察时间：1999 年 12 月 12 日至 12 月 18 日

编号	观察开始时间	观察时间（分钟）	画记	小计	备注
1	9：00	30	﹢﹢﹢﹢ ﹢﹢﹢﹢ ‖	12	上语言课
2	10：00	30	﹢﹢﹢﹢ ‖	6	室外游戏
3	11：00	20	﹢﹢﹢﹢ ‖‖	8	唱歌
4	2：40	20	﹢﹢﹢﹢ ﹢﹢﹢﹢	10	吃午点
5	4：00	30	﹢﹢﹢﹢ ﹢﹢﹢﹢ ﹢﹢﹢﹢	15	听故事

2. 时间记录法

时间记录法所记录的是行为所经历的时间长度。一种行为的发生总有一定时间，对持续时间的把握，有利于了解幼儿的心理和行为特点。例如，注意的持久性、看书的持续时间、坐的持续时间、自言自语的时间等。

有时，为了了解幼儿在一段时间之内，各种活动的时间分配情况，也要用到时间记录法，例如一节课之中，有多少时间在游戏，多少时间在听讲，多少时间在练习。为了记录各种活动所花费的时间，要预先划分好时段，比如每30 秒为一时段。如果每 30 秒做一次观察记录，则 30 分钟的一节课就可划分为 60 个观察时段。按照此划分，预先制好观察记录表格，待进行观察时只需在相应的位置打"√"即可。观察结束后，总计各种活动所用的时段是多少，便可知各种活动所用的时间了。

3. 等级评定记录法

等级评定记录法是在观察的同时，对幼儿行为的表现程度做出等级评定。有些行为和心理特征无法用次数或时间长度作为评判标准，如社会态度、性格等，但可以进行等级评定。次数记录和时间记录都是现场直接记录，而等级评定是事后依赖记忆做出的。

例一，幼儿社会性情绪观察评定表（A 表示强、多、好，D 表示弱、少、差，B、C 介于两者之间）见表 3 - 3。

表 3 - 3　幼儿社会性情绪观察评定表

观察评定指标		等级		
1. 发起活动	A	B	C	D
2. 注意力长度	A	B	C	D
3. 好奇心	A	B	C	D
4. 挫折忍耐力	A	B	C	D
5. 与教师的关系	A	B	C	D
6. 与其他成人的关系	A	B	C	D
7. 遵守日常规则	A	B	C	D
8. 与其他幼儿的交往	A	B	C	D

例二，幼儿性格评估表。

表 3 - 4 是广东省某幼教部门制定的一份幼儿性格评估表。

表 3 - 4　幼儿性格评估表

一级指标	二级指标	权重	评定等级				得分
			优（4）	良（3）	中（2）	差（1）	
求知欲与好奇心	1. 对周围的事物和现象有广泛的兴趣，喜欢提问	2					
	2. 喜欢解决较难的智力问题	1					
自控性	3. 能控制自己的情绪，根据成人要求调节自己的行动	3					
	4. 注意力集中，需要安静的场合能保持安静	2					
	5. 能坚持完成较困难的工作或活动	1.5					
活泼	6. 情绪稳定，活泼开朗	2					
	7. 喜欢美的事物，喜欢音乐、舞蹈、艺术	1					
交往	8. 尊敬老师、父母及其他长辈	1					
	9. 平等待人，关心别人	1.5					
	10. 积极主动地参加集体活动	1.5					
	11. 与人交往自然大方	1					

（续上表）

一级指标	二级指标	权重	评定等级				得分
			优（4）	良（3）	中（2）	差（1）	
自立与自信	12. 有一定独立性，不依赖他人	2					
	13. 有较好的自理能力	1					
	14. 大胆回答问题，敢于自我表现	1.5					
自我意识	15. 做错事能承认与改正	1					
	16. 对自己有初步的正确认识与态度	2					
合　　计		25					

五、非结构性观察的记录方法

非结构性观察的记录相对比较详细、完整，记录方式也比较灵活，并没有统一的格式或要求。像日记描述法、轶事记录法都属于非结构性观察。

●有人认为在记录中要体现六个 W：

谁（Who）：行为对象；

什么地方（Where）：行为发生的场景、地点；

什么时候（When）：行为发生的日期和具体时间；

什么事（What）：发生哪种行为了；

怎样（How）：行为的具体表现和过程如何；

为什么（Why）：观察者判断思考行为的原因，这部分属于主观推断，应当和客观事实的记录加以区分，可以用括号括出。

●有人认为完整的观察记录一般应该包括四个部分：目的、实录、分析和措施。

（1）目的：指通过本次观察，希望能解决的问题。

（2）实录：在如实记录幼儿行为表现的同时，应重点注意两点。第一，体现幼儿的发展变化；第二，抓住幼儿的独特行为。

（3）分析：围绕观察目的分析观察到的现象。第一，分析幼儿的心理特点；第二，分析形成这种心理特点的原因，可以从家庭、教师、幼儿园等多方面寻找原因。

（4）措施：在透过现象挖掘原因的基础上，考虑加强或改善哪些教育行为，制定或调整哪些教育计划，从而促进幼儿心理健康发展。

下面我们来看一篇观察记录。

观察对象：中班幼儿高××

观察时间：1999 年 12 月 2 日

观察目的：帮助幼儿建立活动规则，并自觉遵守规则。

观察实录：早晨入园时，高××与爷爷说了声"再见"，就到活动室里抹小椅子。抹完椅子后，他先在油泥组玩了一会儿，什么也没做成，又到剪纸组。在剪纸组玩的时间比较长，可是由于他不会用剪刀，剪不起来，就和小朋友说话，看他们玩。

老师组织活动时，高××一直和旁边的小朋友讲话，别人不理他，他仍然不停地讲。忽然，他跑开了，去厕所小便，然后一蹦一跳地回到了座位上。

分析：从观察中看出，高××参加活动的规则意识较差，原因主要有两点：①他是这学期刚从其他幼儿园转来的，以前的幼儿园老师可能对他没有这方面的要求，因此他觉得想做什么就可以做什么；②他对一些活动的方法和技能掌握得不好，这就影响了他参加活动的动机和兴趣，以至于像蜻蜓点水一样，什么都玩，什么也玩不好。

措施：

①通过个别教育，帮助高××尽快学会使用工具和材料，如学会用剪刀，学会玩油泥，会团、分、搓。

②在晨间体育活动及游戏活动中，增强高××的规则意识。

③与高××的家长联系，通报他在幼儿园的情况，争取家长配合，如建议家长在家中为高××多提供一些练习、操作的机会。

这篇观察记录目的明确、实录清晰、分析客观、措施具体，对实际的教育工作有指导意义。

六、观察法的局限

尽管观察法很重要，但它不可避免地会有一些局限。

（1）受观察者主观因素的影响。从观察者方面来看，有来自感官功能的局限，也有来自知识、经验的局限。同时观察者还往往会出现反应偏向，受自身情绪、喜好等因素的影响，使观察带上主观色彩。例如，在对幼儿进行观察评定时，可能会出现一些反应偏向，常见的有晕轮效应、肯定或否定定势、趋中效应等。

（2）每一次观察的对象和内容不可能太多。太多，则会顾此失彼。

（3）观察资料只能用来说明"是什么"、"有什么"的问题，不能用来判断"为什么"这类因果关系的问题。对于原因只能统管主观推测和分析。

（4）观察法只适用于收集幼儿外部行为的资料，不适用于收集内在心理方面的资料。而幼儿的外在言行和内部心理之间存在着差距，观察所得到的，只是外在的行为表现，相对于一个孩子丰富的心理世界而言，这些材料是不全面的。

第二节　谈话法

一、谈话法的概念和特点

谈话法是通过与幼儿面对面交谈的方式收集幼儿有关资料，描述其心理和行为特征，或对幼儿进行心理辅导的方法。由于幼儿的心理发展受制于许多因素，因此要想把握孩子的心理特点需要全面了解情况，仅仅对幼儿本人的观察是远远不够的。对于年龄较小、缺乏书面表达能力的幼儿来说，谈话法具有独特的优越性。

谈话法的主要特点是它的互动性。谈话时彼此有信息交流，能得到比较深入的资料，可以较详尽、真实地了解幼儿心理发展的具体表现和有关细节。幼儿无法阅读和书写，因此，用谈话法比较合适。

二、谈话法的要求

使用谈话法需要符合以下要求：

（1）围绕主题。不可无意义漫谈。当发现幼儿的谈话偏离主题时，谈话者应巧妙地使谈话回归主题，切记粗暴打断幼儿的谈话，以免造成幼儿紧张、害怕，使谈话无法进行下去。

（2）讲究艺术。同幼儿谈话，应注意适合幼儿的语言特点，通俗易懂，尽量避免使用成人用语。为了使幼儿配合，可以注意以下几点：①注意具体化，这样容易被幼儿理解。②注意多种提问方式。可以设问、反问、追问，可以开门见山，也可以迂回进行。③注意多侧面。可以正面问，也可以反面问，既要问表层的东西，也要问深层的东西。④可以采取灵活多样的方式。如用讲故事、讲寓言、猜谜语等方法引导幼儿，以便从中获取所需要的材料。

（3）态度友好。谈话者要善于创造一个友好融洽的气氛，和幼儿建立良好的关系。如果幼儿有戒备心理，可以先和幼儿玩耍或游戏，让幼儿先接受自己，然后再开始交谈。在环境上，最好选择幼儿熟悉的环境，使幼儿减弱防御心理和对立情绪，容易说出心里话。

（4）做好记录。谈话的过程应由谈话者或其助手记录下来，但应注意记录方式。最好边记录边交谈，边观察边记录，随时捕捉微妙变化的信息；当场少记，事后多记。可以使用录音机或录像机，但最好不要让幼儿发现，以免使他分心或紧张。

三、谈话中的回应技术

回应是指谈话者在谈话中对幼儿的言行做出反应，包括言语反应和非言语反应。回应能及时将自己的态度、感情传递给幼儿，拉近和幼儿的心理距离，从而使幼儿在谈话中的态度更为积极，更愿意把自己的心里话说出来。常用的回应技术有：

1. 鼓励

鼓励是指对幼儿所说的话做出积极的反应，希望对方继续说下去。言语的鼓励包括"嗯"、"对"、"是的"、"说得很好"、"是吗"等简短的词句；非言语的鼓励包括点头、微笑、亲切的目光、摸摸孩子的头等。通过鼓励，让孩子感到自己正在被老师或父母所接受、所欣赏，从而能敞开心扉。

2. 复述

复述是把幼儿所说的重要的话重复说出来，或者换一种方式说出来，让幼儿感到自己的话很受重视，促使他继续说下去。

3. 追问

追问是谈话者就某一个问题对幼儿作进一步的询问。其目的是为了了解更多的细节，更深入地了解幼儿的想法。追问要适时，不要打断幼儿的思路；要适可而止，不要追问幼儿难以回答的问题或不感兴趣的问题。

4. 情感反应

当幼儿带着某种情绪情感谈话时，谈话者要对幼儿的情绪情感给予反应，如"明明，你看起来很生气"，"小红，小朋友不和你玩，你感到很伤心，是吗?"当幼儿有某种情感而自己又表达不出时,谈话者的情感反应能帮助幼儿更好地认识和了解自己,同时,幼儿还会感到谈话者很理解自己。

第三节 问卷调查法

一、问卷法的概念

问卷法是通过书面形式,用统一的、严格设计的问卷来收集幼儿有关的心理和行为特征资料的方法。这种方法通常以问卷为工具,可以用来系统地了解幼儿的家庭情况、行为表现、兴趣、性格特征等。在幼儿心理健康教育中用问卷法,不是直接让幼儿填写,而往往是给父母和教师填写,间接地了解幼儿的心理特点。

与观察法和谈话法相比,问卷法目的性更强,内容更加详细完整,设计更加科学精确,可以进行定量化处理。同时,它可以在较短的时间内用较低的成本收集大量信息,简单易行,高效方便。但问卷法问题固定,灵活性较差,深入性不够,并且无法判断调查对象回答的真实性。另外,问卷法只适合于具有一定文化程度的人,使应用范围受到限制。

二、问卷的种类

结构型问卷,也称封闭式问卷,由封闭题组成,每个问题都有若干可供选择的答案,填写者不能随意回答。如:"你的孩子是否有过把别人的东西偷偷拿回家的行为?是( )否( )"结构型问卷内容明确,作答容易,易于分析,但可能会遗漏一些重要信息。

无结构型问卷,也称开放型问卷,即只提问,不提供预先做出的答案,由被调查者自由回答。如"请谈谈你孩子的性格特征","你觉得怎样的孩子才算是一个好孩子?"这种类型的问卷调查往往适用于研究初期,对调查对象不太了解,不能确定调查对象会做出怎样的回答;或者用于广泛全面地收集信息。无结构型问卷可以充分获取各种可能的信息,但作答费时,并且对数据的统计分析比较麻烦,不易于量化。

三、问卷结构与问题类型

1. 问卷结构

调查问卷在内容结构上一般包括三个部分：指导语或填写说明，个人基本情况，调查项目。

（1）指导语。指导语是整个问卷内容的开头部分，它的作用是告诉调查对象为什么要填写问卷以及如何填写问卷，并对调查对象的配合表示感谢。例如，一份调查幼儿教师对好教师、好学生的看法的问卷，其指导语是这样写的：

> 您好！本调查的目的在于考察教师对于"好教师"、"好学生"的看法。作为一项心理学研究，本调查项目的答案没有对错之分。按照您的实际情况和真实想法作答，是保证本调查结果有效性的重要条件。因此，请您一定要仔细阅读以下的每一个题目，并根据答题要求如实回答每一个问题。占用了您宝贵的时间，在此我们表示衷心的感谢！

（2）个人基本情况。调查对象的有关情况，如果是父母问卷，所填写的项目可能包括：孩子的姓名、性别、出生年月，父母的姓名、出生年月、职业、教育程度、家庭住址等。如果是教师问卷，所填写的项目可能包括：姓名、性别、出生年月、教龄、学历、任教年级、任教科目等。个人基本情况中要求填写的项目一般是在研究中所要考虑的变量，例如，要了解父母的文化程度对孩子性格发展的影响，父母的文化程度就是一个变量，就必须要求填写。如果研究中不涉及到的项目，就不一定要填写，以保持问卷的简洁。

为了便于统计分析，个人基本情况部分也可以根据需要，设计成封闭式的问题，让调查对象选择即可。例如，下面是一份幼儿教师问卷的个人基本情况，是用封闭题的形式设计的。

第一部分：您的基本情况（请在正确答案前的小题号上画圈）。

一、性别	二、年龄	三、学历	四、教龄	五、现教年级	六、职务
1. 女 2. 男	1. 20 以下 2. 20~29 3. 30~39 4. 40~49 5. 50 以上	1. 初中 2. 高中 3. 中专 4. 大专 5. 本科及以上	1. 1~5 年 2. 6~10 年 3. 11~20 年 4. 21 年以上	1. 托班 2. 小班 3. 中班 4. 大班 5. 学前班	1. 园领导 2. 主班 3. 副班 4. 保育员 5. 其他

其他内容略。

（3）调查项目。调查项目是调查问卷的主要部分，是为了达到调查目的而设计的一系列问题。这些问题在表达上依调查者的意图而有不同的形式，并按一定的顺序排列。

2. 问题类型

我们主要来看看结构型问卷的题目类型。

（1）是否式。每个问题提供两个答案，即是与否，由调查对象从中选择。如：你的孩子是否喜欢唱歌？

A. 是　　　　B. 否

（2）选择式。从列举的多个答案中选择一个或几个。如：你觉得你的教养方式属于：

A. 民主　　　B. 严厉　　　C. 放任　　　D. 溺爱

（3）排序式。调查对象按重要程度或符合自己情况的程度对答案排列顺序。例如，幼儿喜欢哪些科目？请按喜欢程度排序。排序式有两种方式：一种是将所有答案排序，称为全排序；一种是把选出的答案排序，称为选择排序。

例如，你认为幼儿最重要的三项性格特征是什么？请排序。

A. 自信　　　B. 合作性　　　C. 独立性　　　D. 坚强　　　E. 乐观开朗
F. 诚实

（4）等级式。把答案按照强度或程度依次排列，让被试做出判断和评价。这种题目多用来测定人们的态度和情感。所供选择的答案具有等级关系，按需要可以分为三等、四等、五等、六等、七等，最常用的是五等、七等。例如：

下面列举了一些与幼儿教师有关的品质或特点，在您看来，这些特点在多大程度上是一名好教师应该具备的？请您对下面每一个特征的重要性进行判断，在相应的数字上画圈即可。

特征	对于一名好教师，……是					
	最为重要	十分重要	有点重要	不太重要	无关紧要	最不重要
1. 关心学生	1	2	3	4	5	6
2. 语言表达能力	1	2	3	4	5	6
3. 热心教育	1	2	3	4	5	6
4. 长相漂亮	1	2	3	4	5	6
5. 观察注意力	1	2	3	4	5	6
6. 真诚坦率	1	2	3	4	5	6
7. 身体健康	1	2	3	4	5	6
8. 信任学生	1	2	3	4	5	6
9. 分析综合能力	1	2	3	4	5	6
10. 胸怀宽广	1	2	3	4	5	6
……						

四、问卷设计要求

1. 符合目的

问卷要围绕目的进行，可问可不问的就不必问。

2. 内容简明

问题内容与问题用语应该明白清楚，没有难懂或含糊之处，不要让调查对象产生误会或难以作答。对一些专业术语要通俗化。如果问家长"你的孩子有没有神经症的表现"，家长必然无从答起，因为绝大部分家长不清楚神经症的含义。

3. 排列合理

问题排列一般采用"漏斗式"设计，即由简单到复杂，由一般到特殊，先封闭式后开放式，敏感性问题放在后面。如果被调查者一开始就碰到敏感性问题或很难回答的问题，就可能产生烦躁、厌恶、畏难情绪，甚至放弃回答。

4. 力求客观

题目应避免暗示性或诱导性，避免"社会认可效应"。所谓社会认可效应是指被调查者按照社会评价标准回答，而不是提供真实答案。如何避免诱导性和社会认可效应的产生呢？可以采取如下措施：

（1）题目或答案涉及"一般人"而非调查对象本人。如："当孩子与父母发生冲突时，父母应该怎么办？"（而不是"你会怎么办？"）

（2）在题目中阐明这类问题是客观存在的，因而没有什么不正常，打消调查对象的顾虑。如："有的孩子会把幼儿园的东西带回家，你的孩子有过这种现象吗？"如果直接问"你的孩子有没有把幼儿园的东西偷回家"，必然会使家长产生反感和抗拒。

为了克服诱导性，还可以采用"有人认为……，还有人认为……，你认为如何？"的方法提问。例如："有人认为心理健康教育应该从幼儿抓起，也有人认为在幼儿园开展心理健康教育没有多大必要，你认为怎样呢？"

5．方便易行

问卷设计要便于被调查者回答和填写，不要花费他们过多的时间和精力；同时，也要便于统计分析。

第四节　心理实验法

心理学上的实验法是指按照研究目的，有计划地严格控制条件，以主动引起或改变被试的心理活动，从而进行分析研究的客观方法。可以分为实验室实验和自然实验。

实验室实验通常是在特设的实验室内，在严格控制条件的情况下进行的。实验人员需要对实验情景和条件给予较严密完善的操作，并对无关因子严格控制，利用精密的观测仪器记录结果，因而具有较高的精确度和科学性。但实验室实验的情景是人为的，而不是自然真实的，与幼儿的实际生活情境差别较大，因而研究结果的应用推广价值受到局限。在幼儿心理健康教育中，用得更多的是自然实验法。

一、自然实验

自然实验是在自然状态下，在现实的生活情境中，在不影响正常教育教学秩序的情况下，按照研究目的，控制和改变某些条件，观察被试的心理状态和行为表现。自然实验是在正常的生活情境中进行的，因而容易操作，也易于推广。同时，在自然实验条件下，幼儿并不知道自己正在接受实验，因此，他的反应往往是真实和自然的。自然实验法兼有观察法和实验室实验的优点。但由于自然实验是在自然状态下进行的，对条件的控制不可能很严密，因此研究的精确度不够高，因此，结论的得出须慎重。

下面我们来看一个自然实验的例子。

美国有一项研究"教师的言语指导（暗示）对幼儿行为的影响"。研究者随机将幼儿分为两组，研究分三个步骤进行：

第一步，教师对两组的每个幼儿单独谈话，谈的是一些无关紧要的内容，如："老师昨天带你去动物园，你是喜欢大象还是猴子？"

第二步，幼儿作答后，教师对凡是第一组的幼儿作这样的暗示："啊，你喜欢大象（或猴子），因为你愿意与人合作。"对第二组的幼儿则这样表示："啊，你喜欢大象（或猴子），那么你一定喜欢当第一名！"

第三步，让每个幼儿分别与另外一位幼儿共搭积木3分钟，教师指示：你们两个一人搭一块地轮流搭；并让一个幼儿拿红色积木，另一个拿黄色积木。

结果，凡是被暗示喜欢合作的幼儿，与另一个幼儿搭得又快又好；而凡是被暗示要争第一名的，两人均搭得慢而少，互不相让。

二、教育实验

教育实验是自然实验的一种特殊形式，是在一定的教育和教学过程中开展的自然实验。它是研究者按照研究目的，控制或创设一定条件以影响改变研究对象，从而验证假设、探讨教育现象因果关系的一种方法。通过教育实验，可以研究幼儿在一定的教育和教学过程的影响下，某些心理过程或个性品质形成和发展的规律。

教育实验是通过设置、改变某一变量而引起某种现象。这种设置或改变的变量叫实验变量或自变量，由此引起的现象叫因变量或反应变量。例如，要研究一种新的教学方法是否比旧的教学方法取得的效果更好，教学方法就是自变量，效果就是因变量。在幼儿心理健康教育实验中，自变量往往是教学内容、教学方法、教师的态度等，而因变量往往是幼儿的心理特点和行为表现，如智力、个性、情绪、行为反应等。

实验设计模式主要有三种。

1. 单组实验设计

单组实验设计是指对一组被试施加某一种实验因素或者是两种以上实验因素的影响，然后观察和测量其结果，比较施加某一实验因素前后效果有何差异，或者是比较两种实验因素在效果上有何不同。用表可以表示为：

第一种情况：

	前测	实验处理	后测
实验组	√	√	√

第二种情况：

	前测	实验处理1	复测1	实验处理2	复测2
实验组	√	A	√	B	√

单组实验效果 = 后测 - 前测

我们来看两个实例。

实例一：广州华景幼儿园在大班开展心理健康教育课程，想探讨心理健康教育课程对幼儿心理素质的提高有何影响。操作程序如下：

（1）确定实验组。他们先随机选取一个大班作为实验组。

（2）对实验组幼儿进行前测。前测内容包括：中国比奈智力量表，拉特儿童行为问卷（包括父母和教师问卷），儿童态度与性格问卷（教师问卷）。

（3）施行实验处理，即在实验班开设系统的心理健康教育课程，每周一次，共16周。

（4）对实验组幼儿进行后测。完成心理健康教育课程之后，对这个班进行后测，后测内容与前测相同。

对比前测和后测的结果，进行统计分析，得到如下结论：在幼儿园开设心理健康教育课程，能促进幼儿的智力发展，有利于幼儿性格的完善，并在一定程度上能减少幼儿行为问题的发生。因此，开设心理健康教育课程是促进幼儿心理发展，提高幼儿心理素质的一条有效途径。但心理健康教育课程对幼儿行为问题的矫正效果并不明显。

上实验就是前测后测单组实验设计，并且只有一个实验处理——开设心理健康教育课程。

实例二：某幼儿园想比较游戏法和讲授法在心理健康教育课程中的效果。做法是：在幼儿园选取一个班作为实验班，进行前测，然后运用游戏法上心理健康教育课，上一段时间之后，进行复测1。再运用讲授法上课，同样一段时间之后，进行复测2。通过复测1和复测2的比较，发现游戏法的效果更好。

单组实验简单易行，但它却带有两个明显的不足：一是儿童心理是不断发展变化的，他们在知识、技能、智力等方面的自然增长，会影响教育实验的效果。我们很难确定因变量的变化是不是由实验变量所引起的，或者有多少变化

第三章 幼儿心理健康教育的研究方法

是由实验变量所引起的。像上述实例一，幼儿心理素质的提高不一定完全归结为心理健康教育课程，幼儿年龄的增长，经验的增多，家庭的教育都会导致心理素质的改变。所以，这种实验设计，在论证因果关系上，说服力不够。二是如果需要比较两个实验因素，那么两个因素之间相互会产生干扰，因而影响实验效果的准确性。像上述实例二，游戏法对讲授法可能产生影响，这种影响可能是积极的，也可能是消极的。这意味着复测2的结果并不仅仅是由讲授法造成的，因此，"游戏法更好"这一结论也就值得推敲。

为了克服单组实验造成的这些不足，为了能说明自变量和因变量之间的因果关系，一般较少采用单组实验设计，而更多地采用等组实验设计。

2. 等组实验设计

等组实验设计，是指采用两个或两个以上条件相等（或相当）的班或组作为实验对象，对两组被试分别施加不同的实验因素，同时使两组其他条件保持不变，然后对不同实验因素所产生的结果进行比较。

一般来说，等组实验设计采用两个组进行，一组为实验组，一组为控制组（即对照组，不施行任何实验因素）。也可以采取两个实验组进行，对一组施行实验因素1，对另一组施行实验因素2。当然，如果要检测两个以上的实验因素对儿童心理发展变化的影响，还可以多设实验组。这就是说，在采用等组实验形式时，关键的不是实验组数目的多少，而在于每组被试的条件应该保持相等或相当。在整个实验过程中，由于除了实验因素外，各组的其他条件都保持不变，因此可以对实验因素产生的效果进行比较，并可进行差异显著性检验，以此确定哪种实验因素对儿童心理发展的作用大。等组实验设计可用表表示如下：

	前测	试验处理	后测
实验组	√	A	√
对照（控制组）	√	不施行实验处理	√

等组实验效果 = 实验组（前测 – 后测）– 对照组（前测 – 后测）

大多数的教育实验是采用等组实验设计进行的。比如，有人曾经做过"发展学生创造性思维的实验"，研究目的是为了比较开设思维训练课与开展创造性活动对发展学生创造性思维的效果。实验过程如下：选择条件大致相同的同年级的三个班，甲、乙班为实验班，丙班为对照班；实验时，甲班每周开设一节思维训练课，一学期开展四次创造性活动；乙班只开展与甲班类似的四次创造性活动，丙班既不开设思维训练课也不开展创造性活动课。学期初对三个班学生进行创造性思维测试，学期末用类似的题目对三个班学生进行复试，以检验实验效果；初试成绩，三个班接近，无显著差异；复试成绩，甲班最好，乙班次之，丙班最差。该实验证明，开展创造性活动有利于学生创造性思维的发展；既开展创造性活动，又开设思维训练课，可以加速学生创造性思维的发展。

等组实验能够避免单组实验的局限性，因为两个实验因素分别在两个组施行，不会相互干扰；同时，两组对象均有成长因素，因而这一影响因素在两组获得平衡；再有，测查内容两个班也相同。因此，等组实验的结果比较可靠。

等组实验的关键在于使实验组和对照组的条件尽可能相等，最好采取随机取样、随机分组的方法，确定实验组和对照组。但进行教育实验，往往是以现成的班级、小组或群体进行研究，因此很难保证实验组和控制组的初始条件完全相同。因此，所谓的等组，也只是相对而言。

3. 轮组实验设计

所谓轮组实验设计，其实是前两种实验形式的结合，即把实验因素轮流施于各组。然后求每个实验因素的变化与效果的总和，并加以比较。也就是说，两组（或两组以上）被试都参加不同的实验处理。这样，对研究结果，既可以进行组内分析，又可以进行组间分析，也可以综合起来进行分析。现在，我们用表表示该种实验设计最简单的一种情况（只有两组实验，只有两种实验因素）。

	前测	实验处理 1	复测 1	实验处理 2	复测 2
实验组 1	√	A_1	√	B_2	√
实验组 2	√	B_1	√	A_2	√

$$轮组实验效果 = (A_1 + A_2) - (B_1 + B_2)$$

轮组实验设计是一种比较精确、可靠的实验形式。它兼备了单组实验设计和等组实验设计的优点，同时又避免了两种实验设计的缺点。各个实验因此轮换施于各组，因而其发生影响的机会均等，同时抵消了非实验因素的影响，被试的基础、教师的水平等无关因素的影响也可抵消。

但是，利用轮组实验设计进行实验时，操作难度较大，也比较复杂，尤其是有多个实验组、多个实验因素时，实验实施和结果分析相当困难。轮组实验设计中每组都要实施两种以上的实验处理，因而实验周期比较长。另外，要准备两套性质、难度相同的测试题目也是较难做到的。

第五节　心理测验法

一、测验法的概念

利用测验量表对个体的心理品质进行测定的方法就是测验法。测验法，一般是用一套标准化了的题目（称为量表），按规定的程序，对个体心理的某一方面进行测量，然后将测量所得的结果与常模进行比较，从而做出个体某方面心理发展水平或特点的评定或诊断。

测验法是进行幼儿心理健康教育的重要方法，它是对幼儿行为的客观测量，较之观察法和谈话法更准确、更优越。通过测验，我们能对幼儿的心理状况进行诊断，建立心理档案，发现问题，然后有针对性地确定心理健康教育的目标，制定切实可行的方案。我们也可以通过心理测验，对心理健康教育的效果进行评估。我们还可以通过心理测验，对特殊儿童的鉴别提供依据。

二、心理测验的种类

心理测验根据划分标准不同，分为下面几种：

1. 根据测量内容，可分为能力测验、人格测验、学绩测验

能力测验又可分为智力测验和特殊能力测验。智力测验是测量人的一般能力的高低；特殊能力测验则是测量儿童的某些特殊才能，如绘画能力和音乐能力。人格测验用于测量人的个性特征，如兴趣、动机、态度、气质、性格等。学绩测验是测量一个人经教育或学习后的学业成绩，学校的各类考试均属学绩测验。

2. 根据测验人数，可分为个别测验和团体测验

个别测验是由一个主试在同一时间测量一个被试。个别测验的优点在于，可使主试对被试的情绪状态、言行等进行实际观察，从而能较好地保证测验质量。缺点是花费时间较多，有时易出现被试不合作现象。团体测验是由一个或几位主试同时测量许多被试。绝大多数的学绩测验都是由一位或几位主试同时测量许多被试。绝大多数的学绩测验都是团体测验，在能力测验和人格测验中也有采用团体测验的。团体测验能在较短时间内对较多的被试施测，经济实

用，但测验的信度和效度不如个别测验，误差较大。幼儿较难进行团体测验，一般都是个别施测。

3．根据测验材料，可分为文字测验和非文字测验

文字测验是指测验所用的材料系文字材料，被试也用文字回答。团体测验多采用此种形式，但这种测验易受被试文化程度的影响。非文字测验是指测验采用图片、实物等非文字材料，被试以操作活动为主。非文字测验能排除文化水平及文化背景的影响，但有些材料不适于团体施测，时间上亦不经济。现在，某些测验中同时采用文字材料和非文字材料，如韦克斯勒儿童智力量表就是采用文字和非文字材料结合的方式，这种做法可以取长补短，效果较好。

三、心理测验的标准化

为了保证心理测验的客观性和科学性，必须遵循标准化的程序，具体表现在以下几个方面：

1．统一指导语

测验的指导语是对测验目的、内容、作答方法与要求的解释，测验的指导语对每一个被试应该完全相同。在纸笔测验中，指导语一般出现在测验的开头，由被试自己阅读。在个别测验中，一般由主试向被试口述指导语，此时，主试必须严格依照指导语，避免自由发挥，对被试的态度和语气力求一致。如韦氏智力测验的指导语为："今天要你做一些练习——回答一些问题，做一些很有意思的作业，有的题目很容易，有的比较难。难的题目你也许不会做，或者答不出来，你尽量做就行。你现在年纪还小，长大以后就都会做了。现在开始做第一个练习（即测验一）。"幼儿心理测验多为个别测验，因此，要特别注意指导语的统一。

2．统一时限

一般的能力测验是难度和速度相结合的测验，会有时间限制，被试应该在规定的时间内完成测验，对任何被试都不能例外。个性测验的时限则没有那么严格。

3．统一评分

一个好的测验，必须准确清楚地设立统一详尽的评分标准，将被试的反应与评分标准进行严格的对照，保证评分的客观性。

4．建立常模

所谓常模，是指对测验分数进行分析和解释的参考标准。通常，一个测验

的原始分数的意义是不明确的，只有将此分数与相应团体的平均水平和分数分布作比较，明确它在相应团体中的相对位置，才可以对它做出明确解释。而得到被试团体平均水平和分数分布的过程，就是建立常模的过程。一个标准化的测验，必须建立常模。测验的原始分数参照常模而得到的新的分数，称为量表分。例如，一个 4 岁 3 个月的孩子，通过《中国比奈测验》，测得原始分为 12 分，12 分表明什么？是智力高，还是智力低？高到什么程度，低到什么程度？我们都无法得知。但对照常模，我们得到这个孩子的智商为 123，而 123 表明他的智力属于优秀水平。

四、心理测验的实施要求

1. 正确对待测验

心理测验是心理学研究的结晶，是一种科学的方法，忽视其科学性是错误的。自从 1905 年，法国的比奈和西蒙发表第一个智力测验开始，心理测验已经走过了 100 年的历程，并且活跃在社会生活的各个方面。20 世纪 80 年代，美国《科学》杂志曾把智力测验列为 20 世纪以来对人类社会发展贡献最大的科技成果之一。

但把测验结果看成绝对真理也是不对的，我们应清醒地看到，测验不是万能的。任何一种方法都有自己的长处和短处。例如，要对幼儿的心理状况进行诊断，仅用心理测验是不够的。一来适合于幼儿的心理测验不多，二来幼儿容易受情境影响，施测过程较难控制，所以，要得到全面准确的诊断结果比较困难。只有和观察法、谈话法、问卷调查法等结合起来，才能对幼儿的心理特点或心理障碍做出准确诊断。

同时，测验结果只能反映一定时间内儿童的心理特点和心理状况，但孩子的心理是不断发展变化的，因此，对测验结果不能做绝对化的理解。例如，儿童的智商会因儿童的心理发展和教育发生变化，儿童的聪明与否不能仅凭一次智力测验就下定论。某些教师看到有些孩子智商低，就放弃对他的培养和教育；某些家长看到自己的孩子智商不高，就背上思想包袱，或给孩子增加压力，或放任自流，不管不问，这些结果均不是我们所希望的。

另外，对测验的使用应严格控制，防止乱编滥用，切实保证测验的信度和效度。有的教师在书上看到一个心理测验，随手就拿过来测自己的学生，然后以此作为开展心理教育工作的依据，这是非常不严肃的。

2. 恰当选择测验

目前测验种类繁多，每种测验都有自己的适用范围。有的测验尚未成熟，正处于发展阶段；有的测验对主试素质要求较高，等等，因此，在对幼儿进行测验时，要恰当选择合适的量表。如对少数民族儿童或有言语障碍儿童的智力测验，使用希内学习能力测验较好，用韦氏儿童智力量表（中国修订本）就不太合适；对学龄初期儿童使用瑞文测验时，应使用瑞文标准推理测验，如果要对更小年龄的幼儿进行智力测验，可以选用瑞文彩色推理测验。

例如，下面是一些幼儿常用智力测验的适用范围。

韦氏幼儿智力量表	4~6.5 岁
韦氏儿童智力量表	6~16 岁
瑞文标准推理测验	5.5 岁以上至成人
瑞文彩色推理测验	5.5 岁以下的幼儿或智力落后者
中国比内智力测验	2~18 岁的儿童
画人测验	4~12 岁
超常儿童测验（中科院心理所）	3~14 岁
学龄前儿童 50 项智能筛查量表	4~7 岁

3. 严守道德规范

一个合格的测验工作者，必须严格遵守职业道德。例如，要公正地对待被测，客观地反映测试成绩，不能以自己的亲疏、好恶随意下结论，不能任意涂改测试结果。要认真耐心地进行操作，有的测验所需时间较长，主试一定要保持始终如一的工作态度，不应有厌烦情绪，否则会影响测试结果。要注意保密，测验内容不可事先泄露，也不得将测验给无资格使用的人使用，使用测验前应经过专门培训。不得将测验题目变相地变成公开的作业题或游戏内容，在测验前教给被试。测验结果一般不直接告诉被试，如需告诉被试或被试家长时，通常只告知对测试结果的解释，以防误解或误用。

4. 施测过程科学

主试应由具有一定专业知识的人担任，且应作风正派，熟悉测验。主试在施测过程中应注意以下问题：

（1）做好测试前的准备工作。测试前应对测试所用的量表、计时器或其他器材进行检查，看是否完善，整理好待用。要提前布置好场地，场地以轻松、宁静为宜，不必过分追求豪华。在正式测试前最好先进行预测，这样既可使主试熟悉测验，又可提前发现测试中可能出现的问题。

（2）正确使用指导语。标准化测验通常都有规定的指导语。主试不可任意改变指导语，不可随意提示或加以暗示。当被试不理解指导语时，主试应按测验手册上的词语进行解释，不可随意使用手册规定外的言语进行指导。

（3）测试时记录和计时要准确，对被试态度要和蔼。要与被试形成比较融洽的气氛，这样可解除被试的紧张心理。对年幼儿童可先让他熟悉环境，等情绪稳定后再施测。

五、幼儿心理测验的特殊性

1. 多为个别施测

受理解能力和书面表达能力的局限，对幼儿进行心理测验很难用团体测验，而多采用个别测验。有些用于团体测验的量表，如果要用在幼儿身上，就必须变为个别施测。

2. 指导语要符合幼儿的理解水平

指导语要使每个幼儿明白作答的要求是什么。有时幼儿不是不会做，而是对指导语不理解。例如，有人研究儿童的空间知觉，用两个红色圆纸板，一个大，一个小，提问幼儿："这两个纸片有什么不同？"幼儿回答说是一样的。因为他不明白这是要他排除形状、颜色这些相同因素，而专门去比较大小这一不同因素。这样的要求对于较小的幼儿来说是太高了，他们无法理解。如果能将指导语改为："这两个圆纸片哪个大，哪个小？"幼儿就能一下子指出来。

3. 个性测验多为评定量表

目前还没有非常理想的测量幼儿个性的量表。幼儿的自我意识刚刚萌芽，自我认识能力差，也不可能自己填写问卷，因此，在评价幼儿个性时，无法使用自陈量表。有人以投射测验（如主题统觉测验和罗夏墨迹测验）的形式测量幼儿性格，但这种方法主观随意性大，分析难度高，对主试要求严格，因此不易推广。

目前测定幼儿个性多使用评定量表，由父母和教师在观察的基础上进行评定后填写。

4. 时间不宜过长

对年龄较小的幼儿，测验时间为 10 ~ 15 分钟为宜，不宜过长。有的量表所需时间达一个小时，对幼儿显然是不合适的。如果一定要测，也要分 2 ~ 3 次来测。

5. 注意调动幼儿兴趣

测验者要先和幼儿沟通感情，在气氛融洽的环境中开始心理测验。如果是让幼儿到一个陌生的环境中接受测验，先要让幼儿熟悉一下环境，亲切友好地和幼儿交谈一下。

思考与讨论

1. 什么是观察法?
2. 什么是谈话法?
3. 如何进行问卷调查?
4. 什么是心理实验法?
5. 什么是心理测验法?

第四章　幼儿心理发展与评估

本章要点

- ☐ 幼儿心理发展的特点
- ☐ 幼儿心理发展的影响因素
- ☐ 幼儿心理发展档案的建立
- ☐ 幼儿心理测量的常用量表
- ☐ 幼儿行为评估

第一节　幼儿心理发展的特点

幼儿期，亦称学前期，一般是指 3 至 6 岁这段时期。虽然世界上不同地区的幼儿在心理发展上存在一些明显的差异，但也存在某些共同的和基本的特征。

第一，幼儿期的孩子生长和发育快。在这短短几年时间内，他们学会了说话，具有了初步的自我观念，知道了男孩与女孩的区别，以及他们各自所要扮演的性别角色，其生活开始超出家庭保护的范围，进入较为广泛的社会领域。

第二，他们的成长是有顺序的和连续的。他们经历的发展阶段可以预先知道，例如，幼儿先学会站立，然后学会走路；先说单个词，然后才会说完整的句子。

第三，游戏是幼儿活动的中心。在这段时间，幼儿一有机会便忙于做游戏。不同地区的幼儿在游戏的种类和数量上有一定的差异，但大多数幼儿的游戏往往会模仿周围成年人的活动。

第四，幼儿语言的发展迅速。在这一时期，幼儿对掌握语言很感兴趣，接受能力也很强。多数地区的儿童都是在学走路时开始学说话，在 3 岁时就能够掌握大约 1 000 个基本单词，并具有运用本民族语言语法结构的基本能力。

第五，幼儿期的孩子不仅因人而异，而且因文化或民族的不同而异。对于这些差异，幼儿心理的研究者与教育工作者都不能忽视。

这个时期的孩子无论是在身高、体重、身体各组织器官的发展方面，还是在神经系统的完善方面都很显著。而心理活动也朝着更为高级和复杂的方向发展，并产生了许多新的需要。我们分别从以下几个方面来分析幼儿身心发展的状况与特点。

一、身体发育

幼儿的身体仍然处于生理发展的第一个高速时期。除了一般身高、体重的增加外，各种组织和器官在机能上也有较大发展。比如，大肌肉群的发展，使幼儿会不知疲倦地从事各种跳跃等体能活动；5～6岁时小肌肉群的发展，令幼儿可以从事绘画、写字、塑造等活动。神经系统方面，幼儿脑的重量在继续增加，到7岁时已达到1 280克，相当于成人脑重的90%，大脑皮质髓鞘化到幼儿期末已基本完成，这些都表明，脑的结构到幼儿期末已经比较成熟了，这就为儿童开始系统地学习文化知识做好了生理准备。除此之外，大脑的机能也有发展，兴奋过程和抑制过程都有所增强。皮质兴奋过程的增强表现在儿童的觉醒时间延长，睡眠时间减少；而皮质抑制机能的增强表现在幼儿已经能够较好地用言语控制自己的行动了，对事物的分辨也更加精确。第二信号系统作用在急剧地发展，两种信号系统之间复杂的相互诱导关系开始发生，即词的作用可以抑制由直接刺激物引起的反应等。这些都表明幼儿的生理机能比婴儿时期有了很大的进步。

二、认知发展

这一时期的孩子在认知的各个方面都在迅速发展。在言语的发展上，幼儿期是人生中词汇量增长最快的时期。与2岁的儿童相比，6岁时儿童的词汇量大约增长三到四倍。幼儿已能掌握各种类型的词了，而且词义逐渐明确并有一定的概括性。他们基本上掌握了各种语法结构，可以自由地与人交谈。在思维与想象力方面，幼儿已开始摆脱婴儿期那种思维受到动作束缚的特点，其思维活动具有了一定的目的性和预见性。当然，幼儿的思维仍离不开实物和实物的表象，具有明显的直觉形象性。但幼儿的想象力丰富，这集中表现在幼儿的游戏、手工、绘画、讲故事等活动之中。在注意与记忆的发展方面，幼儿的注意和记忆虽然仍以随意性为主，但有意注意和有意记忆已开始发展。

三、情绪发展

这时的幼儿情绪体验已相当丰富，一般成年人体验到的情绪大部分已为幼儿所体验，只是在引起情绪的动因、情绪表现方式上还有许多不同。幼儿的情绪表现完全是外显的，缺少控制，情绪常常极度强烈和高涨。他们有时会出现极度的恐惧，有时会莫名其妙地发脾气。幼儿的害怕随年龄的变化也在变化。他们对声音、陌生人或陌生的东西、疼痛或身体失去平衡的害怕渐渐减弱，而对想象中的事物，诸如黑暗、危险的动物、鬼怪的害怕则有所加剧。对讥笑、斥责、伤害等威胁的焦虑也增加了。在刚进入幼儿园时儿童也会因不适应而产生抑郁情绪，强迫性的早期教育会使这种情绪更加压抑。在集体生活中幼儿的道德感进一步发展，并产生了理智感，这表现在他们已能把自己和他人的行为同行为规则相比较，以及表现在好奇与好问上。

四、人际交往

幼儿与同伴活动在生活中所占的比例在不断增长。而且游伴的数量也随年龄而增长。游戏已从平行性游戏转向联合性游戏和合作性游戏，游伴关系也由比较疏松的撮合到比较协调的、有规则约束的结合，社会化程度大大提高。有的儿童在没有游伴的情况下会假想一个同伴跟自己玩，这种情况在 3～10 岁儿童中占一定比例。此外这个年龄的儿童很喜欢温顺的、身体软绵绵可供抚摸、玩弄的小动物，也许这也是满足一种交友不足的需要吧。当然，幼儿的游伴还很不稳定，且经常变化。游戏中争吵是常有的现象，一般是为了争夺玩具、争演某个角色，也有的是为了指使别的儿童服从自己。不过游戏争吵的时间不长，也不会因此而耿耿于怀。

五、自我意识与个性发展

幼儿在与成人和同伴的交往中自我意识有所发展，他们已对自我形成某种看法。幼儿已知道自己是聪明的还是愚笨的，是勤快的还是懒惰的，是漂亮的还是丑陋的，是讨人喜欢的还是惹人讨厌的等。儿童的这些自我认识基本上就是家长、同伴、教师平时对儿童评价的翻版。一直受到周围人肯定的、积极评价的儿童往往会对自己产生一种满意感和自信感；而经常受到别人否定的、消极评价的儿童容易对自己产生自卑感与孤独感。

3岁儿童已知道自己的性别，但对一个人的性别会不会起变化还不太清楚，7岁儿童已知道一个人的性别不会因为服饰的改变、年龄的变化而起变化。由于教育的影响，幼儿已意识到男女性别行为的差异。4岁前男女儿童与同性或异性游伴都玩得十分融洽，4岁之后男女儿童的游戏内容开始分化，5岁后更加明显。幼儿虽然知道一些适合性别角色的行为，但不一定都会接受适合自己性别的行为，尤其是女孩子。而男孩子因为怕受像"娘娘腔"之类的嘲笑而较少模仿或学习女孩的行为。

此外，幼儿期末的儿童已养成了一套行为习惯，其个性特征已初步形成。心理学家认为，幼儿期形成的个性心理特征和行为活动倾向，常常是一个人个性的核心成分或中坚结构，虽然以后也能对其中一些不良个性特征加以改造，但往往是量的变化，除非客观环境、儿童的亲身经历出现一次次极为严重的转折，否则已形成的行为个性特征是很难破坏的。

从上述可见，幼儿期是个体生理和心理发展的重要时期，特别是个性的形成和行为的养成，在此期最为关键。因此，对此期的孩子进行适当心理教育，符合幼儿身心发展需要的心理教育，有利于幼儿良好心理品质的形成。

第二节 幼儿心理发展的影响因素

关于儿童心理及其特征是如何形成和发展起来的？影响儿童心理发展的因素有那些？对于这些问题，古今中外的有关理论不外乎四种。

第一，外因论，这种理论认为外部环境因素在人的心理品质的形成与发展中起决定性的作用，而忽视个人内部因素应有的作用。如中国古代思想家荀子的"外铄说"，近代西方思想家洛克的"白板说"，以及现代美国心理学家华生的刺激—反应理论都是外因论。

第二，内因论，这种理论认为内部因素如遗传素质在人的发展中起决定性的作用，而抹杀外部因素的应有地位。例如我国以古代思想家孟子为代表的"内求说"，现代西方心理学中的本能论、内驱力说和原形论都是内因论。

第三，相互作用论，这种理论认为人的心理发展是由外因与内因相互作用的结果。美国心理学家班杜拉的社会学习理论就是一种相互作用论，认为人的发展是由人（P因素）、行为（B因素）和环境（E因素）三者交互作用来共同决定的。这种理论比单纯的外因论或内因论前进了一大步。但是，它还缺少辩证法的观点，没有从根本上解决人的心理发展问题。

第四，根据—条件论，这是马克思主义的著名理论，即认为"外因是条件，内因是根据，外因通过内因而起作用"（见毛泽东的《矛盾论》）。这一理论观点揭示了内因与外因的辩证关系，从而为人的心理发展原因和机制问题的最终解决指明了途径。

根据内外因辩证相互作用的观点，全面考察儿童心理发展及其影响因素，我们可以发现影响儿童心理发展的因素主要有以下四种。

一、遗传因素

人类通过遗传将祖先在长期的生活过程中形成和固定下来的生物特征传递给下一代。遗传的生物特征，或称遗传素质，主要是指那些与生俱来的身体构造、形态、感官和神经系统等方面的解剖生理特征。遗传素质是儿童心理发展必要的物质前提。正是它，使儿童在社会生活条件下可能发展成为一个具有高度心理发展的人。我们知道，最高等的动物，即使长期与人接触而且受人的专门训练，也不可能具有人的心理发展水平；生下来有大脑缺陷的婴儿，也不能发展成为一个正常的人；许多严重智力落后的儿童，常常有遗传上的缺陷。可见，没有正常人的遗传素质，就没有正常人的心理，遗传是儿童心理发展必要的物质前提。

另外，遗传素质的个别差异为儿童发展的个别差异提供了最初的可能性。正常儿童都具有人类的遗传素质，这是遗传素质的共性。但是，儿童遗传素质也都存在一定的个别差异，这是遗传素质的个性。这些遗传素质的个别差异使有的儿童容易好动、吵闹，有的儿童易于安静沉思；有的儿童易于发展成为一个有才能的音乐家，有的儿童易于发展成为一个优秀的运动员。所谓外因通过内因起作用，儿童最初的内因就是其遗传素质。各种外部刺激与环境影响正是通过这些遗传素质来起作用的。

二、生理成熟

生理成熟是指儿童机体发育所达到的某种水平。生理成熟为儿童心理的发展提供了新的可能性，它使新的心理活动的出现处于准备状态。当某种器官特别是大脑达到一定的成熟水平时，只要适时地给予适当的训练，就会使儿童相应的新的行为模式有效地产生。当儿童生理成熟达不到某一水准，与之相关的儿童心理的发展就不可能实现。生理成熟的水平规定了这一时期心理发展的潜在可能范围。生理成熟还制约着儿童心理发展的顺序性。遗传的程序规定了个体生长发育的先后顺序，而生理成熟的程序则必然制约着儿童心理发展的顺序性。总的说来，在儿童心理发展的早期阶段，生理成熟的影响力较大，随着年龄的增长，生理成熟的影响力逐渐减弱。

三、社会生活环境与教育的作用

遗传素质与生理成熟等主体因素决定儿童心理发展的潜在的可能范围，而社会生活环境与教育等客体因素则制约着儿童心理在这个可能的潜在范围内所能达到的现实的发展水平。当社会生活环境与教育有利于儿童心理充分发展时，潜在的可能性就能最大限度地实现，心理发展就有可能达到现在范围的上限；反之，潜在的可能性只能在最低限度上实现。社会生活环境与教育还制约着儿童心理发展的速度。优越的社会文化与教育条件，可以使儿童有足够的机会让心理发展的速度保持在一个较高的水平上，甚至能加速儿童心理的发展。当然，儿童心理发展阶段的顺序不能因社会生活环境教育的不同而改变。因此，对儿童的环境教育影响，既不能迁就原有的发展水平，也不能盲目地超越，而应该适度地走在心理发展的前面，这就是维果斯基"最近发展区"的思想。

社会生活环境与教育还是影响儿童心理个别差异的最为重要的条件。儿童所处的社会生活环境是千差万别的，即使是在同一个家庭，同一个幼儿园中一起成长的同卵双生子，他们各自与周围的人与事的具体关系不同，他们彼此之间的关系和角色与地位也不同。这些差异必然影响到他们之间个别差异的形成。有研究表明社会生活环境与教育不仅可以导致儿童价值观体系上的差异，而且对性格与气质的差异也起到重要的作用。

社会生活环境与教育对于儿童高级机能的发展有着极为重要的作用，这是因为社会生活环境向儿童提供历史上形成的现存的语言符号系统，并通过语言符号系统为儿童提供人类社会历史经验。儿童只有吸收人类历史发展的文化成果，心理机能才能产生本质的飞跃，产生抽象思维等高级心理机能。同时，通过社会生活，儿童在人际交往的相互作用、相互影响过程中，不断习得社会规范，形成自我意识，成为社会生活群体中合格的成员。

四、儿童自身的调节与实践活动

遗传因素与环境影响不能机械地决定儿童心理的发展，因为儿童不是遗传作用与环境影响的消极、被动的接受体，他们可以通过自身的调节来平衡来自机体内外的各种影响，并且可以通过自己的实践活动来主动地作用于环境，选择或改造环境，使环境适合于自己的发展。

儿童心理从低级到高级、从简单到复杂的发展过程中，儿童自身的调节与平衡化是一个关键的因素。儿童并没有一套与生俱来的、预定好了的发展规划，儿童心理发展是一个连续的发展过程，其中每一个新的发展变化都是建立在以往心理发展的基础上的。在发展过程中，当遇到机体内外干扰时，心理发展偏离了正常的轨道，儿童可以通过自我调节的平衡化过程来使发展回到正常的途径上来，保持自身的稳定与统一。如果一个儿童在生活中遭受重大的创伤，超出了他的心理所能承受与顺应的范围，平衡化的机制失效，则有可能出现心理障碍，影响心理的正常发展。

随着儿童自我意识的发展，形成个人愿望与自我理想，儿童自身的调节作用会从无意识的和自动化到有意识的和主动性方向转化，并对儿童个性的形成发展起着积极的作用，增强儿童对生存环境的适应与革新的能力。

总之，影响儿童心理发展的因素是多方面的，有遗传素质与生理成熟的作用，也有社会生活环境与教育的作用，更有儿童自身的自我调节与社会实践作用，这些因素都共同影响着儿童心理的发展，并且相互之间还会产生交互作用，对儿童心理的发展产生异常复杂多变的影响。因此，我们不但要了解每一种因素对儿童心理发展的作用及其发挥作用的方式，而且要了解不同因素之间的相互作用及其对儿童心理发展的影响。只有这样，我们才能全面地把握影响儿童心理发展的前提条件和现实条件，找到促进儿童心理发展的有效途径与措施。

第三节　建立幼儿心理发展档案

幼儿心理健康教育的一个最突出的特征，就是对儿童心理发展的评估非常重视。幼儿园的心理健康教育，也与任何形式的教育一样，必须以客观、及时、充分地评估幼儿的现有发展为前提。只有准确地把握幼儿心理发展的起点与现状，才有可能有针对性地进行教育与干预。实际上，在实践的层面，教师与家长通常都会运用观察或一些易于操作的方法，或多或少地对孩子的行为表现进行简单的评价，以此为基础来决定自己所要施行的教育影响，但这些简单的方法往往不能达到客观、全面和准确的程度。为此，心理学家引进了心理测量方法。对于幼儿心理发展的状况、存在的问题及其原因等，通过科学的心理测验方法加以测量、评估与分析，并建立相应的心理档案。有了幼儿心理发展档案，可以有针对性地确定心理教育的目标，制定切实可行的心理健康教育方案。

一、建立幼儿心理发展档案的原则

1．科学性原则

所谓科学性原则，首先是指要有科学的态度，要实事求是，尊重客观事实，不能凭主观猜测或个人喜好来评价幼儿。其次，要有科学方法，例如在测验的选择上要有科学性。我们必须选用由有关领域（如智力、人格等）的专家编制和修订的心理测验。这种心理测验在编制时遵循特定的程序，不但有统一的内容、施测程序和评分方法，而且有较高的效度和信度，还有解释分数的常模资料或其他参照标准。没有效度和信度资料的测验是不能使用的。

2．系统性原则

首先，要全面系统地确定幼儿心理档案的内容，即心理档案本身要有系统性，要将反映幼儿心理状况的内容及影响幼儿心理发展的因素包括进去。其次，测评工具的选择使用方面要前后一致，如在调查幼儿的智力情况时，如果第一次是使用韦氏智力量表，经过一段时间的教育后，再进行第二次施测，也必须采用韦氏智力量表，这样才有可比性。此外，还要在比较长的时间内，对幼儿的心理发展进行定期追踪研究，尽可能系统地、详尽地了解幼儿在教育条件下的心理变化过程。

3．发展性原则

要用发展的眼光看幼儿，以积极的态度来指导和帮助幼儿。个体的心理活动经历着从简单到复杂、从低级到高级的发展过程，这就要求我们建立一个动态的档案，要定期进行施测和分析，并提出相应的教育培养建议。此外，我们在使用幼儿心理档案时，不仅要注意幼儿那些已经形成的心理品质，而且要注意幼儿刚刚产生的新的心理特点；不仅要看到幼儿心理发展的现状，而且要看到幼儿心理发展的潜力。

4．保密性原则

在建立和使用幼儿心理档案时，要坚持保密性原则。因为幼儿心理档案的内容有些是幼儿的隐私，有些带有心理暗示效应，还有些幼儿有心理障碍和心理疾病的记录等，如果公开，可能会对幼儿及其家长造成心理伤害。心理档案最好是由专人负责保管，建立查阅制度，不能任意给各位老师、家长或其他人阅读和评价。另外，幼儿心理档案不能作为幼儿品行评定的依据。

5. 教育性原则

所谓教育性原则，就是指在建立幼儿心理档案时，要有利于提高幼儿园的教育质量、教学水平和管理水平，有利于幼儿的健康发展，建立档案的目的是为了更好地教育。在建立和使用心理档案的过程中，都不允许给幼儿留下任何心理创伤。如在进行测验时，不能吓唬幼儿，导致幼儿紧张、恐惧等；在使用心理档案时，不能对有智力落后、心理障碍、个性品质较差等情况的幼儿另眼相看。

6. 最佳经济原则

所谓最佳经济原则，就是在建立幼儿心理档案的过程中，力求以最少的人力、物力、财力和时间，获得最大的效果。例如，在内容确定方面，不一定面面俱到，可根据本园的实际情况确定；不要一开始就全面展开，可先在某一个班进行试点，在取得经验的基础上再逐步铺开。

二、建立幼儿心理档案的程序

建立幼儿心理档案，一般来说，要经过以下几个步骤：首先是确定心理档案的内容，然后是选择合适的测评工具进行施测，最后是对结果进行整理、分析、解释和建立心理档案。

1. 确定心理档案的内容

幼儿心理档案的内容大致应包括两个方面：一是影响幼儿心理发展的基本资料，包括幼儿基本情况、家庭生活环境、父母基本情况、身体健康状况及对个体身心发展有重大影响的生活事件等。二是反映幼儿心理状态和心理特点的资料，包括智力状况、个性特征、行为问题等。具体来说，幼儿心理档案有以下几项内容：

（1）幼儿基本情况。幼儿基本情况对于教师深入分析幼儿心理，正确制定辅导策略具有重要意义。主要包括以下五个方面：①个人简介：姓名、性别、出生年月、籍贯、民族、家庭住址、所在幼儿园、班级等。②家庭生活情况：包括家庭结构、家庭成员及工作性质、受教育程度、家庭经济状况、家庭居住环境、父母教养方式及态度等。③生理状况：幼儿的心理发展和生理发展是密切结合在一起的，其心理问题往往也会在生理上反映出来。因此，了解幼儿的身体发育情况是非常重要的。这主要包括身高、体重、是否顺产、有何病史、大肌肉动作技能、小肌肉动作技能等。④对幼儿心理有影响的重大事件：

如家庭成员的死亡、父母离异、生活条件改变、饮食睡眠改变、重大挫折等。

（2）智能状况及教育建议。智力表现如何，是言语智力占优势还是操作智力占优势？处于什么水平？如何进行有针对性的培养，帮助其发展智力？具有哪些特殊能力？

（3）个性特征及培养建议。个性心理有哪些特征？具有哪些稳固的兴趣、性格、气质特点？哪些个性品质较好？如何培养？哪些个性品质不完善？怎样进行教育培养？等等。

（4）行为问题及矫正措施。幼儿的个性更多是通过行为表现出来，个性不健全往往反映在行为障碍上。因此，心理档案要反映出幼儿是否有行为问题？有哪些行为问题？严重到什么程度？如何矫正这些问题？

2．选择合适的测评工具

确定了心理档案的内容之后，怎样才能获得准确、全面的信息呢？这是建立心理档案的关键。如果这个环节出错，所得材料就会不真实或不准确，心理档案也就失去了意义。因此，选择合适的测评工具进行施测就显得非常重要了。一般可通过以下几个途径：

（1）选择标准化测验。测验的选择要慎重，不能采用在那些科普刊物上登载的游戏性测验，要采用标准化的测验。同时，每一种测验都有特殊功能，因此对被试采用何种测验，应慎重考虑，要熟悉测验的目的、功用和适用范围，另外还要选择信度、效度较高的测验。

对于幼儿心理档案来说，下列量表是比较合适的。

智力测验：可以选用韦氏幼儿智力量表；瑞文标准推理测验；中国比内智力测验；画人测验；学龄前儿童50项智能筛查量表等。

创造力测验：可以采用托兰斯创造性思维测验；"鉴别超常儿童认识能力测验"中的创造性思维部分。

个性测验：可以选用Wirt编制的"儿童人格调查表"。

行为问题鉴别：可以选用艾森博克儿童行为量表（CBCL）；拉特儿童行为问卷（Rutter）等。

在选择好合适的测验后，将每个测验的以下各项逐一列出，组成《心理档案指导手册》，然后进行施测，其包括：第一，测验的目的与构成；第二，测验的一般规则（包括测验的注意事项、场所、测验时间、适用年龄、测验的实施程序和方法、计分方法）；第三，测验的常模、结果解释等。施测时要严格按照指导手册进行。

（2）采用自编的问卷调查，调查幼儿的父母或任课教师，间接了解幼儿的心理特点和行为表现。

（3）通过谈话法、观察法来获得信息。如观察幼儿的行为习惯、和幼儿进行深入交谈等。

（4）借助幼儿园的各种评定和记录来了解幼儿。如家园联系册、幼儿在各类活动中的获奖记录等。

（5）通过幼儿的作品来获得信息。如对幼儿的各种作业、绘画作品、手工作品等进行分析，以此来了解幼儿的心理活动。

3．结果解释

在选择了合适的测评工具进行施测之后，就要对每个测验结果进行解释，并结合其基本情况提出教育培养建议。

（1）计分。按照每一测验所提供的计分键进行分类统计，并转换为标准分，这一步骤一定要客观、实事求是地记录结果。这一步骤可以用计算机来协助完成（借助统计软件，如 SPSS）。

（2）结果解释。结果解释就是将统计出来的分数赋予一定意义。在进行分数解释时，除了参照常模资料外，还要参考效度资料，同时要将个人在测验前的经历或背景因素以及测验情境等因素考虑在内才能做出合理的解释。测验结果无须对幼儿本人说，但可以对幼儿的父母或带班老师做出解释。在解释时，要注意以下问题：①使用对方能理解的语言，如果有心理学的术语和概念要给予解释。②保证对方知道这个测验所测的是什么。③使对方知道孩子是和什么团体进行比较。

例如，智力测验中测得 IQ 是 118，则进行分数解释时应说明该生的智力在同年龄群体中处于中上水平，只要好好努力，肯定能成功。

（3）提出教育培养建议。根据结果解释，围绕如何促进心理健康、提高心理品质提出教育培养建议，这是建立幼儿心理档案的目的所在。因此，我们根据结果解释，并结合所了解到的该生各方面的基本情况，首先对其形成原因进行简要的分析，然后有针对性地提出教育培养建议。例如，若测得某幼儿智商为 90，并根据智力测验结果知道他的操作能力差，那么在教育建议上可以提出，对该生要多进行操作能力的训练，促进其智力的发展。

4．建立心理档案

（1）设计心理档案的格式。可以采用文本的形式或电脑软件的形式。心理档案的格式设计，可参考下文。

（2）将信息录入或填写。将有关内容填写到文本上，这样一份完整的心理档案就建立起来了。

三、幼儿心理档案的格式举例

　　幼儿园可以根据实际需要自由选择测验内容，然后设计心理档案的格式。下面是华南师大心理学系为某幼儿园设计的心理档案的部分格式，可供参考。

幼儿心理档案

　　　　幼 儿 园_____
　　　　班　　级_____
　　　　幼儿姓名_____
　　　　建档日期_____
　　　　编　　号_____

　　　　华南师范大学心理学系编制

幼儿基本情况

姓名		性别		出生年月		籍贯	
民族		是否独生		家中排行		使用语言	

家庭成员	姓名	关系	年龄	文化程度	职业	与幼儿接触时间	使用语言

家庭环境	住房面积		孩子是否有单独一间房		
	地区环境				
	家庭环境				
	家庭经济环境				
	家庭教育方式				
	父亲爱好特长		母亲爱好特长		
	幼儿在家兴趣爱好				
	家庭住址		家庭电话		

生理状况	是否顺产		有何病史	
	身高		体重	
	大肌肉动作技能			
	小肌肉动作技能			

智力状况分析

	第一次施测				第二次施测			
使用量表								
测试时间								
测试结果	项目 分数	言语	操作	综合	项目 分数	言语	操作	综合
	原始分				原始分			
	量表分				量表分			
	智　商				智　商			
智力状况分析	鉴定人：				鉴定人：			
教育建议								

幼儿气质测试

		第一次施测	第二次施测
使用量表		幼儿气质量表	幼儿气质量表
测试时间			
测试结果	项目	评价	评价
	活动量		
	适应性		
	趋避性		
	情绪强度		
	注意力		
	坚持性		
气质状况分析			
	鉴定人：		鉴定人：
教育建议			

幼儿行为问题测试

		第一次施测			第二次施测		
使用量表		拉特（Rutter）儿童行为问卷			拉特（Rutter）儿童行为问卷		
测试时间							
测试结果		品行行为分数	神经症行为分数	总分	品行行为分数	神经症行为分数	总分
	父母问卷						
	教师问卷						
行为问题分析		鉴定人：			鉴定人：		
教育建议							

第四节　幼儿心理测量的常用量表

为了客观、及时与科学地评估幼儿心理发展的状况、特点与存在问题，必须采用科学的幼儿心理测验量表。我们知道，心理测量量表篇幅巨大，操作烦琐，无论是家长还是教师，都不可能在日常生活中直接加以利用。为此，我们收集了一批国内外关于幼儿心理发展评估的常用量表，并把它们介绍给幼儿教育工作者们。

一、幼儿动作发展评价量表

我们知道，幼儿的发展是一个整体的发展。我们所谓良好的发展，是指儿童身体、认知、社会性的良好的发展。从教育领域上看，我们称之为"体、智、德、美"各领域的全面、和谐的发展，幼儿教育所强调的，就是全面发展的教育。

个体的身体发展与心理发展不是孤立存在的，而是相互作用、相互影响的，两者有着密不可分的关系。身体的发展是心理发展的物质基础，因此，幼儿生理发展是幼儿阶段发展的重要内容。幼儿期是生理发展极为迅速的时期，强壮的体质、灵活协调的动作、必要的速度和耐力，都是幼儿时期乃至其一生发展的重要基础。

强壮的体魄不但是从事学习、劳动、生活的物质前提，而且也是保证智慧、品德和审美意识发展的基本条件。幼儿有了健康的身体，才会有健康灵敏的感知觉，才会对周围环境、外界事物产生浓厚的兴趣，并能凭借自己一定的活动能力去积极主动地探索周围世界，认识更多的事物，从而促进智力的发展。健康的身体也是幼儿保持身心舒畅、情绪稳定的必要前提，这就为其个性的健康发展、社会交往的顺利进行提供了重要的保证，从这个意义上看，幼儿教师应当特别重视与了解幼儿的身体发展状况。了解幼儿的身体发展状况，我们最常用的方法是定期的体格检查，这是一种由医院的专业人员实施的具有严格的操作要求的方法，让幼儿教师都掌握这样一套专业性极强的方法，看来也是不现实的。因此，我们通常以幼儿动作发展的情况来评价幼儿身体发展的状况，从而帮助教师确定正确与适宜的体育措施。幼儿的动作发展包括大肌肉发展和小肌肉发展两个部分，以下就是我们为老师和家长提供的一些参考量表与操作方法。

（一）威廉姆斯—布林汉姆动作行为测验量表

威廉姆斯—布林汉姆动作行为测验量表制定于 1979 年，用来评估 4 ~ 8 岁儿童动作的发展水平，包括大肌肉动作和精细动作的评估。下表节选的内容可以用来测定 4 ~ 6 岁孩子几项大肌肉动作的发展水平。每个年龄组孩子每项动作能力的标准，都以百分位数值和平均数的形式表示。经过对某一幼儿测验后，可以得到该幼儿的得分，把这一得分与该动作技能的百分位数值或平均数比较，就可以确定这个孩子某项技能水平和同龄孩子的差异。通过 10 项大肌肉动作技能的百分位数值的综合，就可以大致描述出这个幼儿大肌肉动作发展的情况。

10 项大肌肉运动技能测验项目

任 务	计 分	年龄	百分位数值[①]			平均数 ± 标准差[②]
			25%	50%	75%	
（1）跑：幼儿听到"预备，开始"的信号后，尽快跑过 7.62m 的距离	2 次测验的平均时间（s）	4 6	3.12 2.68	2.80 2.46	2.47 2.24	2.80 ± 0.48 2.46 ± 0.32
（2）单脚跳：幼儿听到"预备，开始"的信号后，尽快用单脚跳过 7.62m 的距离	4 次测验的平均时间（s）	4 6	8.33 5.94	7.11 5.12	5.90 4.30	7.11 ± 1.80 5.12 ± 1.21
（3）滑步（骑竹马）：幼儿听到"预备，开始"的信号后，尽快滑步跑过 7.62m 的距离	3 次测验的平均时间（s）	4 6	4.70 4.40	4.24 3.82	3.77 3.23	4.24 ± 0.69 3.82 ± 0.41
（4）左右脚交换跳：幼儿听到"预备，开始"的信号后，尽快左右脚交替跳过 7.62m 的距离	3 次测验的平均时间（s）	4 6	4.35 4.21	3.89 3.65	3.44 3.09	3.89 ± 0.67 3.65 ± 0.83

（续上表）

任　务	计　分	年龄	百分位数值①			平均数±标准差②
			25%	50%	75%	
（5）走平衡木：幼儿跟踵走过 5cm 宽的平衡木	4 次测验的平均时间（s）	4 6	26.49 23.31	21.12 19.30	15.75 15.29	21.12±7.96 19.30±5.95
（6）投掷：幼儿尽力把球掷向 6.10m 远的墙上	5 次测验的平均时间（s）	4 6	6.41 8.12	8.37 10.64	10.32 13.16	8.37±2.90 10.64±3.73
（7）接球：幼儿站在离施测者 3m 远的地方，接一个直径约 30cm 的球，球可与胸同高或在腰部以下	10 次测验能接到的次数（次）	4 6	3.24 4.32	4.00 4.65	4.76 4.98	4.00±1.13 4.65±0.47
（8）双臂击球：幼儿手拿球拍，向 6.10m 远的墙上击打悬浮在半空中的网球	5 次测验的平均球速（m/s）	4 6	1.48 4.53	3.95 8.01	6.42 11.49	3.95±3.67 8.01±5.15
（9）拍球：幼儿在 926cm² 的范围内拍直径约 20cm 的球。	4 次测验的平均球数（次）	4 6	— 1.22	1.88 4.07	4.39 6.91	1.88±3.73 4.07±4.21
（10）踢球：幼儿用力向 6.10m 远的墙上踢一个直径约 30cm 的球	5 次测验的平均速度（m/s）	4 6	4.15 7.62	6.73 8.84	9.31 10.66	6.73±3.83 8.84±2.25

注：①百分位数值表示在某一个百分等级上的值。如"跑"的技能中，3.12s 表示 4 岁幼儿中有 25% 的人可以通过这个标准，即等于或低于 3.12s 的人数占全部 4 岁幼儿的 25%；2.08s 表示 50% 的孩子可以通过这个标准……以次类推。②平均数指某项技能的平均水平。如 4 岁幼儿跑的成绩，正常水平是 2.80－0.48s 与 2.80＋0.48s，即 2.32s 与 3.28s 之间都为正常的水平，如果低于 2.32s 或高于 3.28s，就表示该幼儿在"跑"的技能上低于或高于平均水平。

下面我们以一个 4 岁幼儿的大肌肉测验得分的情况来举例说明这一量表的操作方法。

一个 4 岁幼儿的测验结果如图 4-1 所示：

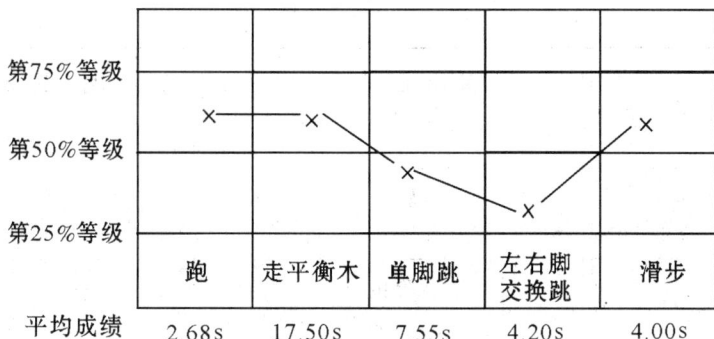

	跑	走平衡木	单脚跳	左右脚交换跳	滑步
平均成绩	2.68s	17.50s	7.55s	4.20s	4.00s

图 4-1 某 4 岁幼儿 5 项大肌肉动作的发展概况

这个孩子跑的平均成绩是 2.68s，低于第 75% 等级的 2.47s，高于第 50% 等级的 2.80s，所以他跑的技能属于中间稍偏上的水平。以次类推，可以对该幼儿各个方面的发展情况进行描述。

（二）中国儿童发展量表

中国儿童发展（CDCC）量表（3~6 岁）是中国儿童发展中心与北京师范大学心理系张厚粲教授、教育系陈帼眉教授等人联合编制的。量表包括言语、认知、社会性、身体与动作技能四大部分的测验。这里我们选取身体素质和动作技能部分介绍给大家。

CDCC 量表中身体素质与动作技能包括五项内容，除快捡豆子为精细动作能力外，其余均为大肌肉动作能力的测验。根据孩子的成绩，每项测验均记 0~5 分，重在结果特点的评价。

五项内容的具体要求和测验方法如下。

1. 单脚站立

儿童任意抬起一只脚，另一只脚着地，尽可能坚持单脚站立最长的时间，从抬起脚开始记时，到抬起的脚沾地止，记录单脚站立的时间。

2. 立定跳远

画一条直线，作为起跳线。儿童在起跳线后，双脚并拢向前跳，尽可能向远处跳。跳两次，以最远的一次为准记成绩。

3. 蹲蹲站站

连续做蹲下、起来的动作，完全蹲下和真正站直算一次。

103

4. 左跳右跳

以一条直线为中线，双脚同时起跳，从线的右侧跳到左侧，再从左侧跳到右侧，连续跳，跳过线算一次。

5. 快捡豆子

让儿童将小盒中的 20 粒黄豆迅速放到透明小筒内，每次只能拿一粒。

下表是 CDCC 中运动发展的百分等级数。经过测验后，算出某个孩子的五项动作技能的得分，然后可以对照下表进行评价，从而确定这个孩子在运动方面与同龄儿童的差异。

CDCC 运动发展分的百分等级评定

百分等级 \ 年龄	3.0	3.3	3.6	3.9	4.0	4.3	4.6	4.9	5.0	5.6	5.9	6.0
25%	4.07	5.35	7.10	7.95	10.04	11.27	12.24	14.64	15.61	18.04	19.38	20.27
50%	5.84	7.30	9.27	10.36	12.35	13.90	15.44	17.19	18.63	20.41	21.43	22.42
75%	7.92	10.02	11.45	12.93	15.22	16.53	17.48	19.59	20.88	22.18	22.91	23.60

注：年龄中，3.6 岁，表示 3 岁 6 个月，其余同。

（三）威廉姆斯学前儿童动作发展检查表

此量表适用于测查 3~6 岁孩子 6 种大肌肉动作过程的特点，包括四项身体位移技能（跑、跳、单脚跳、左右脚交换跳）及两项球的操纵技能与投掷物体技能。每一种技能后面都有几个问题提出。如果测评后孩子在某一问题上的答案是肯定的，那么，就在题目后面的括号里打"√"，如果孩子的运动状况不符合问题，那么，答案是否定的，就在括号里画"×"。

1. 跑

A. 儿童在起跑、停止或急转弯时有困难吗？（　）

B. 儿童是用全脚掌跑（把身体放在整个脚上）吗？（　）

C. 儿童跑时脚尖冲向外（外八字）吗？（　）

D. 儿童不是左右摆臂吗？（　）

2. 跳

A. 儿童在跳跃的准备阶段不会弯曲髋关节、膝盖和踝关节（下蹲）吗？（　）

B. 儿童不能进行双脚起跳吗？（　）

C. 儿童在准备阶段不会向后摆臂，然后跳跃阶段向前、向上摆臂吗？（ ）

D. 儿童落地时髋部和膝盖都是直的吗？（ ）

E. 儿童落地时失去平衡了吗？（ ）

3. 左右脚交换跳

A. 儿童在左右脚交换跳过 6.1m 的距离时，不能保持平稳、有节奏的动作吗？（ ）

B. 儿童是用一只脚跳而用别一只脚起或跑吗？（ ）

C. 儿童是全脚掌跳吗？（ ）

D. 儿童是像鸭子走路一样脚尖朝外跳吗？（ ）

E. 儿童不会用异侧肢体（右臂摆向前，左脚跳起；左臂摆向后，右脚支撑）吗？（ ）

4. 单脚跳

A. 儿童单脚跳两三步时就失去平衡吗？（ ）

B. 儿童单脚跳时断断续续，没有节奏吗？（ ）

C. 儿童跳时紧握拳头，显得十分紧张吗？（ ）

D. 儿童的非支撑脚碰地面吗？（ ）

5. 投掷

A. 儿童的身体主要是前后运动吗？（ ）

B. 儿童的身体主要是沿水平方向运动吗？（ ）

C. 儿童把球抓在手掌中吗？（ ）

D. 儿童不会移动重心吗？（ ）

E. 儿童投掷时迈的是和投掷臂同侧的脚吗？（ ）

F. 儿童的身体不会随投掷动作向前吗？（ ）

6. 接

A. 儿童是直直地伸出胳膊去接球吗？（ ）

B. 儿童用手臂、手和身体整个把球抱住吗？（ ）

C. 当儿童接球时，他的头扭到一边，不敢看球吗？（ ）

D. 儿童让球从伸出去的胳膊上反弹回去吗？（ ）

E. 儿童接球时不会移动重心吗？（ ）

F. 儿童不是看着球的飞行吗？（ ）

教师或家长按以上六个方面逐项进行评估以后，可以对照下表来判断某一个孩子是否在某一项运动控制上有问题（如跑），或是否在几项运动控制上都未发育成熟（如跑、跳等）。通过这些测查和评价，教师或家长就能为孩子制定出切实可行的补偿教育计划。

对 6 项大肌肉运动发展的评价标准

（1）跑：如果 4 个问题中，有 3 个都画 "√"，就可能是跑步发展迟缓。

（2）跳：如果 5 个问题中，有 4 个都画 "√"，就可能是跳发展迟缓。

（3）左右脚交换跳：如果儿童 4 岁或 5 岁时，所有 5 个问题都画 "√"，就可能是此项技能发展迟缓。

（4）单脚跳：如果 4 个问题中，有 3 个都画 "√"，就可能是此项技能发展迟缓。

（5）投掷：如果儿童 4 岁或 5 岁时，6 个问题中，有 5 个都画 "√"，就可能是投掷发展迟缓。

（6）接：3 岁儿童，在问题 C、D、F 上画 "√"，就要注意他这方面动作发展的情况。

4 岁儿童，在问题 E、F 上画 "√"，就可能是接球发展迟缓。

5 岁儿童，对任何问题的答案都画 "√"，那就可能是发展迟缓。

二、幼儿智力测验量表

智力测验又称普通能力测验，是心理测验中最有代表性的一类测验。关于智力，学术界一直没能达成一个统一的定义，许多学者根据自己的研究与思考，对智力的概念及组成智力的因素作了很多不同的诠释，提出了诸如二元智力说、三元智力说、多元智力说等众多的智力结构理论。同时，根据各自不同的智力结构理论，心理学家们还制定出了各种各样的智力测验量表，世界上第一个心理测量量表比奈—西蒙量表就是一个智力量表。智力测验成为心理测验中时间最长、影响最大的一种测验。

关于智力测验，一直以来都是一个众说纷纭的问题，争论最多的就是智力测验的效度问题。这种争论来自于对"知识"和"智力"两个概念的划分。当然，这是两个内涵不同的概念，智力更多的是指人认识、理解客观事物并动用知识、经验等解决问题的能力。智力的发展是以掌握一定的知识为基础的，而知识的掌握反过来却不能与智力的发展画上等号。然而，在考察智力发展的水平时，我们却不得不采用大量的知识问题来评价人的智力发展的状况，这样，就造成了对智力测验结果的众多非议。因此，对待幼儿的智力测验的结果，必须要非常谨慎，尽可能全面考虑测验的公平性，同时要善用测验分数，把握其对教师施加教育影响时的参考作用，不要把测验的分数作为给儿童贴注标签的工具，以免因测验造成不良的社会影响。这里我们介绍给大家的是一些常用的、操作简便、易于使用的智力量表。

（一）斯坦福—比奈智力量表

比奈量表传到美国后，经斯坦福大学的心理学教授推孟改进，称作《斯坦福—比奈量表》。推孟的改进有两方面：一是增加了年龄组，使量表的排列更严密、准确；二是他把心理商数引入智力测量，称作智商。这是一种更为精确的计量单位，智龄只能表示绝对值，而智商却能够表示相对值。

下面的五组智力测量题，是根据《斯坦福—比奈量表》做出的，可供3~7岁的儿童进行智力测量时参考。

1. 3岁组

测验名称	测验方法提要	计分法
（1）指示身体各部分（鼻、眼、嘴、耳、头发等）	主试说："把你的鼻子指给我看。"如被试不回答，便指着被试的鼻子说："这是你的鼻子吗？"如果被试回答"不是。"则问："那你的鼻子在哪里？"依次类推，问其他部分	答对3个算通过
（2）列举图中各物	主试说："你能告诉我这张图画里画的是什么吗？"请被试看图4－2	每张图能举出3样东西，算通过
（3）说出自己的姓名	主试问："你叫什么名字？"	说对自己名字的算通过
（4）说出常见物品的名称	主试指着5样物品（钥匙、小刀、表、铅笔、书包）说："你能告诉我这是什么吗？"	答对3种算通过
（5）说明性别	若被试是男孩，主试则问："你是男孩子还是女孩子？"若被试是女孩，主试则问："你是女孩子还是男孩子？"	答对者算通过
（6）重述一句话	主试讲述一个包括6~7个音节的句子，例如"幼儿园里真好玩"，说完一句后停顿几秒钟，然后叫儿童复述。一共说3句	答对一句算通过
（7）重复数字（交替测验）	主试说一组三位数，如6－4－7，3－5－2，8－1－9等。说一个数停顿几秒钟，然后叫儿童复述	说对一组者算通过

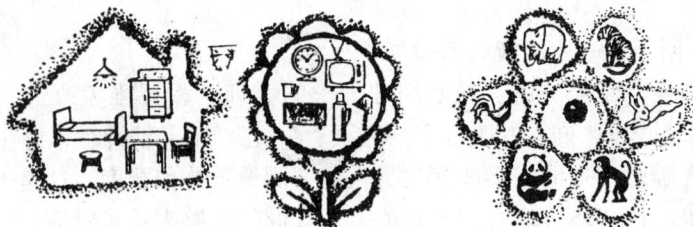

图 4 - 2

2. 4 岁组

测验名称	测验方法提要	计分法
（1）比较两条线的长短	主试出示画有两条线的纸片，说："告诉我，哪一条线长些？"然后，把纸片倒转过来，再给儿童看，并重复上述提问	3 次比较，全对者通过，若只对两次，则需要再试 3 次，全对者算通过
（2）辨别形体	主试说："这张图（见图 4 - 3）下边 4 个图样中，哪个与上边的那个是一样的？"	答对者，算通过
（3）摹画方形	主试出示边长约 2cm 的正方形，让儿童用铅笔摹画	画 3 次，只要有一次画得与标准图不相上下者，算通过
（4）重述数字	方法同 3 岁组，要求儿童重述下面三组数：① 4 - 7 - 3 - 9；② 2 - 8 - 5 - 4；③ 7 - 2 - 6 - 1	答对一组者，算通过
（5）数东西	主试拿 4 个分币，叫儿童用手指指着数，并要求儿童说出一共有几个	一定要用手指指着数，数对的算通过，不用手指指着数，即使说对了，也不算通过
（6）对答问题	主试问三个问题：①要睡觉了怎么办？②身上感到冷了怎么办？③肚子饿了怎么办？	答对两个，算通过
（7）重述句子（交替测验）	方法同 3 岁组测验。主试讲 3 个句子，例如"哥哥和弟弟到公园去玩"，让儿童重述	答对一句的，算通过

图 4 - 3

3. 5 岁组

测验名称	测验方法提要	计分法
（1）比较重量	用多层厚纸粘成直径相同的两个圆，分别重 1 钱和 3 钱，共试 3 次	两次对的算通过
（2）耐力测验	预制两张同样的长方形纸片，宽 6cm、长 10cm，一张纸片按对角线剪开，成两个三角形（见图 4 - 4），然后叫儿童拼成如未剪开的那张纸片一样，拼 3 次	两次对的算通过
（3）区分颜色	红、黄、蓝、绿 4 张纸片，每张长 2cm，宽 1cm。主试用手指其中一张问："这是什么颜色?"	全部答对者算通过
（4）说明物体的用途	主试分别问儿童椅子、马、布娃娃、钢笔、桌子、床的用途	答对 4 样者算通过
（5）辨别完缺	主试出示图 4 - 5，叫儿童指出图上的五样东西各缺什么	全对者算通过
（6）执行指示	主试连续发出三个命令：①把钥匙放在那张椅子上；②开（关）那扇门；③把那个盒子拿给我	一定要按顺序去做，全对者算通过
（7）说出自己的年龄（交替测验）	主试问儿童："你几岁了?"	答对者算通过

图 4－4　　　　　　　　图 4－5

4. 6 岁组

测验名称	测验方法提要	计分法
（1）分别左右	依次叫儿童指出右手、左耳、右眼。若儿童指错一个，要重来一遍，重问时要改为左手、右耳、右眼	3 个全对者，通过。指错一个需再指 3 次，答对者算通过
（2）指出图中相同者	主试指着图 4－6 说："告诉我，下面的树叶中哪五片树叶是跟上面的五片树叶一样的？"	答对 3 种者，通过
（3）说出四种面额的货币名称	主试出示四种面额的货币：1 元、5 元、2 角、5 角	答对 3 种者，通过
（4）重述句子	主试要求儿童重述 16～18 个音节的句子，共 3 句。方法同 3 岁组测验	答对两句者，通过。两句中每句有一个错误或一句全对而另一句有一个错误者，通过
（5）数东西	数 13 个硬币，方法与 4 岁组数 4 个分币的相同	数两次，对一次便通过
（6）回答较难的问题	主试要求儿童回答 3 个问题：①你上学的时候下雨了怎么办？②如果你家里失火了，你怎么办？③乘公共汽车去看电影，挤不上车怎么办？	答对两个者，通过
（7）区别上下午（交替测验）	主试问儿童："现在是上午还是下午？"	答对的算通过

图 4 - 6

5. 7 岁组

测验名称	测验方法提要	计分法
（1）形容图画	主试说："告诉我，这张图画里一共画了几样东西?"共 3 张画，见图 4 - 2	说对两组者，通过
（2）重复数字	主试要求儿童复述三组数字：① 3 - 1 - 7 - 5 - 9；② 4 - 2 - 6 - 3 - 10；③ 9 - 1 - 7 - 6 - 8。	说对两组者，通过
（3）打结	主试给儿童一根绳子，叫他打个结	一分钟内完成者，通过
（4）指出两物的区别	主试要求儿童指出两种东西的区别，一共三组：①苍蝇与蝴蝶；②石头与鸡蛋；③木头与玻璃。	答对两组者，通过
（5）数手指	主试问儿童："一只手有几个手指?""两只手一共几个手指?"	全对者，通过
（6）摹画两个菱形	主试叫儿童用铅笔摹画两个菱形（见图 4 - 7）	两个全对者，通过
（7）说出一周内各日名称（交替测验）	主试先叫儿童说出一周内各日名称，然后再问："星期二的前一天是星期几?""星期二的后一天是星期几?"	15 秒钟内能完成者，通过
（8）倒述数字（交替测验）	主试说："2 - 8 - 3"，让儿童倒述说一遍，一共三组：① 2 - 8 - 3；② 4 - 6 - 7；③ 1 - 5 - 9。	说对一组者，通过

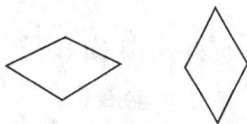

图 4 - 7

6. 评定说明

（1）交替测验题仅使用于正式测验题因某种原因不能使用时，或觉得某一正式测验题已为被试知道时，但是，交替测验及格的答案不能用来抵偿正式测验不及格的答案。

（2）智龄求法如下：如有一实龄 5 岁的儿童完全通过了 5 岁组的测验。那么，5 岁组以下各组的测验，不必考试就算通过了。再测验 6 岁组以上的题目，若通过了 6 岁组的 5 个测验，7 岁组的 4 个测验，8 岁组的测验全未通过，那么，8 岁组以上的各组都算通不过。这个儿童的智龄是：因 5 岁组答案全对，智龄为 5 年；6 岁组答对 5 题，每题值智龄 2 个月，共值智龄 10 个月；7 岁组答对 4 题，共值智龄 8 个月，则这个儿童的智龄应为 60（5 年）＋10＋8＝78 个月，合 6.5 岁。然后按下列公式算出他的智商：

$$智商 = \frac{智龄}{实龄} \times 100\% = \frac{6.5}{5} \times 100\% = 130$$

（二）儿童画人测验

画人测验又称绘人测验，是一种简便易行的智能诊断工具，该测验适用于 4～12 岁的儿童，在国内外应用很广。1885 年，英国学者库克（E. Cooke）首先描述了儿童画人的年龄特点。此后，许多学者开始探讨通过儿童绘画来了解其智能发展的情况。1926 年，美国心理学家古迪纳夫（F. L. Goodenough）首次提出画人测验可作为一种智力测验，并将这一方法标准化。1963 年，哈里斯（D. B. Harris）对画人测验进行了系统研究和全面修订，发表了古氏—哈氏画人测验。1968 年，考皮茨（E. M. Koppoity）也编制了画人计分量表，并首次提出了画人测验的 30 项发育指标。

我国早在 1934 年就曾经由肖孝嵘修订过画人测验，1985 年，首都儿科研究所发表了他们的评分标准，并确定 5 岁为本测验的最小年龄，这里介绍的就是这份测验表。

画人测验只要求儿童画一个人像，简单易行，能引起儿童兴趣，不易产生疲劳，因而能使儿童较好地表现出实际智能水平。这一方法也有一定的局限性，仅适用于有一定绘画技能的学生，对不会画画的儿童不宜采用这种方法。

画人测验可采用个别测验和团体测验两种形式，其年龄为4～12岁。施测时，主试对儿童说："我要求你画一个全身的人。可以画任何一种人，但必须是全身的。"测验一般不限时间，多数情况下儿童在10～20分钟内完成。

画人测验按人的身体部位将测验项目归为17项，根据评分图解对儿童的画逐项评分。1—17项满分相加为50分。把儿童各项实际得分相加，即得出儿童的实际总分，对照智商表可迅速查出相应的智商。

实施画人测验主要有四个步骤：

（1）让儿童在画人测验记录表的左侧空白处画人；

（2）根据评分标准图解，参考评分标准，在记录表上对各个项目进行评分；

（3）将各项得分相加，求出总分；

（4）对照画人测验智商表查出相应智商。

以下我们介绍的是1985年由首都儿科研究所修订发表的儿童绘人测验量表。

首都儿科研究所

儿童绘人测验表 　　　　　编号_____

姓名_____ 性别_____ 　　独生 　非独生 　　　散　集

出生史：第____胎 足月_____月早产、过期产、双胎

　　　　出生体重_____克

分娩方式_____ 窒息：无、有，（　　　　）分

重要疾病史：_____

父：姓名_____ 职业_____ 文化程度_____

母：姓名_____ 职业_____ 文化程度_____

联系方法_____

就诊原因_____

记事：　　　　　　　　　　　测查日期：___年___月___日

　　　　　　　　　　　　　　出生日期：___年___月___日

　　　　　　　　　　　　　　年　　龄：___岁___月___日

　　　　　　　　　　　　　　评　　分：

　　　　　　　　　　　　　　智　　商：

　　　　　　　　　　　　　　测查者：

儿童绘人及评分

绘人：		满分	得分
	1. 头	3	
	2. 眼	5	
	3. 躯干	4	
	4. 下肢	3	
	5. 口	1	
	6. 上肢	3	
	7. 头发	2	
	8. 鼻	2	
	9. 连接	3	
	10. 衣着	5	
	11. 颈	2	
	12. 手	5	
	13. 耳	2	
	14. 足	2	
	15. 脸	4	
	16. 画线	2	
	17. 侧位	2	
	总　计	50	
	IQ		

得分 项目	1	2	3	4	5
1. 头	轮廓清楚，什么形状均可	形状基本正确	头 < 躯干长的 1/2 头 > 身长的 1/10		
2. 眼	形状不论	有眉毛或睫毛	眼长度 > 眼裂开阔度，双眼一致	有瞳孔	双眼视线一致
3. 躯干	形状不论	长度 > 宽度	有肩、角或弧形均可	躯干轮廓正确	
4. 下肢	形状不论	长度 > 宽度，长度 > 躯干的 2 倍	有膝关节或膝盖		

得分\n项目	1	2	3	4	5
5. 口	形状不论，须在面的下半部				
6. 上肢	形状不论	长＞宽，长于躯干，短于膝关节	表示有肘关节		
7. 头发	形状不论，一根亦可	在头轮廓之上画有头发，要好些			
8. 鼻	鼻状不论	有鼻孔			
9. 上下肢与躯干连接	上下肢均从躯干出来	上肢从肩处，下肢从躯干下边出来	上下肢有轮廓，与躯干连接处不变细		
10. 衣着	1件，用组扣、口袋、衣领表示亦可	2件，衣、裤、鞋袜、书包、帽、领巾等	有衣及裤，均为不透明（意即不画身体）	4件	服装齐全，符合身份
11. 颈	有，能将头与躯干分开	必须有轮廓			
12. 手	有，形状不论	有手掌	有5个手指（单侧）	手指轮廓长＞宽	有拇指，短于其他指，位置正确
13. 耳	有双耳，形状不论	位置正确，小于面部横径的1/2			
14. 足	有脚后跟、鞋后跟或正面有鞋	足长度＞厚度，足＜1/3下肢长，足＞1/10下肢长			
15. 脸	清楚地表示出下颌	上额与下颌各占面部的1/3	口、鼻须有轮廓	耳、眼、鼻、口均有轮廓，左右对称	
16. 画线	清楚，无重复或交叉	画面干净，有素描风度			
17. 侧位	头、躯干、下肢都是正确侧位	要更好一些			

4～12岁儿童画人体部位的正常标准

	4	5	6	7	8	9	10	11	12（岁）
1. 头	V	O	O	O	O	O	O	O	O
2. 眼	V	O	O	O	O	O	O	O	O
3. 下肢	△	O	O	O	O	O	O	O	O
4. 口	△	O	O	O	O	O	O	O	O
5. 躯干	△	V	O	O	O	O	O	O	O
6. 上肢	△	V	O	O	O	O	O	O	O
7. 头发 A	△	V	O	O	O	O	O	O	O
8. 鼻	△	V	O	O	O	O	O	O	O
9. 眉	△	△	O	O	O	O	O	O	O
10. 上下肢连接 A	×	V	O	O	O	O	O	O	O
11. 双耳	△	V	V	O	O	O	O	O	O
12. 衣着一件	×	△	V	O	O	O	O	O	O
13. 躯干长度	△	V	V	V	O	O	O	O	O
14. 颈	×	△	V	V	V	O	O	O	O
15. 手指	×	△	V	V	V	O	O	O	O
16. 上下肢连接 B	×	△	△	V	V	O	O	O	O
17. 颈轮廓	×	△	△	V	V	O	O	O	O
18. 头发 B	×	×	△	△	V	O	O	O	O
19. 眼形状	×	×	△	△	V	O	O	O	O
20. 下肢比例	×	△	△	△	△	V	O	O	O
21. 衣着两件	×	×	△	△	V	V	O	O	O
22. 衣着不透明	×	×	△	△	△	V	O	O	O
23. 双瞳孔	×	△	△	V	V	V	V	O	O
24. 耳比例	×	×	△	△	V	V	V	O	O
25. 肩	×	×	△	△	△	V	V	V	O
26. 眼方向	×	×	△	△	△	V	V	V	V
27. 上肢比例	×	×	△	△	△	V	V	V	V
28. 手掌	×	△	△	△	△	△	△	V	V
29. 指数	×	×	△	△	△	△	△	V	V
30. 头轮廓	×	×	×	△	△	△	△	V	V
31. 躯干轮廓	×	×	×	△	△	△	△	V	V

（续上表）

	4	5	6	7	8	9	10	11	12（岁）
32. 上下肢轮廓	×	×	×	△	△	△	△	V	V
33. 足跟	×	×	×	△	△	△	△	V	V
34. 衣着四件	×	×	×	×	△	△	△	△	V
35. 足比例	×	×	×	×	△	△	△	△	△
36. 指细节	×	×	×	×	△	△	△	△	△
37. 鼻孔	×	×	×	×	×	△	△	△	△
38. 拇指	×	×	×	×	×	×	△	△	△
39. 肘关节	×	×	×	×	×	×	△	△	△
40. 下颌与前额	×	×	×	×	×	×	△	△	△
41. 下颌	×	×	×	×	×	×	×	△	△
42. 画线 A	×	×	×	×	×	×	×	△	△
43. 鼻口轮廓	×	×	×	×	×	×	×	△	△
44. 脸	×	×	×	×	×	×	×	△	△
45. 头比例	×	×	×	×	×	×	×	×	×
46. 服装齐全	×	×	×	×	×	×	×	×	×
47. 下肢关节	×	×	×	×	×	×	×	×	×
48. 画线 B	×	×	×	×	×	×	×	×	×
49. 侧位 A	×	×	×	×	×	×	×	×	×
50. 侧位 B	×	×	×	×	×	×	×	×	×

注：○：应画项目，V：常画项目，△：少画项目，×：额外项目。

绘人智商表
（根据北京市 6 062 名 4～12 岁儿童测查结果）

智商得分 \ 年龄	4岁	4½岁	5岁	5½岁	6岁	6½岁	7岁	8岁	9岁	10岁	11岁	12岁
1	94	81	71	64	58	53	48	41	35	30	25	21
2	97	84	74	67	61	55	51	44	38	32	28	24
3	100	86	77	69	63	58	54	46	40	35	31	27
4	102	89	79	72	66	61	56	49	43	38	33	29
15	105	91	82	74	68	63	59	51	45	40	36	32
6	108	94	84	77	71	66	61	54	48	43	38	35
7	110	97	87	80	74	69	64	57	51	46	41	37
8	113	99	90	82	76	71	67	59	53	48	44	40
9	115	102	92	85	79	74	69	62	56	51	46	42
10	118	105	95	88	82	76	72	65	58	53	49	45
11	121	107	98	90	84	79	75	67	61	56	52	48
12	123	110	100	93	87	82	77	70	64	59	54	50
13	126	112	103	95	89	84	80	72	66	61	57	53
14	128	115	105	98	92	87	82	75	66	64	59	56
15	131	118	108	101	95	89	85	78	72	66	62	58
16	133	120	111	103	97	92	88	80	74	69	65	61
17	136	123	113	106	100	95	90	83	77	72	67	63
18	139	125	116	109	102	97	93	86	79	74	70	66
19	142	128	119	111	105	100	96	88	82	77	73	69
20	144	131	121	114	108	103	98	91	85	80	75	71
21	149	133	124	116	110	105	101	93	87	82	78	74
22	149	136	126	119	113	108	103	96	90	85	80	76
23	150 +	139	129	122	116	110	106	99	93	87	83	79
24		141	132	124	118	113	109	101	95	90	86	82
25		144	134	127	121	116	111	104	98	93	89	84
26		146	137	129	123	118	114	106	100	95	91	87
27		149	140	132	126	121	116	109	103	98	93	90
28		150 +	142	135	129	124	119	111	106	101	96	92
29			145	137	131	126	122	114	108	103	99	95
30			147	140	134	129	124	117	111	106	101	97
31			150 +	143	137	131	127	120	114	108	104	100
32				145	139	134	130	122	116	111	107	103

（续上表）

智商值得分 ＼ 年龄	4岁	$4\frac{1}{2}$岁	5岁	$5\frac{1}{2}$岁	6岁	$6\frac{1}{2}$岁	7岁	8岁	9岁	10岁	11岁	12岁
33				148	142	137	132	125	119	114	109	105
34				150+	144	144	139	135	127	121	116	112
35					147	142	138	130	125	119	114	111
36					150+	145	140	133	127	121	117	113
37						147	143	135	129	124	120	116
38						150+	145	138	132	127	122	118
39							148	141	134	129	125	121
40							150+	143	137	132	128	124
41								146	140	135	130	126
42								148	142	137	133	129
43								150+	145	140	135	131
44									148	142	138	134
45									150+	145	141	137
46										148	143	139
47										150+	146	142
48											148	145
49											150+	147
50												150

（三）儿童多元智力评估核查表

"多元智力理论"（Multiple Intelligences）是加德纳（Gardner）1983 年提出的智力结构理论。它一反传统的智力理论把智力与能力划分开来的做法，认为智力是一种能力或一组能力。多元智力理论包括三个要点：第一，智力不是一个单一的东西，而是一个多元性的东西；第二，智力的各个方面或种种智力是独立的，用一种测验测得的智力分数不能预测另一种智力水平；第三，各种智力是交互作用的。以此为基础，加德纳提出了其包含丰富的能力智力的种类。

"儿童多元智力评估核查表"是由美国教育家托马斯·阿姆斯特朗（T. Armstrong）博士根据加德纳"多元智力理论"设计的多元智力评估方法。在对孩子的多元智力进行评价时，教师、家长或其他读者可以根据自己对孩子的学习或日常活动的切身体会作适当的增加或删减。教师与家长可以根据表中列出的，针对特定的孩子的具体情况进行核对，如果表中所列的项目与孩子的实际情况相符，就在右边选择对应的"是"，否则就选择"否"。最后，根据各种智力分别计算"是"和"否"的数量。根据每种智力获得"是"的多少排列，得到"是"最多的就是你的孩子可能在这方面最擅长，得到"是"最少的那种智力可能是你需要引起重视的弱项。做这个测验有利于教育者更好地了解和评价孩子，知道每一个孩子都有自己的长处与短处。作为教育者，重要的是利用孩子的长处，培养和增强孩子的自信心，以长处带短处，从而获得全面发展。千万不能只盯着孩子的短处，总是以一种恨铁不成钢的心态来教育孩子，这样会让孩子失去自信心，阻碍孩子的健康发展。

儿童多元智力评估核查表

语言智力	是	否
（1）写作能力高于同龄儿童。		
（2）善于编写难以置信的故事或善于讲故事和笑话。		
（3）善于记人名、地点、日期或一些琐事。		
（4）喜欢文字游戏。		
（5）喜欢看书。		
（6）书写正确（若是学前儿童，拼写能力高于同龄儿童）。		
（7）喜欢顺口溜、双关语、绕口令等语言游戏。		
（8）喜欢听口述语言（如故事、广播、故事录音带等）。		
（9）在同龄儿童中比较词汇相对丰富。		
（10）与人交流时，善用言语。		

逻辑—数学智力	是	否
（1）对于如何做事会问很多问题。		
（2）快速心算（若是学前儿童，数学概念高于同龄儿童）。		
（3）喜欢数学课（若是学前儿童，喜欢数学及其他与数字有关的课程或事物）。		
（4）对电脑、计算机游戏感兴趣（如没接触过电脑，喜欢其他数学或算术游戏）。		
（5）喜欢象棋或其他策略游戏。		
（6）喜欢逻辑难题或智力难题（若是学前儿童，喜欢听像《爱丽丝漫游仙境》之类的故事）。		
（7）喜欢把事物分类或分等。		
（8）喜欢做高度思考过程的实验。		
（9）思考方式比同龄儿童更抽象化、概念化。		
（10）比同龄儿童对因果关系更有概念。		

空间智力	是	否
（1）可以说出清楚的视觉表象。		
（2）阅读地图、图表比文字更容易（若是学前儿童，更喜欢看图而不是阅读）。		
（3）比同龄儿童更喜欢想入非非。		
（4）喜欢艺术活动。		
（5）比同龄儿童画图画得好。		
（6）喜欢看电影、幻灯片或其他视觉上的表演。		
（7）喜欢拼图、走迷宫或类似的游戏。		
（8）制作有趣的立体模型。		
（9）阅读时从图而不是文字中获取更多信息。		
（10）爱在书本、纸张或其他东西上涂画。		

运动—操作智力	是	否
（1）擅长一种或多种体育运动（若是学前儿童，身体技能超过同龄儿童）。		
（2）如长时间坐在一个地方会扭动、敲打或烦躁不安。		
（3）善于模仿他人的动作、言谈举止等。		
（4）喜欢拆解，然后再组装物品。		
（5）喜欢触摸所见的事物。		
（6）喜欢跑、跳、摔跤或类似的活动（如年龄稍大，会有所节制，而表现出像拍打朋友、跑进课堂、翻跳椅子等动作）。		
（7）表现出手工技能（如木工、缝纫、机械等）或其他方面动作协调性好。		
（8）戏剧性地表达自己。		
（9）思考与工作时传达出不同的肢体感觉。		
（10）喜欢捏黏土或其他用手触摸的经历（如手指画等）。		

音乐智力	是	否
（1）音乐走调或出错时会告诉你。		
（2）记得歌曲的旋律。		
（3）嗓音好。		
（4）弹奏一种乐器或参加合唱团（若是学前儿童，喜欢玩打击乐器或参加合唱团）。		
（5）讲话或动作时很有节奏感。		
（6）无意识地自己哼唱。		
（7）做事时在桌上打节拍。		
（8）对外界噪音很敏感。		
（9）喜欢听音乐。		
（10）唱各处学来的歌曲。		

（续上表）

人际智力	是	否
（1）爱与同伴交流。		
（2）似乎是天生的领袖。		
（3）给有问题的朋友建议。		
（4）在校外似乎很聪明。		
（5）是俱乐部、委员会或其他组织的成员（若是学前儿童，经常是群体的一部分）。		
（6）喜欢非正式地教导其他孩子。		
（7）喜欢与其他孩子一起玩游戏。		
（8）有两三个好朋友。		
（9）关心他人。		
（10）他人愿让其陪伴。		

内省智力	是	否
（1）独立性好，意志坚强。		
（2）清楚了解自己的优缺点。		
（3）能独处玩耍或学习。		
（4）生活和学习方式与众不同。		
（5）善谈自己的兴趣爱好。		
（6）自我目标明确。		
（7）喜欢独立工作而不是合作。		
（8）准确表达自己的感觉。		
（9）能从生活的成功或失败中学习。		
（10）拥有高度的自尊。		

三、幼儿想象力和创造力测验

（一）幼儿想象力测验

在幼儿阶段，从某种意义上来说，想象力比幼儿能掌握多少知识更为重要。对于幼儿来说，没有了想象，就没有了生活，想象力与儿童的创造力有着非常重要的相关，发展幼儿的想象力，能促进幼儿创造力的发展。因此，了解幼儿是否具有想象力，是了解幼儿的一个重要的窗口。我们可以应用下面的简单测验来了解孩子想象力的好坏。

孩子是否具有想象力？

1. 他是否经常编故事？

A. 经常　　　　B. 有时　　　　C. 从不

2. 他在复述别人讲过的故事时，经常会重新加工吗？

A. 经常 B. 有时 C. 从不

3. 他看过漫画后，会逻辑性很强地把漫画内容完整地讲出来吗？

A. 经常 B. 有时 C. 从不

4. 他可以按照成人的语言或图画，描述出他从未见过的东西吗？

A. 经常 B. 有时 C. 从不

5. 他会问及一些很奇特的东西吗？

A. 经常 B. 有时 C. 从不

6. 他喜欢画一些从未见过的东西吗？

A. 经常 B. 有时 C. 从不

7. 他能够根据别人的描述画出这种东西吗？

A. 经常 B. 有时 C. 从不

8. 他喜欢听一些童话或科幻故事吗？

A. 经常 B. 有时 C. 从不

9. 他能根据简单的知识设想一种有实用价值的"发明"吗？

A. 经常 B. 有时 C. 从不

10. 他在听完童话故事以后能画出故事中人物的卡通形象吗？

A. 经常 B. 有时 C. 从不

计分方法：A = 3 分；B = 2 分；C = 1 分。

得分说明：

得分在 15 分以下的孩子想象力很低。

得分在 16 ~ 22 分的孩子具有较丰富的想象力。

得分在 23 分以上的孩子具有超乎寻常的想象力。

（二）幼儿创造力测验

创造力是认知发展中的一个特殊的概念和领域，反映的是一个人在思维的"独创性"维度上的能力高低。它一方面与智力的因素有关，一方面也与非智力因素有关。在科学技术竞争日益激烈的今天，创造力在人的发展中起着越来越重要的作用，因此，对儿童创造力的培养也日益受到教育界的重视，幼儿教育当然也不例外。

研究表明，创造性思维早在学前期就开始萌发了。进行创造力的测验，就是要考察和鉴别儿童在解决问题的过程中反映出来的思维的流畅性、灵活性、新颖性、独创性的发展水平。这里介绍的是 1986 年中国科学院心理所在"超常儿童调查和跟踪"全国协作研究中编制的鉴别超常儿童认识能力的测验，考虑到幼儿教育实用的需要，我们选取了其中的"创造性思维测验"部分，以帮助教师和家长及时准确地对幼儿的创造能力进行鉴别。

创造性思维测验

1. 测验内容

本测验分两部分：（1）根据图片设想多种故事结尾。

（2）利用工具或变换用途解决问题。

2. 指导语

（1）根据图片设想多种故事结尾。

主试指着图片讲述：

小白兔拔了一个大萝卜，高高兴兴地顶在头上。小猴看见了，馋得直流口水，它就用长尾巴把小白兔的萝卜给勾走了。开始，小兔吓了一跳，后来，它一想，小猴这样随便抢别人的东西是不对的，不能让它这样做，我得想个办法把萝卜要回来。小兔想呀，想呀，一会儿就想出了好办法。小朋友，现在你猜猜，小兔都想了些什么办法？（或者说："请你帮小兔想想办法吧！"）

主试让儿童自由说出办法。直至儿童说不知道或没有后，问儿童："刚才说的这几种办法，你觉得哪种办法最好？为什么？"（如果儿童已记不清自己说的办法，主试可以复述）（不计时）。

（2）利用工具或变换用途解决问题。

主试："这里有个小盒子。你看，盒子里有些碎纸片，现在请你想办法把小纸片拿出来。这里有许多东西（指各种工具）你都可以用。现在开始，我给你记时间，你快想办法。"

如果儿童首先将盒子翻过来，倒出小纸片，解决了问题。主试则说："很好，现在小纸盒不能挪动，也不能翻过来，你看看这里的东西，想想还有什么办法可以拿出小纸片。"

如果儿童将别针当针使，把小纸片从马蜂眼中扎出来，主试则继续鼓励，并说："现在我把别针拿走，你看看这里的东西，想想还有什么办法可以拿出小纸片来？"

如果儿童用铅笔、糨糊把小纸片从马蜂眼中粘出来，主试继续鼓励，并说："现在我把这支铅笔和糨糊都拿走，你看看这剩下的东西，想想还有什么办法？"

如果儿童将牛奶糖嚼软，粘在另一支铅笔上，把小纸片从马蜂眼中粘出来，主试继续鼓励，并说："现在糖也没有了，你只有一支铅笔，还有什么办法?"

3. 计时与评分

计时:

两部分测验均在主试说完第一句指导语后开始计时。每部分时限为 5 分钟。5 分钟内尽可能鼓励儿童想出新的办法。在 5 分钟内,如果儿童依旧说:"想不出来了。"则停止,记下时间。

评分:

反应分:在第一个部分故事测验中,想出一个方法加 1 分。在第二个解决问题测验中,变换工具用途解决问题加 1 分,两种工具结合起来再加 1 分,不限于提供的工具,自己设法解决问题再加 1 分。

水平等级:

一级能根据问题的条件和要求迅速抓住问题的关键,独立地寻得多种解决问题的途径和方法,答案合理,有新异成分。

二级基本上能根据问题的条件和要求,抓住问题关键。但思路狭窄,解决问题的途径和方法较少。

三级对问题的要求不甚理解,抓不住问题的关键,用尝试错误的方法或经提示解决问题,方法简单或不甚合理。

四级对问题的要求不理解,不能作答或答非所问。

四、幼儿言语发展评价量表

人们借助语言进行沟通和交流,同时也借助语言进行思维活动。言语发展是儿童思维发展的一个重要方面。同时,言语的习得与智力、认知、品德和个性的发展都有着密切的关系。幼儿期是幼儿学习语言特别是口头语言发展的关键时期,语言的出现,给儿童的心理发展带来了质变。因此,评量幼儿的智力发展,通常都要考虑语言发展的情况,所以许多世界著名的经典智力测量表中,都包含了语言发展的测评部分,如韦氏儿童量表。但是,在语言教育中,我们所关心的中心常常是如何让孩子更好地学习语言,对儿童在语言学习中产生的个体的困难和个体的差异关心很少。实际上,在儿童的语言学习中,语言学习困难常常是影响其语言发展水平的重要因素,因此,我们也需要对儿童的语言发展进行更专门化的测评。

在这一部分中,我们主要介绍两个以语言能力为中心的量表,即图片词汇测试量表(PPVT)和儿童语言学习准备能力诊断表。这两个量表一方面可以帮助我们了解儿童语言发展的情况,同时,由于它们详细而全面地涉及了语言发展的多个方面的情况，具有诊断性，还可以帮助我们了解儿童在语言学习中表现出来的缺陷和困难，使教育行为更有指向性和准确性。

（一）图片词汇测试量表

图片词汇测试量表最早是由美国心理学家发明的。我们这里介绍的量表，是由上海二医新华医院翻译、修改并标准化的量表，目前在我国已广泛地应用于临床。图片词汇测试方法是美国智能不足协会介绍的诊断智能迟缓常用的9种智能测验方法之一，它也作为语言障碍中词汇听觉联想能力的单项测验方法，当前在美国和欧洲都很流行。

这种方法对于 4～9 岁儿童，测试简而易行，只需要 1 本 120 页的图片，每页有 4 幅图，另外只需要一份测试表，此外不需要任何测试工具。图片词汇测试法易于掌握，所以是可以广泛应用的。

应用这一量表时，测试者应注意不要提示，不要事先把测试表交给儿童。

图片词汇测试表

顶点	智龄	姓名	性别
错误	智商	出生年月	测试日期
得分	百分位	年龄	籍贯
幼儿园	班级		
家庭地址			
父亲姓名	文化程度	职业	职务	收入
母亲姓名	文化程度	职业	职务	收入

家中主要负责孩子教育者：　　父亲　　母亲　　老人　　寄养在别处

家中有电视机吗？　　有　　没有

测试行为：

反应：	灵敏	一般	迟钝
注意力：	集中	一般	分散
努力程度：	很努力	一般	不努力
听力：	不需重复	重复一次	重复两次以上

特殊病史：

建议：

图片词汇测试图目表

1. 汽车（4）	2. 母牛（3）	3. 球（1）	
4. 小孩（1）	5. 手指（4）	6. 鸡（2）	7. 热水瓶（2）
8. 钥匙（1）	9. 蜜蜂（4）	10. 风扇（1）	11. 叶子（3）
12. 吹（4）	13. 拖拉机（4）	14. 孔雀（2）	15. 女孩（2）
16. 河流（1）	17. 罐头（4）	18. 教师（2）	19. 裙子（1）
20. 鼓（1）	21. 信封（1）	22. 指挥（3）	23. 皇后（3）
24. 徽章（1）	25. 放映机（3）	26. 打结（4）	27. 鞭子（1）
28. 捉（4）	29. 转盘（2）	30. 车厢（4）	31. 挖（1）
32. 箭（3）	33. 木棍（2）	34. 装配（3）	35. 缝（1）
36. 船长（1）	37. 网（4）	38. 漏斗（4）	39. 潜艇（4）
40. 香肠（4）	41. 采（2）	42. 倒（1）	43. 砂锅（2）
44. 风筝（3）	45. 信号（1）	46. 豆荚（3）	47. 鹰（3）
48. 搓（2）	49. 栏杆（1）	50. 一群（4）	51. 帆（4）
52. 袋鼠（2）	53. 羚羊（2）	54. 演说家（2）	55. 升旗（4）
56. 宣誓（3）	57. 豁口（3）	58. 刻度（3）	59. 通讯（2）
60. 柜台（1）	61. 胶囊（1）	62. 事故（1）	63. 体育场（1）
64. 挖掘（1）	65. 绿洲（1）	66. 警戒（2）	67. 垄沟（4）
68. 蜂巢（2）	69. 阻挡（3）	70. 攻击（4）	71. 化学家（4）
72. 障碍（2）	73. 家庭用具（3）	74. 驮（2）	75. 学者（4）
76. 礼节（4）	77. 旅行（2）	78. 同心圆（3）	79. 旋管（2）
80. 争论（1）	81. 上钩（1）	82. 华表（1）	83. 浸泡（1）
84. 运输（1）	85. 横梁（1）	86. 同胞（1）	87. 平衡（1）
88. 商标（4）	89. 雕塑（1）	90. 窗帷（1）	91. 失望（3）
92. 切线（3）	93. 沉思（4）	94. 绝技（1）	95. 犬（1）
96. 奇迹（1）	97. 鉴定（2）	98. 北极（3）	99. 惊讶（3）
100. 两栖类（1）	101. 巧妙（3）	102. 清晰（3）	103. 恐怖（1）
104. 象形文字（2）	105. 畏怯（3）	106. 出纳（1）	107. 致意（3）
108. 幽灵（2）	109. 颈（1）	110. 溪谷（3）	111. 遗传学（2）
112. 雄辩（1）	113. 约束（4）	114. 诱饵（4）	115. 建筑（3）
116. 奔泻（3）	117. 私语（3）	118. 任性（2）	119. 图案（2）
120. 盘旋（2）			

第四章 幼儿心理发展与评估

測試具体方法：开始 3 张图片是示范用的，不计分。然后从起点开始顺序测试，到 8 张中有 6 个错误作为顶点，顶点序数减去错误的数即是得分。

（二）儿童语言学习准备能力诊断表

儿童语言能力的发展与其学习语言的准备能力的发展息息相关，利用下列的"语言学习准备能力诊断表"，可以了解儿童学习语言的准备能力发展情形如何。

儿童语言学习准备能力诊断表

姓名：　　　性别：　　　智力：

测验日期：

语言学习准备能力	很差	差	一般	好	很好
1. 动作发展（大肌肉及小肌肉动作） 是否会单脚跳？ 是否会双脚跳？ 是否能接到球？ 是否能以一手朝向目标掷球？ 是否能沿直线行而不失去平衡？ 是否能不扶楼梯之栏杆自行上下楼梯？ 是否会系鞋带？ 是否会用剪刀？ 是否会用铅笔画△？					
2. 辨认左右方向					
3. 指认身体各部分					
4. 视知觉 手眼协调 空间知觉 形象与背景的知觉					
5. 视觉辨认					
6. 视觉记忆					
7. 语言应用 发音困难的音 说出图画内容的能力 了解口头指示的能力 解释口头提出的意见间的关系 重述语句 明白简单的说明					
8. 听觉辨认					
9. 听觉记忆					
10. 将事物组成逻辑顺序					

测试要求说明：

1. 动作发展

（1）是否会单脚跳，是用左脚还是用右脚。

（2）是否会双脚跳。

（3）是否会用双脚跳绳，脚离地面。

（4）是否会用一手掷球，并投中一目标物。

（5）是否能手掌向上接住投来的球。

（6）在地上画线，是否能在线上行走保持平衡。

（7）是否会上下楼梯不需扶栏杆。

（8）是否会系鞋带、剪纸、使用铅笔。

2. 辨认左右方向

3. 指认身体各部分

（1）画人。

（2）指认身体各部分。

（3）指认身体各部分的图片。

4. 视知觉

（1）手眼协调：

A. 抄画几何图形○□△。

B. 穿珠六粒（大型）。

C. 剪方形：教师先用边长 9cm 的正方形示范，幼儿跟着剪。

D. 在两点之间连接直线。

E. 抄写注音符号 bpmf。

（2）空间关系：辨别字的上下左右，如陈和　，3 和 ε。

（3）形象背景：由背景上选出字、词、句的能力。

5. 视觉辨认

区别形状、大小、线条的同异的能力。

6. 视觉记忆

（1）出示三物，遮盖其中之一，问哪一物被遮盖。

（2）出示一幅儿童画，让儿童观察数秒，移走该图画，令儿童描述图画中的事物。

（3）出示几何图形，每次一件，让儿童看五秒，然后默画出来。

7. 语言应用

（1）测量儿童用语言统整全图的能力和学前儿童必需之阅读能力。

先出示儿童画一幅，包括两个以上的人物及有趣的活动，问儿童图画的内容，记录儿童语言的反应，并决定他的反应所属的阶段。

阶段一儿童不会用语言描述，只会说物体的名称，如"狗"、"小孩"等。

阶段二儿童会用语言描述活动，如"小狗在跳"、"小孩子在玩球"等。

阶段三儿童会用语言表示人物间或事物间的关系，如"那个小孩子正和小狗在玩球"。

阶段四儿童会说出事情发生的时间、地点、原因以及结果等。如"这些男孩子在为小鸟做一个房子，他们要把它放在树上，好让小鸟在房子里做窝"。

阶段五儿童知道图画中人物的感觉和情绪，有适当的反应，并会作结语。如"天很黑，那些孩子们都很害怕，他们围绕着火唱歌，因为野兽怕火，有火野兽就不会走近他们"。

如果儿童的语言表达能力还未达到第三、四阶段，或缺乏足够的语言能力来解释幼儿图画，表明他们需要语言技巧的训练和经验。

（2）了解语言的指示（语言的理解与操作）。

A. 摸摸桌子和你的鞋。

B. 用你的手摸摸你的膝盖。

（3）听觉联想。

A. 用语言来分类物体：说出几种动物的名称。

B. 相同与相异的观念：猪与牛有什么相同的地方。

（4）视觉联想。

A. 出示图片，让儿童依图片分类，如动物、机器、图画等。

B. 出示图片，问儿童相似与相异之处。例如，面包车与卡车、桌子与椅子等。

（5）解决问题。如果你的外套不见了，你将如何去找它？

（6）让儿童们说几个简单的句子并重复它们，观察儿童：

A. 是否漏掉或增加字词。

B. 是否颠倒句子的顺序。

8. 听觉辨认

儿童是否能辨别相同的与相异的声音。

（1）摇两个不同的铃，让儿童注视并认真听。然后蒙住儿童的眼睛，摇其中一个铃，令其指出哪个铃声响。

（2）说两个声母或韵母相同的字，让儿童说出"同"或"不同"。如"跑与饱"、"好与搞"、"老与考"等。

9. 听觉记忆

（1）听吩咐行事。

A. 把书放在桌子上。

B. 拿一支笔给我。

C. 坐在椅子上。

（2）拍手四次，让儿童照做。

10. 将事物组成逻辑顺序

提供儿童一天的生活图片，让儿童依顺序排列。

五、幼儿社交能力评价量表

（一）儿童领导才能的测量

有一些儿童往往能表现出较强的组织和领导才能。他们能够敏感地发现别人细微的感情变化，喜欢参加各种集体活动，并经常在活动中担任负责人。这些孩子性格热情、开朗，人际状况良好，他们常常会提出一些建设性意见，受到其他孩子的喜欢和推崇，在游戏活动中常担任领导者的角色。通过考察儿童在领导方面的能力状况，可以从一个侧面了解与评价儿童在社会交往、人际协调甚至智能发展等方面的情况。然而，在传统的智能测验与人格测验中，一个人的领导才能或领袖潜能是不能被测量的。事实上，领导才能没有被纳入传统的超常儿童的概念之中，但是，在现实生活中，一个人的领导才能显然与其他才能具有同等重要的意义。因此，"什么是领导才能？""怎样鉴别孩子的领导才能？""孩子的领导才能是如何发展的？""如何培养孩子的领导才能？"等问题对于家长和教师来说，就显得非常重要了。

下面的领导才能核查表是由美国著名心理学家任朱利和阿维诺等在多年研究的基础上提出来的。核查表的编制者认为，该表可用于所有的年龄组，而且具有一定的可靠性。但值得注意的是，尽管核查表是根据多年研究的结果编制而成的，而且试图尽可能全面地反映领导才能的全部特征，但实际上却是不可能做得到的。一个核查表只能包括领导才能的基本的主要特征，而不可能囊括儿童领导才能的所有特征。同时，家长和教师也必须记住，绝大多数孩子实际上也不可能表现了核查表中所列出的全部特征。

为了更好、更准确地评价孩子，教师与家长必须经常注意观察孩子在学习和日常活动中表现出来的特征，并将这些特征填写到下列核查表中。其中，A代表某种行为或特征"没有或极少出现"，B 代表某种行为或特征"偶尔出现"，C 代表某种行为或特征"比较多地出现"，D 代表某种行为或特征"几乎经常出现"。

领导才能核查表

行为特征的表现	评价等级
1. 责任心强，同意了的事就会去做，而且做得好。	A B C D
2. 在同龄儿童和成人面前，显得自信，当被要求在班上展示作业时，表现得安然自得。	A B C D
3. 受到同学们的爱戴。	A B C D
4. 善于自我表现，言语流利，易被人理解。	A B C D
5. 容易适应新的环境，思维敏捷。	A B C D
6. 行为习惯灵活，改变常规秩序时不受干扰。	A B C D
7. 在群众中有控制他人的倾向，在参加的活动中常起领导作用。	A B C D
8. 处理人际关系的能力强，能影响别人选择观点、采取行动的途径或方向等。	A B C D
9. 对别人的需要能表示理解和同情，并在道义上表现出关心。	A B C D
10. 被同伴看作是行为的典范，对自己、对别人的要求具有高标准。	A B C D
11. 能确立目标和顺序，并计划、组织协调行动。	A B C D
12. 能创造性地解决问题，常有同伴或别人前来"讨教高招"。	A B C D
13. 能做出好的裁判和决定，能预测行为的结果。	A B C D
14. 具有领袖人物的超凡魅力，吸引人，表现自然，富有洞察力，别人愿意聚集在他的周围。	A B C D
15. 有独立性及思维不顺从性，愿意冒险。	A B C D
16. 做事的目的性强，持久性、纪律性好，并对喜爱的问题有探索精神。	A B C D

　　如果在核查表中记录到某个孩子的行为或特征属于 D 的比较多，那就是说，这个孩子可能具有潜在的较强的领导才能；如果记录到某个孩子的行为或特征属于 A 的比较多，那就是说，这个孩子可能不太具有领导的才能。而大部分孩子的表现可能会以中等的表现为主。应用这一量表对儿童的领导才能进行评定时，还应当注意成人在观察和填表时常常容易出现偏差，比如家长怀有望子成龙的心情，在填写核查表时，就常常会出现向好的方向填的倾向；又如教师在使用该表时，对幼儿的评定又往往会随着自己对该名幼儿的期望或定势看法而出现过高或过低的评定。这些问题，都是我们在对儿童进行测验时必须注意的问题。

（二）布赖恩特儿童与青少年移情量表

幼儿移情研究是目前国际上对幼儿社会性发展研究的重要课题，通过测定幼儿在各种不同情境下的移情反应，可以从某种程度上了解幼儿的社会适应能力的好坏。布赖恩特（Bryant，1982）儿童与青少年移情量表是一个包括了22个问题的量表，其中的问题涉及多种情境中儿童的积极或消极的移情反应。对于年龄小的幼儿，可用提问的方式，只要求以"是"或"否"作答便可，而对年龄较大的儿童，则可用有多个等级的问答评定法，更为精确地测定被试同意或不同意的程度。以下是这个量表中的22个题目。

布赖恩特儿童与青少年移情量表

问题	反应
1. 看到一个女孩没人和她玩，我心里很难过。	（＋）
2. 在大庭广众之下亲吻是一件傻事。	（－）
3. 高兴时要哭的男孩子是傻子。	（－）
4. 看到一个男孩子在哭，我也想哭。	（＋）
5. 我真喜欢看见别人打开装礼物的盒子，即使我自己没有得到什么礼物。	（＋）
6. 看到一个女孩子被人打伤了，我很不安。	（＋）
7. 看见人家笑，虽然不知他笑些啥，我也会笑起来。	（－）
8. 有时，我看电视会流眼泪。	（＋）
9. 高兴时要哭的女孩子是傻子。	（－）
10. 看到别人难过，我会很奇怪：为什么他要难过呢?	（－）
11. 看到小动物受伤，我也会难过的。	（＋）
12. 看到一个男孩子没人和他玩，我也会很伤心。	（＋）
13. 有些歌使我听了很伤心。	（－）
14. 看到一个男孩受了伤，我很难过。	（＋）
15. 大人有时会不为什么事就流眼泪，哭起来。	（－）
16. 有人把小狗小猫当人一样对待，真是太傻了。	（－）
17. 有的同学总是假装需要别人帮他们的忙，我看了就来气。	（－）
18. 有的孩子没有朋友，可能是因为他们不想有朋友。	（－）
19. 看到一个女孩在哭，我也就想哭。	（＋）
20. 有人看悲伤的电影或者读悲伤的故事时要哭，真傻。	（－）
21. 即使有人看着我，想讨一块，我也会把饼干吃个精光。	（－）
22. 要是老师处罚一个并没有违反纪律的同伴，我也不在乎。	（－）

注:" + "表示肯定回答,可视为有移情反应。

" – "表示否定回答,可视为无移情反应。

(三)测验孩子是否腼腆

幼儿的社会交往能力的发展,往往与其个性特点有关。有的孩子不善于交往,甚至有可能发展成对交往的恐惧和缺乏自信心,这些都可以从其早期的性格特征中找到苗头。因此,如果发现孩子很小的时候就显得腼腆,那么,在孩子长到幼儿后期的时候,腼腆的性格就有可能影响到他的正常交往行为。

其实孩子的腼腆是很容易被发现的,但家长和教师经常对此没有给予充分的重视。他们认识不到这是孩子个性发展中的一种不良现象,久而久之,会成为儿童进入社会交往时的一种障碍。对于孩子的腼腆表现,成人最重要的是给予宽松的环境和开放的态度,这样,孩子的腼腆表现就很容易纠正,交往能力也会逐渐发展起来。

用下面的简单测试,可以了解你的孩子是否腼腆。

你的孩子腼腆吗?

1. 他不敢见生人?

   是   否

2. 他见到熟人也会局促不安?

   是   否

3. 他不敢回答大人的问话?

   是   否

4. 他说话时常吞吞吐吐的?

   是   否

5. 他总习惯性地驼背?

   是   否

6. 他想淘气时又显得很胆小?

   是   否

7. 他一向愿意低着头?

   是   否

8. 他怕别人不喜欢自己?

   是   否

9. 他举止很拘谨?

   是   否

10. 他不敢用目光与他人接触?
    是　　否

11. 在同龄人中，他不受欢迎?
    是　　否

12. 他喜欢独来独往?
    是　　否

13. 他手常揪着衣襟?
    是　　否

14. 他常受小朋友戏弄?
    是　　否

15. 他常常是别的孩子挑衅的对象?
    是　　否

16. 他从不大声哭叫?
    是　　否

17. 害怕时，他不是仓皇而逃，而是呆立原地不动?
    是　　否

18. 他很少十大人不让干的事?
    是　　否

19. 他常摸自己的脸或头发?
    是　　否

20. 他是个感情不外露的孩子?
    是　　否

计分:

每做出一个"是"的回答，计一分。"否"的回答，计 0 分。

说明:

得分 5 分以下的孩子不存在腼腆个性。

得分 6～12 分的孩子存在一定的腼腆个性。

得分 13 分以上的孩子腼腆个性十分严重。

六、幼儿态度与性格问卷

（一）评测孩子的注意力

一般而言，孩子面对感兴趣的事物或玩有趣的游戏时，注意力会较为集中和持久，但幼儿期注意发展的特点却决定了幼儿不可能长时间地把注意力集中在某一件事上。然而，什么样的注意持久度才是正常与健康的呢？这就要求我们通过一定的方法，最好是应用量化的测验，检验孩子注意力持久的程度，从而判断其意志力的好坏。同时，注意力的集中，也是幼儿各种能力发展的基础，在儿童的智能发展中，占有一定的重要地位。

以下我们介绍的是日本教育家清水骁编制的一套非常简单的测试表，非常切合幼儿的日常生活，用起来方便简洁，特别适宜幼儿园教师及家长使用。

学龄前幼儿注意力测试表

请在每道题目最后的括弧中，填上适当的分数。如果您认为你所评价的对象完全做到题目中所表达的情况，则填 2 分；如果您认为你所评价的对象偶尔做不到题目中所表达的事情，则填 1 分；如果你认为你所评价的对象完全不能做到题目中所表达的事情，则填 0 分。

1. 吃饭时，能自己使用筷子，饭菜不会泼洒出来，也不会中途嬉戏，能专心地吃完饭。（ ）

2. 念图画书给他听的时候，会边听边看图画，乖乖地听故事。（ ）

3. 看电视儿童节目或卡通录像带时，能持续到结束为止。（ ）

4. 会使用喜欢的玩具或道具，一个人玩 30 分钟以上。（ ）

5. 能和大家一起看电视、做体操，直到看完、做完为止。（ ）

6. 会依照爸爸或妈妈的指示，做些简单的家务，并且全部做完。（ ）

7. 要求得不到回应时，也不会长时间耍赖哭泣。（ ）

8. 不会经常尖声大叫，在屋内到处乱跑。（ ）

9. 不会总是孤独一人，打不进孩子的团体（幼儿园或托儿所）。（ ）

10. 身体没有病或痛的地方（如鞋子太小、便秘、咳嗽等）。（ ）

合计以上各项分数，按幼儿所属的年龄班，依所得分数在以下三级中加以选择：

A 级：具有注意力。

B 级：可以增加一些注意力。

C 级：应改善现有的生活，培养孩子的注意力。

	小班	中班	大班
A 级水平	10～20 分	12～20 分	14～20 分
B 级水平	6～9 分	9～11 分	11～13 分
C 级水平	0～5 分	0～8 分	0～10 分

评测结果：（　）

（二）儿童行为方式调查表

这是一个使用起来非常简便的调查表，可供家长和教师使用。同时，它所涉及的范围也非常广泛。这个调查量表目的在于考察儿童在日常行为中表现出来的一般性的趋势，反映的是孩子经常性的行为方式。

儿童行为方式调查表

幼儿姓名：

请仔细想想这个孩子的实际情况，对每组的 4 个句子从最符合（4）到最不符合（1）排序。（本量表对男孩子和女孩子同样适用）

1

A. 这个孩子意志坚定，很固执。他若想要某样东西，他就一定要得到。

B. 这个孩子从来不会安静下来。他喜欢玩耍，即使游戏时间已过，该安静下来时，仍是如此。

C. 总的说来，这个孩子心情愉快。他笑的时候比他哭的时候多。

D. 这个孩子遇到陌生人时，常常跑开，或紧紧依在父母身边。他需要一段时间才能接受一位生人。他先是退缩，而后慢慢适应。

2

A. 这个孩子行动迅速而独立，喜欢自己一个人做事情。

B. 这个孩子情绪波动强烈。他把自己的感受完全表露出来，有演戏的资质。

C. 总的说来，这个孩子总是显得安静而随和。他的反应强度较低或较温和。

D. 这个孩子喜欢独处，有时显得孤僻。

3

A. 一般而言，这个孩子对爱和关心不会做出过度反应。

B. 在多数情境下，这个孩子显得乐观、热情。

C. 这个孩子在尝试新事情方面不是很积极，他比较喜欢旧的熟悉的事物。

D. 这个孩子会提出很多问题，比较愿意在作决定前花时间仔细思考。

4

A. 这个孩子总的说来很活跃。他是一个探险者。

B. 这个孩子很容易与人结识，喜欢和别人相处。

C. 这个孩子与他人合作，通常能和他人友好相处。

D. 这个孩子总是谨慎地对待新环境。

5

A. 这个孩子很难领导，他对自己所跟随的人比较挑剔。

B. 这个孩子经常在没有完成的情况下从一个活动转向另一个活动。

C. 面对压力，这个孩子很容易妥协，而且可能夸大别人的行为、规则和态度。

D. 通常，这个孩子的体育活动水平处于低或适中位置。

6

A. 这个孩子容易发火，容易通过强制手段得到他想要的东西。

B. 面对任务，这个孩子可能缺乏条理、杂乱无章，甚至健忘。

C. 这个孩子很难接受突然的事情。他会固执地要求事物保持原样。他希望事事都能平静祥和。

D. 总的说来，这个孩子性情比较温和，面对自己不喜欢的环境，他的最初反应比较平静、自制，但他的内心反应可能要比这强烈得多。

7

A. 这个孩子想什么就说什么，会告诉你他需要什么。他会坦率而直接地告诉你他不喜欢哪些人和事。

B. 这个孩子总在不停地说话。他喜欢告诉你他的成就和他的朋友。他非常想说服你或别人听从他的安排，做他所希望的事。

C. 通常，这个孩子听的比说的多。

D. 这个孩子问许多（经常是复杂的）细节问题，并需要得到详细的解答。

记分表

把你在上面 7 组题目上的得分填在下面的记分表中。计算每一列的总计得分。得分最高的那一列反映了孩子的基本行为类型：A 型表示"坚决"，B 型表示"能言善辩"，C 型表示"软心肠"，D 型表示"谨慎"。

1/A. ____	1/B. ____	1/C. ____	1/D. ____
2/A. ____	2/B. ____	2/C. ____	2/D. ____
3/A. ____	3/B. ____	3/C. ____	3/D. ____
4/A. ____	4/B. ____	4/C. ____	4/D. ____

总分：A. ____ B. ____ C. ____ D. ____

（三）幼儿自我形象的简单评估

幼儿对自我的认识还处于刚刚萌芽的阶段，对于"自我"，他们还没有太多明确的观念。但是，儿童自我形象的建立对于他们的自信心、自主性的建立以及与他人的交往能力却有着非常重要的关系。因此，了解儿童对于自己的认识，也是了解儿童个性与态度的重要方面，而且，也有助于我们侧面地了解儿童的自信程度和交往能力。

以下是一个简单的评价表，用于了解儿童对自我形象的描绘。

我认为我……	从未	偶尔	几乎经常	经常
1. 聪明				
2. 每件事都能做得很好				
3. 学习成绩好				
4. 做任何事都很细心				
5. 擅长体育活动				
6. 能依照自己的意愿行事				
7. 快乐				
8. 有用				
9. 服从				
10. 友善				
11. 和气				
12. 讨人喜欢				
13. 长得漂亮				

成人应该和孩子一同做以上测验，并将孩子感受的答案写在另一张纸上。在成人说出问题时，语调应该是中性的。当孩子征求成人的意见时，成人坚持让儿童自己回答。回答时避免让孩子思考太长时间，最好能让孩子按直觉回答。

计分方法：只要考虑前两个答案，选择"偶尔"得 1 分，选择"从未"得 2 分。得分超过 10 分的孩子，可能欠缺自信心。

七、幼儿艺术能力发展的评价

艺术教育也是幼儿全面发展教育中的重要一环。对幼儿进行艺术教育，有助于萌发他们体验和感受美的能力和爱美的情趣，也有助于陶冶幼儿的性情，促进幼儿健康人格的发展。在实际工作中，我们常常发现，有艺术天分的孩子，并不一定有较高的智商，因此，通过艺术能力的评价，可以帮助我们全面地了解每一个孩子在发展水平上的差异，了解每个孩子的特点，更有助于我们重视和尊重幼儿间的个体差异和他们的发展潜能。以下我们介绍两种简单的测评幼儿艺术能力的方法。

（一）音乐才能核查表

这里我们介绍的是马乐·B.卡那斯（Merle B. Karnes）编制的简单的音乐才能核查表。该表的内容如下：

音乐才能核查表

1. 表现出对音乐活动的浓厚兴趣
2. 对音乐符号或情调反应敏感
3. 能够轻易地重复短节律
4. 唱歌很入调或几乎不走调
5. 能够很好地区分两个短节律是否相同
6. 能够轻易地单靠韵律来识别熟悉的歌曲
7. 在儿童自然的声阈范围内，能唱出与乐器同样声调的声音
8. 能够轻易地识别较高或较低的两个音调
9. 能够轻易地识别两个简短的旋律是否相同

（二）对幼儿美术活动的评价

这里介绍北京师范大学编制的幼儿美术活动观察评价标准，以方便教师使用。

项目	标准	水平
构思	A. 事先构思出主题和主要内容，动手之后围绕构思进行创造。 B. 预想出局部内容，完成一项后再做新计划。 C. 动笔后构思，由动作痕迹出发，想到什么画什么。 D. 只有动作活动，没有形象创造，表现为在纸上随意涂抹或反复捏泥、撕纸。	
主动性	A. 由自身愿望支配，主动进行美术活动。 B. 由特定材料引发，开始进行美术活动。 C. 看到别人从事美术活动，自己跟着做。 D. 在成人的要求下开始美术活动。	
兴趣性	A. 主动从事美术活动，对美术活动灌注大量热情，完全沉浸在活动之中，默默无语。 B. 欣然从命，愉快地从事活动，在做的过程中会自言自语地流露出愉快之情。 C. 对美术活动迟疑不前，活动中企图离开或张望别人做什么。 D. 拒绝参加美术活动。	

（续上表）

项目	标准	水平
专注性	A. 能较长时间持续从事一定的活动，不受外界的影响，有程度的标准。 B. 能在同年龄幼儿一般可维持的时间内持续从事活动，中途偶有离开的现象发生，但还会自动回来，直到活动完成。 C. 需要鼓励才能把活动进行完毕。 D. 不能把活动进行完，中途改变活动。	
独立性	A. 自己决定活动任务，解决问题，拒绝别人干涉，独立完成任务。 B. 主动请教他人，考虑别人的建议，然后自己完成任务。 C. 模仿他人完成自己的作品。 D. 接受并在他人的帮助下完成作品。	
创造性	A. 别出心裁地构思与利用材料进行造型。 B. 重新组织以前学过的造型式样、方法和技能进行造型。 C. 重复以前学过的造型式样、方法与技能造型。 D. 只按教师当时传授的造型式样、方法与技能造型。	
操作的熟练性	A. 掌握工具姿势正确、轻松，操作动作连贯、准确，一次完成动作，作品质量好。 B. 掌握工具姿势正确，操作动作平稳，但欠准确，中途有停顿，作品质量较好。 C. 掌握工具动作正确但笨拙，操作动作迟缓、准确性差，有失误不知，作品显得粗糙。 D. 掌握工具的姿势笨拙有误，只有重复性动作，不能完成作品。	
自我感觉	A. 自己认为很成功，主动请别人看自己的作品，并讲解作品的含义，能慷慨地将作品赠人。 B. 对自己的作品感觉满意，但不主动展示，听到别人的称赞感到愉快，希望保留作品。 C. 认为不太成功，接受别人的看法，希望将作品交给老师。 D. 感到沮丧，对别人的反应无动于衷或抵触，对作品去向不关心或毁掉作品。	
习惯	（一）工作顺序性 A. 有顺序、有步骤地完成作品。 B. 弄错步骤，发现后主动纠正，完成作品。 C. 想到什么就做什么，混乱中完成作品，作品有缺陷。 D. 只完成局部，作品半途而废。	
	（二）保持工具材料的秩序 A. 保持工具材料的固定位置，用时取出，用后放回。 B. 大致保持原位置，错放后能找到。 C. 一片混乱，用后乱放，取时找不到。 D. 不会取放，拿到什么用什么。	

八、幼儿行为问题的评定

对幼儿的行为问题进行纠正，是幼儿心理教育中的重要内容之一。但是，由于幼儿自我表达能力的局限性，尤其是对内部深层感受的语言表达能力的欠缺，检查幼儿的行为问题，就需要与幼儿接触最多的教师或家长通过对幼儿行为的观察来做出判断了。同时进行父母和教师的问卷调查，还可以得到较为可靠的信息，并有机会相互验证测量的信度。目前，国外已有一些用以测定儿童行为问题的父母与教师问卷，这里我们介绍的是应用最为广泛的两个常用量表。

（一）艾森博克儿童行为量表（Achenbach Child Behavior Check-list）

《艾森博克儿童行为量表》简称 CBCL，是目前用于评定儿童行为和情绪时使用较为广泛、包含内容较丰富全面的量表之一，适用于 4～16 岁的儿童。这一量表引进我国后，经徐韬园等在普通中小学生中调查测试，证明基本上可在我国推广应用。忻仁娥等通过调查制定出中国常模，修订成中国标准化版的 CBCL 儿童行为量表。

CBCL 主要用于筛查儿童社会适应方面的行为问题。它是一个综合性的儿童行为问题卷，由三部分组成。第一部分为一般资料，只作背景资料不评分。第二部分为社会适应情况，包括活动情况、社交情况和学校能力三部分，用以评定儿童的社会适应能力；包括七个因子：参加体育运动情况、课余爱好、参加集体活动情况、课余劳动、交友情况、与家人及其他儿童相处情况、在校学习情况。第三部分为行为问题，共 113 条，被归纳为以下因子：内向、外向、分裂样、抑郁、不合群、强迫、躯体主诉、社会退缩、多动、攻击、违纪。行为量表用以检测儿童各方面的行为问题。

CBCL 是父母问卷，由幼儿父母填写。记分方法很简单，只要存在相应的行为问题，即记 1 分，否则记 0 分，最后计算各因子得分。

在第二部分评价儿童社会适应能力时，得分越高，社会适应越好，低于 20 分者为可疑正常。

在第三部分进行行为问题儿童的检测时，按 CBCL 中国标准化版的筛查常模，凡有一个因子或一个以上因子总分超过第 95 百分位者，即被定为有行为问题的儿童。在对行为问题的性质进行确定时，当某一因子总分超过该因子常模水平者，可看作在该因子上有行为问题。

艾森博克儿童行为量表（CBCL）

（家长用，适用于4~16岁儿童）

第一部分：一般项目

儿童姓名：_____

性别：男□ 女□

年龄：_____ 出生日期（年月日）：_____

年级：_____ 民族：_____

父母职业（请填具体，例如车工、鞋店售货员、主妇等）

父亲职业：_____

母亲职业：_____

填表者：父□，母□，其他人□

填表日期：____年____月____日

第二部分：社交能力

Ⅰ．（1）请列出你孩子爱好的体育运动项目（例如游泳、打球等）

无爱好□

爱好：a.

　　　b.

　　　c.

（2）与同龄儿童相比，他（她）在这些项目上花去时间多少？

不知道□　　较少□　　一般□　　较多□

（3）与同龄儿童相比，他（她）的运动水平如何？

不知道□　　较少□　　一般□　　较多□

Ⅱ．（1）请列出你孩子在体育运动以外的爱好（例如集邮、看书、弹琴等，不包括看电视）：

无爱好□

爱好：a.

　　　b.

　　　c.

（2）与同龄儿童相比，他（她）花在这些爱好上的时间多少？

不知道□　　较少□　　一般□　　较多□

（3）与同龄儿童相比，他（她）的爱好水平如何？

不知道□　　较少□　　一般□　　较多□

Ⅲ．（1）请列出你孩子参加的组织、俱乐部、团队或小组的名称：

未参加□

参加：a.

      b.

      c.

（2）与同龄的参加者相比，他（她）在这些组织中的活跃程度如何？

不知道□　　较少□　　一般□　　较多□

Ⅳ.（1）请列出你孩子有无干活或打零工的情况（例如送报、帮人照顾小孩、帮人搞卫生等）

没有□

有：a.

     b.

     c.

（2）与同龄儿童相比，他（她）工作质量如何？

不知道□　　较少□　　一般□　　较多□

Ⅴ.（1）你孩子有几个要好的朋友？

无□　　1个□　　2~3个□　　4个及以上□

（2）你孩子与这些朋友每星期大概在一起几次？

不到1次□　　1~2次□　　3次及以上□

Ⅵ. 与同龄儿童相比，你孩子在下列方面表现如何？

	较好	差不多	较好
a. 与兄弟姐妹相处	□	□	□
b. 与其他儿童相处	□	□	□
c. 对父母的行为	□	□	□
d. 自己工作和游戏	□	□	□

Ⅶ.（1）当前学习成绩（对6岁以上儿童而言）

未上学□

	不及格	中等以下	中等	中等以上
a. 阅读课	□	□	□	□
b. 写作课	□	□	□	□
c. 算术课	□	□	□	□
d. 拼音课	□	□	□	□
其他课（如历史、地理、常识、外语等）				
e. _____	□	□	□	□
f. _____	□	□	□	□
g. _____	□	□	□	□

（2）你孩子是否在特殊班级？

不是□

是□，什么性质？

（3）你孩子是否留级？

没有□

留过□，几年级留级？

　　　　　留级理由：

（4）你孩子在学校里有无学习或其他问题（不包括上面三个问题）

没有□

有问题□，问题内容：

　　　　　问题何时开始：

　　　　　问题是否已解决？ 未解决□　　 已解决□

第三部分：行为问题

Ⅷ. 以下情况是描述你孩子的。只根据最近半年内的情况描述。每一项目后面都有三个数字（0、1、2）。如你孩子明显有或经常有此项表现，圈2；如无此项表现，圈0；有轻微表现，圈1。

（1）行为幼稚，与其年龄不符　　　　　　　　　　　　 0　1　2

（2）过敏性症状（填具体表现）　　　　　　　　　　　 0　1　2

（3）喜欢争论　　　　　　　　　　　　　　　　　　　 0　1　2

（4）哮喘病　　　　　　　　　　　　　　　　　　　　 0　1　2

（5）举动像异性　　　　　　　　　　　　　　　　　　 0　1　2

（6）随地大便　　　　　　　　　　　　　　　　　　　 0　1　2

（7）喜欢吹牛或自夸　　　　　　　　　　　　　　　　 0　1　2

（8）精神不能集中，注意力不能持久　　　　　　　　　 0　1　2

（9）老是想某些事物不能摆脱，有强迫观念（说明内容）　0　1　2

（10）坐立不安，活动过多　　　　　　　　　　　　　　0　1　2

（11）喜欢缠着大人或过分依赖　　　　　　　　　　　　0　1　2

（12）常说感到寂寞　　　　　　　　　　　　　　　　　0　1　2

（13）糊里糊涂，如在云里雾中　　　　　　　　　　　　0　1　2

（14）常常哭叫　　　　　　　　　　　　　　　　　　　0　1　2

（15）虐待动物　　　　　　　　　　　　　　　　　　　0　1　2

（16）虐待、欺侮别人或吝啬　　　　　　　　　　　　　0　1　2

（17）好做白日梦或呆想　　　　　　　　　　　　　　　0　1　2

（18）故意伤害自己或企图自杀　　　　　　　　　　　　0　1　2

（19）需要别人经常注意自己   0   1   2

（20）破坏自己的东西   0   1   2

（21）破坏家里或其他儿童的东西   0   1   2

（22）在家不听话   0   1   2

（23）在校不听话   0   1   2

（24）不肯好好吃饭   0   1   2

（25）不与其他儿童相处   0   1   2

（26）有不良行为后不感到内疚   0   1   2

（27）易嫉妒   0   1   2

（28）吃喝能作为食物的东西（说明内容）   0   1   2

（29）除怕上学外，还害怕某些动物、处境或地方（说明内容） 0   1   2

（30）怕上学   0   1   2

（31）怕自己想坏念头或做坏事   0   1   2

（32）觉得自己必须十全十美   0   1   2

（33）觉得或抱怨没有人喜欢自己   0   1   2

（34）觉得别人存心捉弄自己   0   1   2

（35）觉得自己无用或有自卑感   0   1   2

（36）身体经常弄伤，容易出事故   0   1   2

（37）经常打架   0   1   2

（38）常被人戏弄   0   1   2

（39）爱和出麻烦的儿童在一起   0   1   2

（40）听到某些实际上没有的声音（说明内容）   0   1   2

（41）冲动或行为粗鲁   0   1   2

（42）喜欢孤独   0   1   2

（43）撒谎或欺骗   0   1   2

（44）咬指甲   0   1   2

（45）神经过敏，容易激动或紧张   0   1   2

（46）动作紧张或带有抽动性（说明内容）   0   1   2

（47）做噩梦   0   1   2

（48）不被其他儿童喜欢   0   1   2

（49）便秘   0   1   2

（50）过度恐惧或担心   0   1   2

（51）感到头昏   0   1   2

（52）过分内疚   0   1   2

（53）吃得过多　　　　　　　　　　　　　　　　　　　0　1　2

（54）过分疲劳　　　　　　　　　　　　　　　　　　　0　1　2

（55）身体过重　　　　　　　　　　　　　　　　　　　0　1　2

（56）找不出原因的躯体症状　　　　　　　　　　　　　0　1　2

a. 疼痛　　　　　　　　　　　　　　　　　　　　　　0　1　2

b. 头痛　　　　　　　　　　　　　　　　　　　　　　0　1　2

c. 恶心想吐　　　　　　　　　　　　　　　　　　　　0　1　2

d. 眼睛有问题（说明内容）　　　　　　　　　　　　　0　1　2

e. 皮疹或其他皮肤病　　　　　　　　　　　　　　　　0　1　2

f. 腹部疼痛或绞痛　　　　　　　　　　　　　　　　　0　1　2

g. 呕吐　　　　　　　　　　　　　　　　　　　　　　0　1　2

h. 其他（说明内容）　　　　　　　　　　　　　　　　0　1　2

（57）对别人身体进行攻击　　　　　　　　　　　　　　0　1　2

（58）挖鼻孔、皮肤或身体其他部分（说明内容）　　　0　1　2

（59）公开玩弄自己的生殖器　　　　　　　　　　　　　0　1　2

（60）过多玩弄自己的生殖器　　　　　　　　　　　　　0　1　2

（61）功课差　　　　　　　　　　　　　　　　　　　　0　1　2

（62）动作不灵活　　　　　　　　　　　　　　　　　　0　1　2

（63）喜欢和年龄较大的儿童在一起　　　　　　　　　　0　1　2

（64）喜欢和年龄较小的儿童在一起　　　　　　　　　　0　1　2

（65）不肯说话　　　　　　　　　　　　　　　　　　　0　1　2

（66）不断重复某些动作，有强迫行为（说明内容）　　0　1　2

（67）离家出走　　　　　　　　　　　　　　　　　　　0　1　2

（68）经常尖叫　　　　　　　　　　　　　　　　　　　0　1　2

（69）守口如瓶，有事不说出来　　　　　　　　　　　　0　1　2

（70）看到某些实际上没有的东西（说明内容）　　　　0　1　2

（71）感到不自然或容易发窘　　　　　　　　　　　　　0　1　2

（72）玩火　　　　　　　　　　　　　　　　　　　　　0　1　2

（73）性方面的问题（说明内容）　　　　　　　　　　　0　1　2

（74）夸耀自己或胡闹　　　　　　　　　　　　　　　　0　1　2

（75）害羞或胆小　　　　　　　　　　　　　　　　　　0　1　2

（76）比大多数孩子睡得少　　　　　　　　　　　　　　0　1　2

（77）比大多数孩子睡得多（说明多多少）　　　　　　　0　1　2

（78）玩弄粪便　　　　　　　　　　　　　　　　　　　0　1　2

（79）言语问题（说明内容）　　　　　　　　　　0　1　2

（80）茫然凝视　　　　　　　　　　　　　　　　0　1　2

（81）在家偷东西　　　　　　　　　　　　　　　0　1　2

（82）在外偷东西　　　　　　　　　　　　　　　0　1　2

（83）收藏自己不需要的东西（说明内容）　　　　0　1　2

（84）怪异行为（说明内容）　　　　　　　　　　0　1　2

（85）怪异想法（说明内容）　　　　　　　　　　0　1　2

（86）固执、绷着脸或容易激怒　　　　　　　　　0　1　2

（87）情绪突然变化　　　　　　　　　　　　　　0　1　2

（88）常常生气　　　　　　　　　　　　　　　　0　1　2

（89）多疑　　　　　　　　　　　　　　　　　　0　1　2

（90）咒骂或讲粗话　　　　　　　　　　　　　　0　1　2

（91）声言要自杀　　　　　　　　　　　　　　　0　1　2

（92）说梦话或梦游（说明内容）　　　　　　　　0　1　2

（93）话太多　　　　　　　　　　　　　　　　　0　1　2

（94）常戏弄他人　　　　　　　　　　　　　　　0　1　2

（95）乱发脾气或脾气暴躁　　　　　　　　　　　0　1　2

（96）对性的问题想得太多　　　　　　　　　　　0　1　2

（97）威胁他人　　　　　　　　　　　　　　　　0　1　2

（98）吮吸大拇指　　　　　　　　　　　　　　　0　1　2

（99）过分要求整齐清洁　　　　　　　　　　　　0　1　2

（100）睡眠不好（说明内容）　　　　　　　　　0　1　2

（101）逃学　　　　　　　　　　　　　　　　　0　1　2

（102）不够活跃，动作迟钝或精力不足　　　　　0　1　2

（103）闷闷不乐，悲伤或抑郁　　　　　　　　　0　1　2

（104）说话声音特别大　　　　　　　　　　　　0　1　2

（105）喝酒或使用成瘾药（说明内容）　　　　　0　1　2

（106）损坏公物　　　　　　　　　　　　　　　0　1　2

（107）白天遗尿　　　　　　　　　　　　　　　0　1　2

（108）夜间遗尿　　　　　　　　　　　　　　　0　1　2

（109）爱哭诉　　　　　　　　　　　　　　　　0　1　2

（110）希望成为异性　　　　　　　　　　　　　0　1　2

（111）孤独，不合群　　　　　　　　　　　　　0　1　2

（112）顾虑重重　　　　　　　　　　　　　　　0　1　2

（113）请写出你孩子存在的但上面未提及的其他问题。

_____

_____

_____

注：①请检查一下是否每条都已填好；

②请在你最关心的条目下画线。

（二）拉特儿童行为问卷

拉特（Rutter）儿童行为问卷是国内外儿童行为问题诊断运用较广泛的量表之一。该量表由英国儿童精神病学专家拉特设计，20 世纪 80 年代传入我国。拉特儿童行为问卷分为父母问卷和教师问卷两种形式。按照不同的症状组合分为反社会行为（A）和神经症行为（N）。量表中 A 分大于 N 分者，为反社会行为亚型；N 分大于 A 分者，为神经症亚型。

拉特行为量表包括 31 项症状，以 "0、1、2" 三级评分，确定有行为问题的标准是：在父母问卷中量表总分大于或等于 13 分；在教师问卷中量表总分大于 9 分。下面是该量表的全文。

拉特儿童行为问卷

（父母问卷）

请根据您孩子最近一年的情况，按照 0、1、2 三级评分填到括号内。

有关健康问题（1－8 项）：

0 = 从来没有

1 = 有时出现，不是每周 1 次

2 = 至少每周 1 次

1. 头痛 ……………………………………………………………………………………（ ）

N2. 肚子痛或呕吐 ……………………………………………………………………（ ）

3. 支气管哮喘或哮喘发作 ………………………………………………………（ ）

4. 尿床或尿裤子 ……………………………………………………………………（ ）

5. 大便在床上或裤子里 …………………………………………………………（ ）

6. 发脾气（伴随叫喊或发怒动作） ………………………………………（ ）

N7. 到学校就哭或拒绝上学 ……………………………………………………（ ）

8. 逃学 ……………………………………………………………………………………（ ）

其他行为问题：

0 = 从来没有

1 = 轻微或有时有

2 = 严重或经常出现

9. 非常不安，难以长期静坐 ……………………………………（　）

10. 动作多，乱动，坐立不安 ……………………………………（　）

A11. 经常破坏自己或别人的东西 …………………………………（　）

12. 经常与别的儿童打架或争吵 …………………………………（　）

13. 别的孩子不喜欢他 ……………………………………………（　）

N14. 经常烦恼，对许多事都心烦 …………………………………（　）

15. 经常一个人待着 ………………………………………………（　）

16. 易激怒或勃然大怒 ……………………………………………（　）

17. 经常表现出痛苦、不愉快、流泪或忧伤 ……………………（　）

18. 面部或肢体抽动和作态 ………………………………………（　）

19. 经常吸吮拇指或手指 …………………………………………（　）

20. 经常咬指甲或手指 ……………………………………………（　）

A21. 经常不听管教 ………………………………………………（　）

22. 做事拿不定主意 ………………………………………………（　）

N23. 害怕新事物和新环境 …………………………………………（　）

24. 神经质或过分特殊 ……………………………………………（　）

A25. 时常说谎 ……………………………………………………（　）

A26. 欺负别的孩子 ………………………………………………（　）

日常生活中的某些习惯问题：

0 = 从来没有

1 = 轻微或有时有

2 = 程度严重或经常出现

27. 有没有口吃（说话结巴）……………………………………（　）

28. 有没有言语困难，而不是口吃（如转述别人的话有困难）……（　）

如果有，请描述其困难程度_____

A29. 是否偷过东西 ………………………………………………（　）

①不严重，偷小东西（如钢笔、糖、玩具，少量）

②偷大东西

③上述两类全偷

①在家里偷

②在外边偷

③在家和外面都偷

①自己一个人偷

②与别人一起偷

③有时自己偷，有时与别人一起偷

30. 有没有进食不正常 ……………………………………………………… （   ）

如果有，是：①偏食，②进食少，③进食过多。如果是其他，请描

述_____

N31. 有没有睡眠困难 …………………………………………………… （   ）

如果有，是：①入睡困难，②早晨早醒，③夜间惊醒。如果是其他，请描

述_____

＊29、30、31 三项各有①、②、③，请在"是"的项目前画"√"。

问卷总分_____

       A _____

       N _____

调查者_____

调查日期_____

（教师问卷）

有关健康和行为问题

0 = 从来没有

1 = a. 有时出现，不是每周一次

    b. 症状轻微

2 = a. 至少每周一次

    b. 症状严重或经常出现

N1. 头痛或腹痛 …………………………………………………………… （   ）

2. 尿裤子或大便在裤子里 ………………………………………………… （   ）

3. 口吃 ……………………………………………………………………… （   ）

4. 言语困难 ………………………………………………………………… （   ）

5. 为轻微理由就不上课 …………………………………………………… （   ）

N6. 到学校就哭或拒绝上学 ……………………………………………… （   ）

7. 逃学 ……………………………………………………………………… （   ）

8. 注意力不集中或短暂 …………………………………………………… （   ）

9. 非常不安，难以长时静坐 ……………………………………………… （   ）

10. 动作多，乱动，坐立不安 …………………………………………… （   ）

A11. 经常破坏自己或别人的东西 ……………………………………… （   ）

12. 经常与别的儿童打架或争吵 ………………………………………… （   ）

13. 别的孩子不喜欢他 …………………………………………………… （   ）

N14. 经常引起烦恼，对许多事情心烦 ·················· （　）

15. 经常一个人待着 ······································ （　）

16. 易激怒或勃然大怒 ·································· （　）

17. 经常表现出痛苦、不愉快、流泪或忧伤 ·············· （　）

18. 面部或肢体抽动或作态 ···························· （　）

19. 经常吸吮拇指或手指 ······························ （　）

20. 经常咬指甲或手指 ································ （　）

A21. 经常不听管教 ·································· （　）

A22. 偷东西 ·· （　）

A23. 害怕新事物和新环境 ···························· （　）

24. 神经质或过分特殊 ································ （　）

A25. 时常说谎 ······································ （　）

A26. 欺负别的小孩子 ································ （　）

总分＿＿＿＿＿＿＿＿＿＿＿＿＿＿

A ＿＿＿＿＿＿＿＿＿＿＿＿＿＿

N ＿＿＿＿＿＿＿＿＿＿＿＿＿＿

（三）注意力—多动障碍的诊断标准

注意力—多动障碍即我们通常所说的"多动症"，目前在医学界还没有一个明确的诊断标准来评价和判断这种精神障碍。美国精神病学会颁发的《精神障碍的诊断与统计手册》是一个较为权威的诊断注意力—多动障碍的工具。1991年美国《精神障碍的诊断与统计手册》第四版对注意力—多动障碍的诊断进行了修订，开始从注意力和多动—冲动两方面分别来诊断这种精神障碍，并把这种精神障碍分成两个类型，即以注意力为主的缺损和以多动—冲动为主的缺损。手册还规定注意力—多动障碍必须具备跨越至少两种以上场合的一致性，即在家中和在学校中都必须表现出此症状才符合要求。也就是说，教师和家长都应该对注意力—多动障碍的过程进行了解，这样才能使诊断和评估客观而标准。以下是美国《精神障碍的诊断与统计手册》中诊断注意力—多动障碍的诊断标准。

《精神障碍的诊断与统计手册》第四版诊断标准

注意力

以下症状如果出现6个月以上，并且至少具有其中的6个，并严重到不能适应环境和与发展水平明显不一致，可被认为是注意力障碍。

1. 在完成学校作业或其他活动中经常不能密切注意细节或经常犯粗心的错误。

2. 在游戏和完成任务中，难以集中注意。

3. 经常不听或不理解别人对他讲的话。

4. 难以遵守他人指令或经常不能完成学校作业。

5. 经常难以对任务和活动进行组织。

6. 在要求付出心理努力的学校课业和家庭作业方面经常难以投入。

7. 在家中或在学校经常丢失与学习任务和游戏有关的物品（如玩具、铅笔、书籍和作业本等）。

8. 容易被与当前任务无关的刺激所分心。

9. 在日常活动中经常丢三落四。

多动—冲动

如果下列症状出现 6 个月以上，并且至少有其中的 4 个，并严重到不能适应环境和与发展水平明显不一致，可被认为是多动—冲动障碍。

1. 在座位上手脚经常动个不停。

2. 在被要求坐好的场合或上课时，经常离开座位。

3. 不合时宜地乱跑乱动（到青春期后，或只表现为主观感觉上烦躁不安）。

4. 在游戏中，经常难以安静地参加或投入。

5. 在所提问题还未说完时，就抢先回答。

6. 在集体活动或游戏中，难以按顺序等待。

思考与讨论

1. 幼儿心理发展的特点是什么？

2. 影响幼儿心理发展的因素有哪些？

3. 如何建立幼儿心理发展档案？

4. 如何评价幼儿动作发展？

5. 如何评价幼儿的智力、想象力和创造力？

6. 如何评价幼儿的社交能力？

7. 如何评价幼儿的态度与性格？

8. 如何评定幼儿的行为问题？

第五章 幼儿心理健康教育的课程设计与课例

本章要点

- ☐ 幼儿心理健康教育的课程设计
- ☐ 幼儿心理健康教育的教学方法
- ☐ 幼儿心理健康教育课程评估
- ☐ 智力与创造力的培养
- ☐ 情感与挫折教育
- ☐ 自信心与合作性培养

第一节 幼儿心理健康教育的课程设计

心理健康教育课程是以培养个体良好的心理素质为目的的专门课程，是学校心理健康教育工作的一个重要途径。与其他形式的心理健康教育相比较，心理健康教育课程具有系统性、连续性和目的明确性等特点，因此它是心理健康教育最重要和最直接的形式。那么如何在幼儿园进行心理健康教育课程的教学呢？我们曾在广州华景幼儿园大班进行了幼儿心理健康教育课程的实验研究，下面以此为例，说明幼儿心理健康教育课程的设计和教学方法。

一、确立课程教学目标

确立心理健康教育课程的目标，实际上就是挑选所要培养训练的心理素质或心理特征。因为个体的心理特征有许多，在一次实验中，不可能对所有的心理特征都加以培养，面面俱到反而无所适从，必须有针对性地、有选择地加以培养。在进行心理健康教育课程的教学之前，我们为学生进行了心理测试，测量了他们的智力、气质、态度、性格、行为问题等方面，并在此基础上建立心理档案。通过测试，发现学生在理解能力、创造力、学习兴趣、合作精神、责任感、挫折容忍力等方面相对比较薄弱。以此为根据，同时遵循心理健康教育课程目标制定的原则，我们为心理健康教育课程确立了如下具体目标：

1．智能
①理解能力；②逻辑思维能力；③联想能力；④创造力。

2．学习兴趣
①好奇心；②求知欲；③发现问题的能力。

3．社会适应性
①集体观念；②合作精神；③责任感。

4．自主坚强的意志特征
①自信心；②挫折容忍力。

二、设置教学内容

围绕上述教学目标，针对 5～6 岁儿童的心理特点和知识水平，我们设置了如下教学内容。

1. 理解能力训练——说说它的含义

2. 概念的形成——什么是动物

3. 创造力培养——砖头的妙用

4. 好奇心的激发与培养——磁铁真好玩

5. 兴趣的培养与发展——我喜欢……

6. 解决问题能力训练——我该怎么办

7. 合作意识的培养——小动物抬水比赛

8. 合作性训练——小拖鞋制造厂

9. 责任感意识的培养——哪种做法对

10. 责任感训练——吃了糖果之后……

11. 自信心的提高——优点“轰炸”

12. 体验挫折——我未达标时……

13. 应付挫折——当自己失败的时候

三、选择教学方法

心理健康教育课程主要是通过教师与学生共同活动来进行的，因此我们把这些共同活动的方式看成是心理健康教育课程的教学方法。心理健康教育课程的教学方法主要有认知法、操作法、集体讨论法、角色扮演法、行为改变法几大类。在幼儿园或小学低年级，考虑到儿童的身心发展特点，我们主要采取如下教学方法。

1. 讲解法

这种方法是通过教师的讲述，使学生明白一些道理。如在"合作性训练"中，在演示了"一根筷子易折断，一把筷子折不断"之后，老师用讲解法使学生明白合作性的重要性。讲解法还包括讲故事，利用儿童喜欢听故事的心理，讲述一些与心理健康教育有关的故事，如创造力培养，可以讲述"司马光砸缸"的故事。

2. 游戏法

在幼儿园和小学低年级进行心理健康教育，游戏法是最主要的方法之一，因为游戏是他们最喜爱的活动。游戏有多种分类，它可分为竞赛性游戏和非竞赛性游戏；也可分为角色游戏、表演游戏、结构游戏、音乐游戏、智力游戏等。不同种类的游戏可起到不同的心理健康教育作用。如竞赛性游戏可以培养学生的竞争意识和合作精神；非竞赛性游戏可以减轻紧张或焦虑，获得轻松愉快的情绪体验。

3. 讨论法

讨论法可以沟通思想和感情，激发儿童参与的热情，加深儿童的认识，因此也是一种常用的方法。如脑力激荡法，利用集体思考和讨论的方式，使思想观念相互激荡，发生连锁反应，以引起更多的意见或想法。此法可应用于创造力训练、解决问题能力训练等课程之中。运用此法时，严禁批评，让学生自由畅想，想得越多越好，可以对别人的想法加以改进和组合。讨论法可以全班讨论，也可以小组讨论。

4. 角色扮演法

角色扮演法是一种通过行为模仿或行为替代来影响个体心理过程的方法。它是让学生以一种类似游戏的方式，表演出自己的心理或行为问题，进而起到增进自我认识、减轻或消除心理问题、提高心理素质的作用。如在责任感意识的培养中，教师让学生表演了如下情景："玲玲在幼儿园摔了一跤，老师叫小明和小红到医务室拿万花油。途中，小明和小红看到两只花蝴蝶飞来飞去。小明忍不住跑去捉蝴蝶了，并且要小红也去。但小红想到老师交给自己的任务还没有完成，就没有去捉蝴蝶。小红一个人到医务室拿了药给玲玲。"由于角色扮演法生动活泼，不但能发展心理素质，而且能提高学生多方面的能力，因此是一种常用的教学方法。

在心理健康教育课程的设计中，要把以上方法结合起来应用，才能收到最佳效果。

四、课程设计思路

我们在实验中，采用主题系列单元设计的方式。先确立几个主题，然后围绕同一个主题设计几个不同的单元，循序渐进。根据目标，我们设计了四个主题：①提高思维能力；②激发学习兴趣；③培养合作性和责任感；④发展自我意识。每个主题安排了3~4个教学单元。如"培养合作性和责任感"这个主题中，我们安排了4个单元：小动物抬水比赛、小拖鞋制造厂、哪种做法对、吃了糖果之后。这四个单元分别从意识和行为两方面培养学生的合作性与责任感。每个星期除完成一个单元的专门教学外，这个星期的其他活动都围绕这一单元而展开，把心理健康教育的内容渗透到各科教学与游戏之中。

在一个单元设计中，要考虑和明确单元的教学目标、课时、教学场地、教学活动方式、教学前所需的准备工作、教学活动的程序等。其中主要部分是该单元的教学活动程序或步骤。例如，在理解能力训练中，我们在一个单元的教学中，安排了下面环节：①动作的理解：猜猜他在做什么；②单张图片的理解：讲述图片上所发生的事；③系列图片的理解：讲述图片中的故事；④词语的理解：对与图片有关的某些词语给予解释。通过这样几个步骤，由浅入深，由形象到抽象，全面训练学生的理解能力，使整个设计浑然一体。

课题设计的具体情况，可参见下面的幼儿心理健康教育的课例。

第二节　幼儿心理健康教育课程的评估

心理健康教育课程是否有有效性及有效性程度有多大？这个问题需要通过教育评价来解答。一个完整的心理健康教育的教学过程必须包括评价这个方面。评估，亦称评价，它是采用统一认定的标准，用系统、客观、科学的方法，收集与了解心理健康教育活动实施的成效，予以一种价值判断，作为改进与决策的依据的过程。评估的目的是收集与了解心理健康教育对学生的施行情况，对施行情况给予好与坏、成功与失败的价值判断。

一、幼儿心理健康教育课程评估的原则

由于心理健康教育活动评估的范围广、内容多，重点有所不同，有必要确定若干评估原则，以供具体评估活动参考。

1. 符合性

心理健康教育评估应符合心理健康教育的目标。心理健康教育的目标既是心理健康教育活动设计的目标，也应该是心理健康教育活动评估的基准。同时，心理健康教育评估的方式方法也应该按照目标来确定。不同性质的目标，应该采用不同的评估方式和方法。

2. 综合性

心理健康教育评估应该是综合性的，应包括多方面的内容，认知目标、情感态度目标与行为技能目标都应包括在内，而不是单方面的评价。为了教师与家长能全面了解幼儿的情况，了解其个性心理特点、长处与短处，采取有针对性的和有效的教育方法与措施以促进幼儿的健康发展，这就要求评估资料具有全面性与完整性。完整的评估资料应该包括以下内容：①学生一般情况的记录，如家庭情况、成长与健康状况、学习情况、品行状况等。②教育成果资料，如幼儿长期的追踪材料，幼儿心理测验结果，与家长谈话记录，对幼儿的观察记录，心理健康教育前后变化情况等。③心理健康教育的评估及意见反馈资料，以反映教师、家长与幼儿对心理健康教育活动的看法。

3. 适应性

幼儿心理健康教育评估要适应幼儿心理的特点，其评估内容、评估方法与评估过程都要适应幼儿心理特点；否则，难以取得有效的评估资料与结论。心理健康教育强调面向全班幼儿，培养幼儿全面平衡心理素质，因此，不赞成那种名次排列比较的评估方式，而重视诊断性与发展性的评估方式。其目的是通过评价，诊断幼儿、教师以及教与学中存在的问题、缺点与优点，从而解决问题，弥补缺陷，发展长处。

4. 科学性

幼儿心理健康教育评估的工具与方法必须是客观的与科学的。幼儿心理健康教育的评估工作应该根据心理健康教育工作计划拟定科学的评估方案，设定

客观的评估标准，采用有效的评估工具与方法，通过明确而具体的评估步骤来进行，以保证评估结果的客观性、准确性和有效性，避免或减少评估人员主观臆测。

第一，多样性，要使用多种多样的方式方法进行评估。在评估过程中，可应用现场观察、查阅书面资料与记录、面谈、口试与笔试、心理测验等方式方法。多种方法的使用所得资料才能全面，相互印证，获得可信的结论。

第二，多重性，参加评估的人员应该是多重性的。除了老师之外，幼儿自己、同伴及家长都可以作为评估人员参与评估活动，从而了解幼儿成长的各方面的信息，有利于调整教学方法与手段以适应各方面的需要。特别是要鼓励幼儿自我评价，以便增强自我驱动、自我监督与自我调节的能力。

二、幼儿心理健康教育课程评估的类型

一般说来，教育评估分为既相互联系又相互区别的三种类型：起始评价、过程评价和终结评价。

1. 起始评价

所谓起始评价就是在教育教学活动开始之前进行的教育心理评价，它的主要任务是评价学生进入新的教学活动前所具有的前提条件如何，包括对学生能力、个性特点、各种优点和缺点、各种心理或行为问题类型等的识别。其目的是把握学生所具有的不同学习准备状态，就能力、兴趣、性格和心理问题对学生进行定性和定量的评估，然后制定相应的教学策略和教学方法。起始评价所得的资料既可作为课程设计参考，又可作为评价课程教学效果的依据，因为将课程开始时学生的状况与结束时的状况相比较，就可以了解课程教学的有效性及其程度。起始评价的方法有许多，包括查阅学生以往的记录、心理档案、教师对学生的评价以及采用各种心理测验的方法把握学生心理特点和心理行为问题等，这里就不一一列举了。

2. 过程评价

过程评价是在教育与教学进行过程中实施的评价。其目的是收集有关学生与教育教学活动的信息，从而为心理健康教育与教学的调整提供及时的反馈信息。这里提供两个示范性的过程评价量表。

A. 课堂气氛记录表（教师用）

年　月　日

主题内容：

课堂气氛：

学生间的相互反应：

偶发事件及处理：

教学效果评价：

教学建议：

教师签名：

B. 学生课堂行为评量表

说明：第一，在姓名栏上填写所有学生的姓名；第二，观察每一位学生每项行为出现的次数，在格子上画记，并计出总数，作为课堂教学效果的具体依据。第三，在"检讨与建议"栏写下总评、注意事项与处理方法，供下次活动参考。

幼儿课堂行为评价量表

成　员　行　为 　　　成员编号	1	2	3	4	5	6	7	8	9	10	总计	检讨与建议
抗拒行为 1. 独裁敌对												
2. 沉默退缩												
3. 缺席												
4. 自以为是、自大												
5. 吵闹不守秩序												
6. 开玩笑												
7. 管家婆												
操纵行为 8. 爱讲些无关话												
9. 成为指责批评目标												
10. 依赖、屈从别人												
11. 批评、语言攻击												
协助行为 12. 倾听												
13. 遵照指示活动												
14. 领导												
15. 自我开放												

（续上表）

成 员 行 为 ＼ 成 员 编 号		1	2	3	4	5	6	7	8	9	10	总计	检讨与建议
情绪行为	16. 守密												
	17. 发泄否定行为												
	18. 肢体攻击												
	19. 哭泣												
	20. 情绪激动												
动作化行为													
检讨与建议													

3．终结评价

终结评价通常在心理健康教育活动或教学课程结束时所进行的结果评定，包括评定学生的进步和评定心理健康教育与教学活动的有效性。终结评价的两个方面是相互联系的，学生的进步大表明教育或教学活动有效；反之，教育与教学活动有效，学生的进步应比较大。当然，终结评价的两个方面的着眼点或侧重点有所不同，前者着眼于学生及其学习活动，强调对学生进步程度与存在问题的了解。而后者着眼于教师及其教育与教学活动，强调对教师的教育与教学活动效果以及优缺点的评价，以便为改进心理健康教育与教学提供资料与依据。

三、心理健康教育课程的评估过程

一个完整的评估过程，应该包括以下几个步骤：

第一，确定评估的目标。一切方法与程序，均依目标而定。实施心理健康教育评估之前，应确定评估的目标，以便确定评估的方法与程序。

第二，确定评估的项目。评估项目是多方面的，如心理健康教育工作的组织与运作；心理健康教育工作计划；心理健康教育师资；心理健康教育经费与设备；心理健康教育资料与档案；心理健康教育活动实施情况等。

第三，设计评估表。评估项目确定之后，可以进一步设计评估量表，量表的设计应该是使用方便、准确可靠的，表内的评价项目及内容要明确具体，各项可分为不同等级，如优、良、中、差四个等级。

第四，挑选评估人员。评估人员应当有一定的专业知识，有相关的经验与公正求实的科学精神。

第五，实施评估计划。准备就绪之后，就按照计划展开评估活动，收集信息资料。

第六，对评估结果进行综合性的检讨，写出评估报告。

第七，评估资料的运用。应用评估资料来判断心理健康教育活动所取得的成效，鼓励先进，推动后进，发现问题与解决问题。

第三节　幼儿心理健康教育课程举例

我们分别阐述了智力开发、创造力培养、自信心培养、情感教育、合作性教育和挫折教育等六个方面的课程设计的理论依据、设计思路与课例。

一、幼儿智力开发

（一）感知练习

感知能力是智力的源泉，是学习能力的基础。心理学家认为，儿童学习能力的发展顺序是相对固定不变的，一般总是由感觉动作阶段开始，向知觉动作阶段发展，最后是概念符号的智慧。如图 5 - 1 所示。

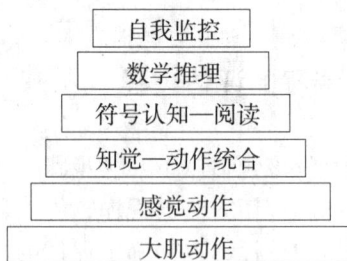

| 自我监控 |
| 数学推理 |
| 符号认知—阅读 |
| 知觉—动作统合 |
| 感觉动作 |
| 大肌动作 |

图 5 - 1　学习能力发展顺序

学习能力的发展是一个由低到高的、自然而然的过程，前面的能力发展好了，后面的学习能力才能顺利发展起来。感知能力的发展主要是在幼儿阶段，如果发展不好，则可能导致小学、中学的学习障碍，影响今后智力的发展。因此，感知练习是幼儿阶段智力开发的重点内容之一。如果不注意训练感知能力，而过早地对幼儿进行识字、写字、阅读、算术的教学，结果可能是适得其反的。如何开展感知练习呢？其形式主要有如下几种。

1. 看

例如给每个幼儿一个橘子，让他们仔细观察其外形、颜色等特征，让他们谈论自己的橘子和别人的橘子有何不同，然后剥开橘子观察其颜色、形状、纹理等特征，并加以讨论，最后吃掉。

2. 听

让幼儿静静地坐着，听周围环境的声音，先听近处的，再听远处的，让声音唤起幼儿的想象与记忆。听完之后，让幼儿把自己听到的表达出来。教师也可以先录好一种声音，如下雨声、敲门声、钥匙声、小朋友上课的声音等，放出来让幼儿听，再表述自己听到了什么。

3. 闻

教师事先准备好一些小瓶子，瓶子里装着气味不同且是幼儿熟悉的东西，如菜油、花生油、香水、咖啡等，让幼儿闻，之后讨论由不同气味所引起的联想和记忆。

4. 摸

可以在一个布袋里装上多个形状、材料、质地不同的物体，这些物体可以是幼儿熟悉的，也可以是不熟悉的，如杯子、石子、珊瑚、毛绒玩具等，让幼儿集中精神用手触摸，然后说出自己所摸到的东西。

5. 尝

让幼儿尝不同味道的东西，如糖水、盐水、酸梅、辣椒等，然后说出自己所想到的东西。

6. 猜动作

教师或幼儿做出一种动作，请其他幼儿猜这个动作的含义是什么，如做出看书、吃饭、洗衣、打球等动作，让幼儿猜。

7. 信任行走

信任行走也叫学盲人走，练习时，两人一组，一个人扮演盲人，另一个人扮演领路者，在室内行走，"盲人"不但要穿过一些障碍物，如绕过桌子，而且要靠听、闻、摸来鉴别物体。每个人都要扮演两种角色。练习后，可以让幼儿谈谈自己的感受。

（二）思维训练

思维是智力的核心，是智力的集中表现。在感知训练的基础上，我们更要致力于幼儿思维能力的提高。一个人的思维发展要经历从直观行动思维到具体形象思维再到抽象逻辑思维的过程。直观行动思维是 3 岁以前婴儿的主要思维形式，具体形象思维是 3 岁以后幼儿的主要思维形式，到了五六岁时，抽象思维开始萌芽，为他们入学奠定了智力的基础。幼儿时期是思维发生发展的关键时期，因此，对幼儿进行思维训练是早期智力开发的重要任务。

如何对幼儿进行思维训练呢?

1. 归类与分类训练

归类和分类活动是提高幼儿思维能力的一条有效途径，幼儿通过大量的分类活动，能锻炼和提高分析综合能力和抽象概括能力。可以先让幼儿按事物的外部特征来分类，再让幼儿按事物的内部本质特征进行归类，循序渐进。下面是从易到难的几种分类活动。

按颜色分类:如找出房间里的东西什么是红色的，什么是蓝色的，什么是黄色的。

按形状分类:把各种形状的几何图形卡片放在桌上，让幼儿把三角形、方形、圆形分别挑出来;还可以让幼儿在教室中找出形状相同的东西。

按大小分类:准备除大小以外其他方面都相同的成对物品，准备几对，如一个大杯子和一个小杯子，一个大盒子和一个小盒子，一个大皮球和一个小皮球，一个大苹果和一个小苹果，让幼儿把大的放一边，把小的放另一边。

按功用分类:如哪些东西可以吃?哪些东西可以写?哪些东西可以喝?哪些东西可以骑?哪些东西可以穿?鼓励幼儿答得越多越好。

按地点分类:如让幼儿思考，哪些东西在天上飞，哪些东西在地上跑，哪些果实结在树上，等等。也可以让幼儿看图回答:哪些是海里的，哪些是山上的，哪些是河里的，哪些是家里的。

按事物的属性分类:如按动物、植物、水果、交通工具等进行分类，在分类活动中把这些概念教给幼儿。

按物品的材料分类:如让幼儿在屋子里找一找，哪些东西是木头做的，哪些东西是金属做的，哪些东西是橡胶做的。

综合分类:例如，把各种建筑物、各种人物、各种交通工具、各种动物、各种植物的图片打乱放在桌子上，让幼儿把同一类的东西挑出来，然后问他为什么这样分?并分别说出各类的名称。鼓励幼儿想出新的分类方法，从多种角度分。

2. 让幼儿学会比较

可以让孩子进行一些专门的比较训练，包括:比较大小、比较高矮、比较长短、比较上下、比较厚薄、比较轻重、比较粗细、比较颜色深浅、比较温度高低、比较声音强弱、比较粗糙与光滑等。

在进行以上单因素的比较之后，就可以让幼儿比较两个物体的异同，进行综合训练，如比较鸭子和鹅、西红柿和柿子、两幅画等。

3．教幼儿学会推理

图形排列推理：例如，打"？"的地方应该填一个什么样的图形？

① △　○　△　○　△　？

② ⇧　⇩　⇧　⇩　⇧　？

③ ·　··　···　·　··　？

数字、汉字排列类推：如下列题目，从括号里选一个填空。

① 0 1 2 3 0 1 2 ？　　（0　1　2　3）

② 9 8 7 0 7 ？ 9　　　（0　7　8　9）

③ 人 大 天 人 大 天 人 大 ？（天　人　大）

④ 众 人 众 ？　　　　（众　人）

因果关系推理：日常生活中存在着许多因果关系，例如，早上起床后，看到地上有很多水，就问孩子："昨晚的天气怎么样？"让幼儿观察煮饭的全过程，问他："为什么会有蒸汽冒出来？"

演绎推理：心理学家的研究证明，演绎推理也可以在幼儿阶段进行训练，训练后，可以使幼儿的演绎推理能力大幅度提高。不过这种训练要和幼儿的操作过程结合起来。例如：在幼儿面前放一盆水和许多不同材料的物品，如积木、木球、扣子、瓶盖、皮球、铁钉、玻璃珠、树枝等，让幼儿把这些物品一一放在水里，并把能浮起来的东西挑出来，看看是什么材料做的。然后再找一个木制的东西如木梳，问孩子："这是什么做的？把它放在水里能浮起来吗？"如果孩子说能，但说不出为什么时，就把推理的方法告诉他："你刚才看到，木制的东西都会浮起来，这个梳子是木制的，所以，它会浮起来。"然后让孩子再重复说一遍。

4．鼓励幼儿解决实际问题

教师可以设计一些问题情境来启发幼儿思考，在解决实际问题的过程中提高他们的思维能力。如："皮球掉进了深坑里怎么办？""一个人在家，突然停电了怎么办？""气球挂在树上下不来，怎么办？"鼓励幼儿用多种方法解决问题。

（三）课例

感受味道（大班）
——感知联想能力

［活动目标］

1. 学会运用"先……然后……接着……最后"句式进行连贯讲述。

2. 学习运用看、尝、听三种感觉进行通感联想，感受味道与音乐、色彩的互通性，发展幼儿的感知能力，培养审美情趣。

［活动准备］

1. 丰富幼儿有关冷暖色调方面的知识，制作表示冷暖色调的颜色卡。

2. 布置"味道城"，内有各种食品，制作品尝酸、甜、苦、辣时的表情标志卡。

3. 幼儿操作材料：分别画有梅子、白糖、辣椒、苦瓜的图片和句式底版，人手一份。

先……	然后……	接着……	最后……

（空格内摆实物图片）

［活动过程］

1. 引导幼儿品尝食品，感受不同的味道。

（1）幼儿到"味道城"品尝梅子、白糖、辣椒等实物，提醒幼儿一样一样地尝，要闭上眼睛慢慢地体验。

（2）幼儿边自由品尝，边与同伴交流自己的感受。

2. 组织幼儿谈感受，学习用"先……然后……接着……最后"的句式连贯讲述。

（1）引导幼儿回忆品尝过程："味道城"里有什么？它们的味道有什么不同？各是什么味道？尝到酸味时你的感觉怎么样？尝到甜味、苦味、辣味时你的感觉又怎么样？

（2）引导幼儿讲述品尝过程：先尝什么，味道怎么样？然后尝什么，味道怎么样？接着尝什么，味道怎么样？最后尝什么，味道怎么样？

（3）幼儿边在句式底版上摆放图片，边运用句式连贯讲述。

3. 拓展幼儿思路，了解更多的味道。

（1）启发幼儿说出更多酸、甜、苦、辣味道的食物。

（2）启发幼儿说出更多的味道，如先苦后甜，又酸又甜等。

4. 进行通感联想，感受味道与音乐、色彩的互通性。

（1）欣赏乐曲《二泉映月》，启发幼儿说出对乐曲的感受，并将这种感受与品尝味道时的感受和对色彩的感受联系起来。

（2）幼儿找出自己所联想到的表情标志卡和颜色卡，与同伴交流自己的感受。

（3）欣赏乐曲《喜洋洋》，方法同上。

（4）教师对味道、音乐、色彩的互通性进行简单小结，激发幼儿再次探究的愿望。

［评析］

这次活动设计符合幼儿的感知特点，让幼儿亲自品尝食物，丰富了幼儿的直接经验；规范了讲述的格式，弥补了幼儿讲述时常见的语无伦次的缺陷，使讲述更有条理。

通感联想，是这次活动的突出特点，它使幼儿对酸、甜、苦、辣味道的感受在语言、情绪、情感等方面得到了有效的拓展。从心理健康教育的角度来看，这次活动不仅培养了幼儿的感知联想能力，而且促进了幼儿对情绪的认知，有利于幼儿情感特别是美感的发展。

说说它的含义
——理解能力训练

［活动目标］

1. 通过观察，理解图片内容，并能说出主题。

2. 通过活动培养观察力，训练理解能力。

3. 学习、理解词："手表"。

［活动准备］

挂图、字卡、手表。

［活动过程］

一、动作理解

1. 老师做一个动作，请幼儿用一个词说出动作是什么意思。如"拾"、"打"、"抱"等。

2. 任意请一个幼儿做一个动作，请小朋友说出动作的含义。

二、图片理解

1. 出示小朋友上学，地上有块手表的图片。提问："这张图上有谁？他去什么地方？地上有什么？他会怎样做？"

2. 出示三张图片（按图 1 —→图 2 —→图 3 的顺序）：

图 1 是小朋友弯腰拾手表的动作。

图 2 是小朋友上学，地上有块手表。

图 3 是小朋友把手表拾起来交给警察叔叔。

教师提问："这位小朋友在干什么？老师这样摆放对吗？应该按什么顺序摆放？"

3. 请小朋友先按正确的顺序摆放图片，再说说小朋友在干什么。

三、学习、理解词

1. 老师提问：手表是什么意思？手表是用来做什么的？

2. 对手表的解释越多越好，并给予奖励。

3. 出示"手表"词卡，学习认读手表。

四、评价

表扬理解能力强或积极思考的幼儿，鼓励有进步的幼儿。

小猴上山（中班）
——解决问题能力训练

[活动目标]

1. 培养幼儿初步的分析、判断和解决问题的能力。

2. 通过情景体验，让幼儿知道遇到困难时应该积极开动脑筋想办法，勇于克服各种困难。

3. 培养幼儿乐于助人的良好品质。

[活动准备]

1. 录音机 1 台，配乐磁带 1 盒。

2. 小猴、小兔头饰各 1 个。

3. 设置 3 个场景。

场景一：条状蓝皱纹纸铺成的 1 条小溪，废木板 1 块，废红砖 10 块，竹子、竹竿各 1 根，半截废纸板 4 块，分别散乱地摆放在小溪两侧、长廊的石凳上面或下面。

场景二：在长廊的柱子上拉两根平行的绳子，绳子绕上绿色条状皱纹纸，将 1 只风筝置于上面。竹竿 1 根、木质方砖 2 块、小椅子 1 把，分别置于长廊两侧。

场景三：1 幅山林背景图，1 块绿地毯铺在背景图前面。

[活动过程]

一、分配角色，导入活动

1. 幼儿扮演小猴，老师扮演猴妈妈。

2. 老师：今天天气真好。猴妈妈带小猴上山去玩。

在轻快的音乐声中，小猴子跟在猴妈妈身后，蹦蹦跳跳地出发了。

二、开动脑筋，设法过小溪

1. 在一阵流水声的音乐中，师生来到了一条小溪旁（场景一）。

2. 老师：猴儿们，一条小溪挡住了我们的去路，我们大家一起来想办法过小溪吧！

3. 启发幼儿积极开动脑筋，想办法铺出两条过小溪的路。铺路时请幼儿共同参与。

4. 请幼儿排成两队，你不推，我不挤，一个跟一个，从铺好的两条路上走过小溪。

三、帮助小兔，取下被挂风筝

1. 继续前行一段路，来到场景二处。师生见到了正在伤心哭泣的小兔（幼儿扮）。

2. 老师引导幼儿亲切询问小兔哭泣的原因。

3. 请幼儿帮助小兔取下被挂的风筝。谁想出办法，老师就请他上来用自己想出的方法来试着取风筝，直到取下风筝。

4. 师生将取下的风筝交给小兔并道别。

四、教师小结

1. 在音乐声中，师生蹦跳着来到场景三处。

2. 师生自由地、四散地坐在当作草地的绿地毯上。休息片刻后，老师启发幼儿讲讲：（1）当自己遇到困难时应该怎样做？（2）当别人遇到困难时，小朋友们又应该怎样做？（3）遇事多动脑筋有什么好处？

3. 老师小结：当自己遇到困难时应积极开动脑筋，想办法克服困难；当别人遇到困难时，应热心地帮助别人想办法解决困难；爱动脑筋、乐于助人、勇于克服困难的小朋友才会越来越能干，越来越聪明，越来越勇敢。

二、幼儿创造力培养

随着社会的发展和科技的进步，创造力不再是天才的标志，而成为一种生存的技能。21 世纪是创造的世纪，需要一大批敢探索、会创新的创造型人才，这使创造力培养成为必要。同时，创造力并不是神秘的天赋才能，它是每个健康的个体都具有的心理能力，只存在程度的差异，而非全有或全无的品质，这就为创造力培养提供了可能。

创造力培养应该从幼儿抓起。幼儿创造力培养的基本途径有两条：一是将创造力培养渗透到各科教学和各种活动之中；二是开设专门的创造力培养课程。这两条途径应该互相配合，互相促进。

在幼儿园，创造力培养应以渗透培养为主导，而以专门训练为辅。因为，儿童思维的发展是由笼统走向分化的。在幼儿阶段，其思维更多是作为整体而存在，各种思维的界限很模糊，有的刚刚萌芽，还不适合采用过多专门化的创造力培训。因此，在开设一些专门的创造力训练课程的同时，主要是加深与游戏、语言、美术等各种活动的渗透程度。到了小学阶段，儿童思维在整体发展的基础上，表现出愈来愈明显的分化性和精细性，形象思维进一步发展，逻辑思维能力初步形成，系统思维和辩证思维开始萌芽，这时，可以加大创造力培养课程的比例，以创造力培养课为主导，带动各门学科的渗透，推动儿童创造力的全面发展。

（一）幼儿创造力培养的目标体系

1. 总目标

萌发幼儿初步的创造意识，激发创造的兴趣，培养幼儿在日常生活中发现问题和提出问题的能力。了解一些科学家、艺术家发明创造的故事。发展幼儿思维的流畅性和变通性，克服单一性。

2. 分年级子目标

小班：初步培养幼儿发现问题的能力，并能用简短的语言表达自己的问题；培养幼儿创造的兴趣；发展幼儿思维的流畅性。

中班：进一步培养幼儿发现问题的能力，并能清晰完整地表述问题；初步萌发创造意识；开设简单的创造性思维训练课，发展幼儿思维的流畅性和变通性，让幼儿体会到创造的快乐。

大班：培养幼儿自己解决问题的意识，鼓励幼儿不怕困难，大胆设想；理解并能复述三四个较简单的创造发明故事，初步认识创造的意义；继续开设创造性思维训练课，进一步发展幼儿思维的流畅性和变通性；培养幼儿创造性游戏、创造性绘画、创造性讲述故事的能力，培养创造想象能力。

（二）创造力培养课程的主要形式

1. 发散思维课

该课的目的是训练幼儿的发散思维，优化思维品质。该课程采用与幼儿实际生活紧密相连的问题，进行多方面训练，以培养学生的流畅性、变通性和独特性。例如，可以开展如下活动：

（1）让幼儿列举常用物品的一切可能用途，如说出砖、水、纸、粉笔的各种用途。

（2）让幼儿说出某一玩具的各种玩法，如皮球除了可以拍着玩，还可以怎么玩。

（3）让幼儿看图联想出尽可能多的事物。例如，在黑板上画一个近似圆的图形，然后问幼儿这是什么。幼儿可能会有很多答案：太阳、月亮、西瓜、气球、狗尾巴等。

（4）出示一个词，让幼儿说出所联想到的各种事物。

（5）讲一个故事，让幼儿想象各种结尾。

（6）讲一个故事，让幼儿给这个故事命题。

（7）让幼儿闭着眼睛听一种声音或一段音乐，让幼儿描述自己在听的过程中所想到的各种事物。

（8）提一些"假如……将会……"的问题，让幼儿预测结果。假如地球没有水，将会发生什么事情？假如连续下雨两个月，会怎样呢？假如没有太阳，会怎样呢？假如幼儿园没有老师，会怎样呢？

（9）提出一个实际问题，让幼儿用多种方法解决。例如，老奶奶不小心把绿豆和铁砂混在一起了，你怎么帮她很快地分开？

发散思维课在幼儿园的各个年级都可以进行，程度上可以有不同。

2．创造故事课

该课的目的是培养幼儿的创造意识和创造个性，认识创造的意义和创造的艰辛。该课程从古今中外科学艺术创造的历史中，选取一些科学家、艺术家、发明家进行创造的典型故事，特别是一些小发明家进行创造发明的故事，讲给幼儿听。通过丰富多彩、引人入胜的故事，启发幼儿创造的兴趣，学习科学家、发明家的个性，认识创造的巨大意义，了解创造的基本过程。每一则故事都有自己的侧重点，或侧重于兴趣，或侧重于创造的艰辛，或侧重于创造者的个性，或侧重于创造中的思维方式，使幼儿受到多方面的教育。

创造故事课可以在中班和大班进行。

3．创造活动课

创造活动课以幼儿活动为主要内容，以产生较完整的创造成果为目标。该课的主要目的是训练幼儿的创造性思维能力，体验完整的创造过程。该课程以问题或课题为中心，让幼儿围绕此问题进行自由设计。选择的问题大多是从实际生活中来，符合幼儿的心理发展规律，如制作一张节日卡、创作一幅意愿画、创编一个故事等。可以让幼儿之间相互交换创造成果，体验自己的成果被人分享的乐趣。

创造活动课可以在大班进行。

4．创造技法课

该课的目的是使学生掌握一些基本的创造技法，并能灵活运用到生活中去。该课程选用一些常用的、有代表性的创造技法，如头脑风暴法、检查单法、要素重组法、强行联系法、假设法等，对学生进行系统训练。不仅让学生明白技法的具体含义，而且更重要的是让学生能灵活、正确地运用，所以每种技法都应配有足够的练习。

创造技法课一般在小学阶段开始开设，幼儿阶段不专门开设课程，可以把技法渗透到其他活动之中，或者渗透到上述三种课程之中。

（三）课例

砖有什么用？

[活动目标]

1．激发幼儿创造的兴趣。

2．培养幼儿的发散思维能力。

[活动准备]

画有一张堆满砖头的有各种表情的图。

[活动过程]

1．老师讲述《司马光砸缸》的故事，启发幼儿的想象力。

2．老师出示图片：这张图是一堆各式各样有表情的砖头，它们好像在说："小朋友，帮我想想，我有什么用处？别让我堆在这里！"

3．幼儿自由讨论，要求人人出点子。

4．分组比赛：

全班分成两大组，在黑板上写上"苹果队"和"雪梨队"。

每说出一个用途就得一个五角星。

哪队五角星多就算胜。

5．小结：分析幼儿答案，表扬独特的、富有变通性的答案。给优胜队颁发"创造奖"。

6．游戏：小朋友踩着砖头过河，看谁不会把脚打湿。

三、幼儿自信心培养

幼儿阶段是形成自信的重要时期。自信是一个人对自己的积极感受，它源于对自身的认识和评价，以及自我接受程度。一个善于与他人合作、被同伴追随、与教师友好相处的幼儿往往对自己有积极的评价，从而形成较强的自信。

（一）幼儿自信心培养的内容与要求

幼儿自我认识主要来源于三个方面。首先，他们从自己独立活动的结果中了解自己。其次，他们从成人对自己的评价中获得自我认识。最后，他们在与同伴的交往中获得自我认识，并学会评价自己与他人。

幼儿自信心的培养主要是认识自我、评价自我和表现自我，各年龄侧重点不同。

小班：侧重于让幼儿了解自己的外部特征，例如自己的性别、姓名，认识自己身体各部分的名称。

中班：侧重于了解身体各部分的功用及保护办法；知道人有各种情绪，学习调节自己的情绪和行为，成为大家喜欢的孩子。

大班：侧重于学习评价自己和别人，学会表现自己，如了解自己的优缺点，能指出别的小朋友的优缺点，学会表达自己的需要等。

在培养幼儿自信心的过程中，教师和父母要努力为幼儿创造一种关怀、信任、宽松、和谐的氛围，满足幼儿的正当需要，不要以简单、粗暴、严厉的态度对待幼儿；要多肯定和鼓励幼儿，客观公正地评价幼儿；要注意为幼儿创设能够充分表现自己和体验成功的机会，结合幼儿特点，采取灵活多样的形式开展活动，使所有幼儿都能获得动手、动脑、动口的机会，特别要注意给那些能力较弱的自卑的幼儿提供表现自己的机会，使他们也能享受到成功的快乐。

（二）幼儿自信心培养的活动设计

下面是在幼儿园培养幼儿自信心的一些活动和方法，教师可以选择使用。

1. 小小广播员

每天上午自由活动结束后或午餐过后的一段时间里，请幼儿轮流担任主持人，由他们向大家讲一讲当天发生的好人好事或自己的新发现等。该活动给幼儿提供一个表现自我、表达意见的机会，可以培养幼儿关心周围生活和关注其他幼儿的良好品质，增强自信心。

2. "我能……"

让全班幼儿互相交流，让每个幼儿向同伴介绍自己能干什么，内容可以包括学习、纪律、游戏、家务、唱歌、手工等各个方面。该活动可以使幼儿进一步明确意识到自己的长处，并在大家相互交流、肯定鼓励中建立自信。活动前教师可以做必要的准备，要了解每个幼儿的特点，尤其是那些能力较差或自信心不足的幼儿，多给他们说的机会。如果幼儿自己说不出，可以由其他幼儿帮他说，也可以由老师来说。

3. "小博士"

教师可以在户外自由活动时间组织幼儿围坐在一起，请每个幼儿轮流担任"小博士"，给其他幼儿出一个谜语、脑筋急转弯之类的题目，请大家解答。如果没人能答出，最后请"小博士"告诉大家正确答案。在类似这样的活动中，所有幼儿都有表现自己的机会，能使他们认识到自己的能力，同时也因获得了同伴的肯定和教师的鼓励而增强自信。

4. 今天我是小班长

教师可以每天轮流安排幼儿担任小班长，给他们挂上小班长的标志，要求他们担负班长的职责，如分发物品、整理玩具、给小朋友讲故事、表扬好人好事、维持纪律等。在这个活动中，幼儿不管能力强弱，都有机会担任小班长，既为同伴服务，又在同伴面前展露自己的优点和长处，从而提高自己在同伴群体中的地位，增强自信。同时，这种活动还有助于培养幼儿的责任感，提高其管理能力。

5. 小小画展

教师可以经常或特意为全班幼儿举办画展，组织全体幼儿参观。参加画展的幼儿可以是绘画能力较强而其他方面较弱的幼儿，通过画展可以促使他们树立自信，并把这种自信迁移到其他方面。参加画展的幼儿也可以是绘画能力弱，对绘画或其他方面都缺乏信心的幼儿，通过特意为他们举办画展，增强他们对绘画的信心，鼓励他们努力争取进步，从而形成积极的态度。但对绘画能力弱的幼儿，要注意在画展前对他们的参展作品进行辅导和挑选，避免因画得太差而遭到他人嘲笑；否则，不仅无法建立自信，反而让他们更加自卑。

除了"小小画展"之外，还可以举办很多类似的活动，如"故事大王"、"谜语专家"、"唱歌比赛"等，让有特长的学生能充分展示自己的特长，从而获得自信。

6. 混合游戏

混合游戏是指年龄较大的自卑幼儿与年龄较小的一般幼儿一起游戏的方法，这是消除幼儿自卑心理的一种训练。自卑幼儿由于能力不佳、信心不足，不愿与人交往。如果让他们与年幼孩子一起游戏，并让他们在游戏中照顾年幼孩子，他们会因为自己比年幼孩子成熟、能干而获得自信，并且孩子们在游戏中学会了相互关心、相互照顾。类似的活动有混合歌唱、混合绘画等。

例如混合歌唱，可以让大班的较自卑的幼儿和中班的一般幼儿一起学唱歌，采用渐进方式，让自卑幼儿从团体合唱到独自歌唱，程序如下：团体合唱——小组合唱——小组内每位幼儿轮流唱一段——幼儿轮流独唱（自卑幼儿必然轮到）。通过这种方式，慢慢让自卑幼儿能在他人面前独自唱歌。

（三）课例

认识我自己（中班）

[活动目标]

通过看录像、照镜子、画一画、比一比、说一说我自己，使幼儿从发现自己到认识自己，知道自己同别人不同，增强幼儿的自信心。

[活动准备]

1. 为每个小朋友准备一面小镜子。

2. 全班分成三组：第一组准备画纸、蜡笔；第二组准备本组小朋友的照片，画有"小镜框"的画纸，蜡笔；第三组准备各色橡胶泥、画纸、蜡笔。

3. 录像一段。

[活动过程]

1. 发现我自己

幼儿观看录像：星期天，维维的妈妈给他买了一本《恐龙世界》，维维高兴极了，他一边走一边看，不小心摔了一跤，疼得他眼泪都流出来了。妈妈连忙把他扶起来说："走路不要看书，好孩子要学会保护自己。"

提问："自己是谁呢？照照镜子你就会明白了。"

2. 认识我自己

（1）请你照照镜子，看看镜子里有谁？叫什么名字？镜子里有几个你自己？在镜子里能看到你自己有什么？

请小朋友讲述。

小结：镜子里有一个我自己，没有人和我完全一样。

（2）请两个幼儿站出来，大家观察并找出其不同的地方（高矮、胖瘦、肤色、五官、性别、名字等）。

（3）分组活动：

印印涂涂：在画纸上印手印，并涂上自己喜欢的颜色。

找找画画：找出自己的照片，并在画有"小镜框"的画纸上画自画像。

捏捏画画：用橡胶泥捏或在画纸上画自己爱吃的食物。

3. 说说我自己

问题：你几岁了？你的生日是几月几日？你家住在哪里？你家的电话号码是多少？你最喜欢什么颜色（或喜欢的玩具、爱看的电视节目、爱听的故事、爱吃的食物、喜欢的人等）？

请一些小朋友在电视机前做小主持人，说说自己。

小结：每一个人都有自己的姓名、自己的生日、自己喜欢的颜色，每一个我自己都有和别人不一样的地方。

自由舞蹈

[活动目标]

为每个幼儿提供参与活动的机会，增强幼儿自信心，鼓励幼儿要勇于表现自己。

[活动准备]

录音机、录音带。

[活动过程]

1. 选择较空旷的场地，全班幼儿围圈而坐。

2. 全班幼儿跟着录音带合唱儿歌。

3. 由老师先开头，在音乐声中随意做各种舞蹈动作，全班幼儿模仿。老师的动作不用太正规和优美，可以夸张一点或滑稽一点，让孩子易于模仿。

4. 老师点一位小朋友接着老师进行"自由舞蹈"，可先点较大方、富有创造力的，等气氛热烈了，再点较自卑的幼儿。就这样，一个接一个，让每位小朋友都有机会做动作。在进行中，老师要注意表情和态度，无论幼儿动作是好是坏，都要表现出兴趣盎然的样子。特别要注意对自卑幼儿给予鼓励。

5. 小结：鼓励幼儿要勇于表现自己。

[评析]

自卑幼儿往往觉得自己不如别人而低估自己，以至于不敢参与有关活动。本次活动由一个幼儿开始，逐渐一个接一个，使自卑幼儿很自然地参与活动，自卑幼儿可在活动中，肯定自我，强化自我形象，发展社交技巧，增强自信心。

这项活动在不同年级均可进行。

四、幼儿情感教育

《幼儿园工作规程》明确提出了对幼儿进行爱科学及感受美等一系列情感教育任务。情感教育也是幼儿心理健康教育的重要组成部分。

所谓情绪和情感是指客观事物是否满足主体需要而产生的态度的体验。它随个体的成长而逐渐分化，由简单到复杂。出生婴儿的情绪，只不过是一种激动状态而已。3个月内，开始分化为苦恼和愉快两种基本情绪，在3至6个月之间，苦恼分化为愤怒、厌恶、恐惧三种情绪。然后再衍生其他情绪。

情绪和情感是行为的动力。一般来说，肯定的情绪情感可以提高人们的活动能力，而否定的情绪情感会降低人们的活动能力。幼儿的控制力弱，其行为受情绪情感的影响更为直接。

平平把家中漂亮的金鱼带到了幼儿园，张老师双手接过装鱼的小瓶，高兴地赞叹着，还请小朋友们都来观看。平平十分开心，他主动帮老师搬桌子，帮小朋友收拾玩具，做了许多好事。

亮亮把星期日和爸爸一起捞的小蝌蚪带到了幼儿园。李老师正忙着准备上课的图片，她头也没抬，淡淡地说："放那儿吧。"亮亮失望地坐在小椅子上，整个上午都没精神。

张老师的热情使平平"受关注"、"受尊重"的需要得到了满足，由此产生的积极情绪立即成为他继续为集体做好事的动力。李老师的冷淡使亮亮的需要没有得到满足，由此产生的消极情绪使他无精打采。可见，幼儿的行为在很大程度上是受情绪控制的。

幼儿的情绪和情感具有外露、不稳、容易变化等特点，情感教育的目标就是要使幼儿逐步做到情绪稳定，学会用恰当的方式表达自己的快乐和痛苦，形成积极健康的心境，并在此基础上，萌发道德感、理智感和美感。

（一）幼儿情感教育的主要内容

1. 丰富幼儿的情绪情感认识和体验，并学会用恰当方式表达自己的情绪和情感

心理学家认为应该重点培养儿童的下列四种情感技能，这些技能主要是面对3~7岁的幼儿。

儿童情感技能一览表

技能	说明
对情感产生意识	能够认识、描述并接受下列情感：高兴、喜欢、害怕、吃惊、悲伤、厌恶、气愤、好奇。例如： 5 岁儿童描述悲伤的感情时说："我的心里很难受。"
理解情感与行为的关系	能够辨别出影响情感的经历，情感反应可能造成的后果，并对自己的情感做出适当的响应；能够区别情感表现的各种有害形式。例如： 4 岁儿童说："我难过了就要哭。" 7 岁儿童说："你要是生气就打人没有好处——人家会反过来打你的。"
建设性地彼此交流感情	①能够通过三种方式描述自己的情感：直接判断、打比方、说出情感驱使你要做的事情。例如： 3 岁儿童看吓人的电视节目时说："真吓人！" 5 岁儿童听了优美的音乐，描述自己的舒服感受："像一根巨大的羽毛。" 7 岁儿童听说要去公园玩，对同伴说："我真高兴，恨不得跳起来！" ②能够采取调控情感的行为，但又不会伤害自己或他人。例如： 当电视上出现吓人的镜头时，3 岁的儿童就改换别的频道。 5 岁的儿童发现自己养的小鸟死了时，就哭起来。
关注别人的情感	能够承认并描述别人的情感；能够同他人交流自己的认识。例如： 3 岁的儿童指着一个生气的孩子说："老师批评他，他不高兴了。"

2. 克服恐惧、焦虑等消极情绪

恐惧和焦虑是常见的消极情绪，在幼儿身上也有明显体现。至少有一半以上的孩子对狗、打雷、黑暗、鬼魂等都感到害怕，而绝大部分孩子刚入幼儿园时都会因离开家人而有分离焦虑。一般来说，恐惧有较明确的对象，而焦虑没有较明确的对象。

3. 初步萌发道德感、理智感和美感

道德感包括《幼儿园工作规程》中所说的爱祖国、爱家乡、爱集体、爱劳动等，例如在集体生活中的快乐、集体取得成功时的喜悦、劳动之后的高兴等。

理智感是在智力活动过程中所获得的体验，例如，发现问题时的惊讶、问题不能解决时的焦急与困惑、解决问题后的喜悦和欣慰等。

美感是对美的体验，既包括对自然景色、艺术作品的喜爱，也包括对脏乱现象的厌恶和不满。例如，有个大班的老师为了让孩子辨别乐音和噪音，培养美感，在一次上课时，准备了两盘录音带，一盘事先录上美妙的音乐，另一盘则即时录制噪音。"请小朋友把椅子搬到老师这儿来。"老师站在已经开始录音的录音机旁边对孩子们说。于是，讲话的声音、椅子碰地的声音、椅子碰桌子的声音录在了磁带上。待孩子们坐好后，老师便把一段美妙的音乐放出来。当孩子们正陶醉时，改放刚录制的嘈杂的声音。听着，听着，孩子们捂上了耳朵。于是，老师又放了一段优美的音乐，孩子们捂着耳朵的手放下来了，脸上露出了笑容。然后，老师让孩子们谈谈刚才的感受……从此，班上的喊叫声、吵闹声少了很多。这是一次成功的教学活动，通过直接对比，孩子对美有了更深的认识和体验。

（二）幼儿情感教育的活动设计

幼儿情感教育要全面渗透到幼儿的生活和学习之中，要多利用大自然、教学情境和艺术作品对幼儿进行熏陶。除了渗透和熏陶之外，还可设计一些专门的活动来进行培养。下面是一些可供参考的形式。

1. 情感照片排队

目的：帮助幼儿认识各种基本情感：快乐、悲哀、生气、害怕、厌恶、激动等。

材料：若干从杂志上剪下来的照片，每张照片能表现出一种基本情感。

活动：

（1）把照片摆在游戏室的桌子上，让孩子们讨论照片上的人的情绪和情感。

（2）让幼儿找出哪张照片的人是生气的、悲哀的、高兴的等；让他们把所有类似情绪的照片放在一起。

（3）让幼儿把三张或三张以上的照片按情感强弱的程度排列，例如，快乐、比较快乐、很快乐。

2. 半边脸

目的：帮助儿童认识情感并使儿童理解他人的情感。

材料：若干从杂志上剪下来的面部照片，每张照片能表现出一种基本情感；硬纸板、胶水。

活动：

（1）把照片粘在硬纸板上，再把每张脸剪成两半。

（2）让幼儿看每幅照片的一半，然后让他们猜那个人是什么情感；再让他们看另一半，看看他们的理解是否准确；最后把两半脸拼到一块。

3. 情感之声

目的：帮助幼儿理解情感并清楚地意识到别人的情感。

材料：录音机、"情感之声"磁带。

活动：

（1）录下幼儿表达不同情感的声音，如气愤的吼叫、悲哀的哭泣、快乐的大笑等。也可以录下用不同情感表达的同样一句话，如"喂，你瞧"，"他过来了"。

（2）让幼儿判断每种声音所表达的情感是什么。

4. 分橘子

目的：体验并表达快乐。

材料：每个幼儿一瓣橘子（放在碗中）；一个整的橘子。

活动：

（1）把整个橘子拿起来，让全体小朋友看，说一说"是否喜欢橘子，喜欢橘子的什么"。

（2）端出装有橘子瓣的碗，拿出一瓣分给一个幼儿，问他："吃橘子高兴吗？"然后让这个幼儿端着碗，拿一瓣橘子给身边的小朋友，并说："请你吃橘子，高兴吗？"依次轮流，使每个小朋友都有机会给别人分橘子，也都能从别人那里得到橘子。一定要保证每个小朋友都能得到一瓣橘子。

（3）让小朋友讨论一些其他感到高兴的事情。

5. 你生病了吗？

目的：体验并表达不幸，学会关心和安慰别人。

材料：小被子。

活动：

（1）请一个幼儿在小被子上躺下，让他假装生病，回想自己生病的情形并表现出来。

（2）其他幼儿轮流用温柔的态度和轻轻的动作做一些照顾病人的事情，询问病人的感受，并安慰他。

（3）换别的幼儿假装生病，继续活动。

6. 化装舞会

目的：使儿童不再恐惧某种动物或昆虫。

材料：动物造型的衣服或头饰，录音机和磁带。

活动：

（1）先调查幼儿对什么动物和昆虫感到害怕。

（2）将幼儿扮成令他们害怕的那些动物。

（3）全体在轻松音乐中一起跳舞。

（4）某幼儿害怕什么动物，就分配他与那种"动物"配对跳舞。

（三）课例

快乐和烦恼

［主题］

初步认识快乐和烦恼，学会表述快乐和烦恼，找到排解烦恼的方法。

［目的要求］

1. 通过初步认识快乐和烦恼的活动，促使学生学会表述快乐和烦恼，从而找到排解烦恼、保持快乐的方法。

2. 增强学生的情绪调节能力。

［活动过程］

一、引入

课前准备：在黑板上出示课题"快乐和烦恼"。分别在"快乐"两个字上贴上苹果图案，在"烦恼"两个字上贴上雪梨图案。

1. 小朋友们，请看（指着苹果图）这是什么？谁来说说？（一步一步引导学生说出"快乐的苹果"）

2. 亲爱的小朋友，现在老师把这两个漂亮的红苹果送给你们，大家心里感觉如何？

二、认识快乐和烦恼

1. 找快乐。

（1）小朋友，生活里的开心事远远不止这一件，还有很多很多。谁来说说？（学生发言交流）

（2）小结：刚才小朋友们能说出自己经历过的许多快乐的事，说得真好！

（3）过渡：我们都希望生活中的快乐越多越好，是吗？但生活中也会碰到一些很不开心的事（指着黑板上的雪梨图案）。解决不了的时候就像这个梨，是吗？

2. 找烦恼。

（1）谁来大胆地说说自己遇到过的一些不开心的事？（能说出不开心的同学奖励小精灵，并启发学生想办法帮助他。）

（2）小结：在日常生活中，我们常遇到很多不开心的事，当这些不开心的事解决不了时，我们就感到烦恼，怎么办呢？

（3）过渡：老师告诉大家一个秘密，我国西双版纳终年温暖，传说那里长了许多奇异的水果树，更奇异的还有快乐小精灵。当人们步入这个植物王国时，常常被快乐小精灵迷住，它会给人们出许多"金点子"，帮助你赶走委屈、伤心、气愤，使你快乐起来。当老师不开心而烦恼时，小精灵也送了许多"金点子"给老师，老师把这些"金点子"送给大家好不好呀？

三、引导学生排解烦恼

1. （老师边贴卡片，边让学生看看、读读）"说一说、看一看、玩一玩、做一做、唱一唱、听一听"。

2. 引导学生体会：

（1）说一说，对谁说？说什么？

（2）看一看，看什么？（学生说完，小结后放笑话光盘，让学生看后笑一笑）

（3）玩一玩，玩什么？

（4）唱一唱，唱什么？（让学生一起唱一首歌）

（5）听一听，听什么？

现在我们一起来听听快乐的音乐，边听边唱。（放歌曲《歌声与微笑》）

3. 发快乐卡，让学生把"金点子"写在卡上。

4. 小结：

生活中同学们常感到很快乐，但有时候也会碰到一些很不开心的事，感到很烦恼，只要你用上"金点子"，然后加上自己的努力，快乐就会来到你的身边。

这才像大哥哥、大姐姐（中班）

［活动目标］

1. 帮助幼儿树立"大哥哥、大姐姐"意识，学会关心、爱护小弟弟、小妹妹。

2. 培养幼儿爱和关心的情感品质，激发幼儿的责任感。

［活动准备］

1. 事先排练表演节目的内容。

2. 小红花若干。

［活动过程］

一、情景表演

1. 表演一：

一个小弟弟一边走一边玩玩具，一个大哥哥看见了，向小弟弟要玩具玩，小弟弟不愿意，大哥哥把小弟弟推倒，抢走玩具。小弟弟坐在地上哭，一个大姐姐看见了，连忙走过来扶起小弟弟，哄着小弟弟，并把自己手中的玩具给小弟弟玩，小弟弟高兴地笑了。最后，大姐姐牵着小弟弟的手离开了。

2. 表演二：

一个大哥哥和一个大姐姐在认真玩玩具，一个小妹妹走过来，找大哥哥要玩具，大哥哥不给，并且不耐烦地说："走开，走开，别在这里挡路。"就把小妹妹赶走了。小妹妹又去找大姐姐，大姐姐非常热情，连忙把手中的玩具让给小妹妹，陪着小妹妹一起愉快地玩。

3. 教师提问，幼儿回答：

节目里有谁？谁好，谁不好？为什么？

二、幼儿讨论

"我们都是中班的小朋友，比小班、托班的小朋友年龄大，是他们的大哥哥、大姐姐。我们应该怎样做，才像个大哥哥、大姐姐呢？"

1. 同桌的幼儿互相讨论。

2. 教师叫几个幼儿起来回答。

3. 教师小结："我们要关心、爱护、帮助比我们小的孩子，不能欺负他们，要学会照顾他们。例如，我们可以和他们一起玩玩具，做游戏，我们可以给他们讲故事，帮他们擦鼻涕。如果他们摔倒了，我们可以把他们扶起来。"

三、幼儿实践

组织幼儿到小班或托班，让幼儿学着照顾小弟弟、小妹妹。最后，小弟弟、小妹妹每人拿一朵红花送给自己喜欢的"好哥哥、好姐姐"。

五、幼儿合作性训练

善于合作是现代人必备的性格特点。现在的孩子绝大多数是独生子女，在家中与同龄人交往少，父母又往往宠爱和纵容他们，使他们缺乏合作意识和合作能力，容易以自我为中心，变得任性、自私，不会主动、正确地与人合作。对孩子加强合作性的训练，既是形成一个健康向上的集体的必要条件，也是为他们将来愉快地与人交往打基础。因此，合作性训练是幼儿心理健康教育的一项重要内容。

（一）幼儿合作训练的主要内容

1. 认识合作及其意义

让幼儿了解很多事情自己一个人完成不了，需要和别人一起做；懂得合作就是大家有共同的目标，一起完成任务。例如，一个5岁的孩子对合作的理解是："合作就是两个人做事情。"

2. 培养合作能力

培养幼儿和别人一起解决问题或完成任务的能力，如两个孩子一起把他们玩完的玩具放回抽屉。培养幼儿提出建议、指导同伴行为的能力和服从同伴、接受他人建议的能力，如一个孩子对他的同伴说："我们玩开火车的游戏吧，我做火车头，你们跟在我后面走。"几个同伴同意了这个建议，于是大家一起合作开火车。这种提出建议和接受建议的能力是合作能力的重要体现。

3. 鼓励合作性竞争

激发幼儿为完成某项任务而和其他人、其他组进行竞争的能力；正确对待竞争，让幼儿在竞争中学习新的技能，发展同别人的友好关系。

4. 解决冲突

帮助幼儿正确对待冲突，包括明确冲突的起因，寻求非暴力解决冲突的途径，找出冲突双方都能接受的解决方法，例如均分、参与、轮流、扔硬币决定等。教师要和幼儿一起讨论对冲突的看法，让幼儿多思考怎么办，如："我想玩的玩具被别的小朋友拿走了，怎么办？""我需要的积木别人正在玩怎么办？""玩滑梯时，别人碰了我怎么办？"鼓励幼儿通过协商来解决他们之间的争执。

（二）幼儿合作训练的活动设计

1. 连体人

幼儿自选同伴，两人一组。将报纸挖两个洞，分别套在两人的脖子上，将两人连在一起。两人一组沿指定路线走、跑、过小桥等。如果报纸中途破碎则停止游戏，以报纸不破碎者为优胜。

2. 背靠背

幼儿自选同伴，两人一组。让幼儿两两背对背坐下，两腿伸直，双手臂向后互相钩住，然后试着站起来。

3. 两人三足

幼儿自选同伴，两人一组。将绳子绑在两人的内侧腿上，然后让两人共同向前走。组与组之间可以进行比赛，看哪组走得又快又好。如果要增加难度，则可以将三个或四个幼儿的腿绑在一起，让他们共同向前走，不能倒下。

4. 穿大鞋走

幼儿自选同伴，两人一组，一前一后穿大鞋前进。组与组之间可以进行比赛，看哪组走得又快又好。

5. 抬水比赛

幼儿自选同伴，两人一组。让每组幼儿抬一桶水到规定的地方，水不能洒出来。组与组之间可以进行比赛，看哪组抬得又快又好。如果要增加难度，则可以在路上设置一些障碍物，或者要求幼儿用竹竿来抬一桶水。

6. 分组拼图

把幼儿分成人数相等的小组。每组一份拼图，比赛哪组拼得快。

7. 一人画一笔

将全班小朋友分成几个小组，教师规定统一的题目，如画一张脸、一朵花、一个人等，要求每个小组在规定的时间内，一人画一笔，轮流将图画完成。画完后，可以将每个组的画都贴到教室的墙上，并指导幼儿对每一幅画进行评论，指出自己画在哪里。最后帮孩子们总结：每幅画都是大家合作的结果，画得好的组是因为他们合作得好。

8. 众志成城

教师在操场上画 2~3 个正方形（大小根据具体情况调整，必须是幼儿紧紧挨着才能站得下）。将全班幼儿分成 2~3 组进行游戏。游戏规则是每组幼儿可以用任何方式进入正方形，要求全组幼儿都站在正方形内。先完成任务的小组获胜。

9. 不够怎么办

向全体幼儿出示几个新玩具，然后让幼儿讨论，新玩具不够每人一个怎么办？尽量让每个幼儿都发表意见，并鼓励他们自己做出最后的决定。把新玩具拿出来，观察幼儿的行为与刚才说的是否一致。

（三）课例

小拖鞋制造厂（大班）

［活动目标］

1. 在合作意识的基础上，进一步加强合作性的训练。

2. 培养幼儿的动手操作能力及集体合作精神。

［活动准备］

1. 细绳两条。

2. 厚纸板、吸管、粗线、胶布、画纸、彩色笔、糨糊、塑料篮若干。

3. "厂长办公室"、"生产车间"门牌。

［活动过程］

1. 开始部分：

由两组幼儿进行"两人三足"的游戏比赛。请幼儿观察并思考：赢组为什么会赢？输组为什么会输？

2. 基本部分：

（1）情景表演：由港商来厂家订货引出活动主题——小拖鞋制造厂。

（2）示范讲解拖鞋制作步骤和方法：

①把画好的鞋样剪下来，并在指定点钻洞。

②把两根细绳同时打结，再把线头长的那端分别穿入两根塑料管，然后再把两绳同时打结。

③把线头短的那端同时插入鞋上面的孔中，把线头长的那端分别插入鞋中间的两个孔中。

④剪胶布，用胶布把穿过鞋孔的线头固定在反面。

⑤在鞋上设计花纹并画好。

⑥用糨糊把鞋底粘好。

（3）教师提出要求：

①每个环节安排两个人，同一个环节的两个人可以互相帮助。

②全班分成三个小组。各组必须环环相扣。在此期间，厂长和车间主任要到各组视察，看哪组完成得又快又好。完成得又快又好的，就被评为优秀小组，获得优胜奖章。

（4）活动：教师分别扮厂长、主任到各个小组视察，指导个别能力稍差的幼儿。

3. 结束部分：

由厂长总结，评选优胜小组，并指出胜利的原因是相互之间合作得好。最后，给优胜小组颁发奖章（每人一枚）。

［评析］

这个活动设计的最大特点是体现了竞争与合作的统一。让孩子从小就树立这样的意识：要想赢得竞争的胜利，就必须进行有效的合作。整个设计思路清晰，模拟流水线生产，不仅能有效突出"合作"的主题，而且能让孩子初步感受现代化生产的模式。同时，利用手工制作，能有效激发孩子的兴趣，也培养了孩子的动手能力。

从教学效果来看，学生反应活跃，绝大部分学生能领会合作的重要性，说出优胜小组胜利的原因。但小拖鞋制造的过程对孩子来说有一定难度，有的孩子无法完成规定程序。

最美丽的画（中班）

［活动目标］

1. 培养幼儿的合作意识。

2. 提高幼儿的临摹绘画能力。

［活动准备］

1. 范画一幅。画面内容较多，都是幼儿已经学过的。为便于记忆，内容数量可以是 1 个……2 个……3 个……例如，1 个太阳，2 朵云，3 辆自行车，4 辆公共汽车，5 棵树，6 朵花。

2. 较大的画纸若干张；每个小朋友一盒蜡笔。

［活动过程］

1. 开始部分：

出示范画，讲解画面内容，强调画面物体的位置和内容。

"小朋友，今天老师给你们带来了一幅非常美丽的画（边讲边指出位置）。大家看，这幅画里有 1 个太阳，2 朵云，3 辆自行车，4 辆公共汽车，5 棵树，6 朵花，还有许多小草。大家想不想自己把这幅画画出来呢？"

2. 基本部分：

（1）引出课题：合作临摹绘画。

"今天，我们要画这么多的内容，而且还要在规定的时间画完，一个人能独自完成吗？不能完成，该怎么办呢？"

（2）讲解合作绘画的方法：

①找合作的小朋友（教师规定 3 人一组）。

②作画前，要商量每个人画什么，在什么地方画，分配任务，避免

重复。

③每个人要记住自己所画物体的位置和数量。

（3）教师讲解要求：

①小朋友的画要和范画内容一样。

②要画得又快又好。

③小组之间不能有争吵、打闹现象。

（4）幼儿作画，教师巡视，及时掌握作画情况。

（5）教师引导幼儿自评作品：哪幅画漂亮？为什么漂亮？哪幅画不漂亮？为什么不漂亮？

3. 结束部分：

教师总结，评出"最美丽的画"，并指出画得好的原因是小朋友之间合作得好。把"最美丽的画"贴在美术角，给优胜小组的每个小朋友发一朵小红花。鼓励其他小朋友向优胜小组学习，在各种活动中都能发扬合作精神。

拼图欢唱（大班）

［活动目标］

1. 复习已经学过的歌曲。

2. 激发幼儿参与团体活动的兴趣。

3. 培养幼儿良好的合作意识和合作态度。

［活动准备］

厚纸板多块，一面是可爱的小动物图形，另一面各写上一首已经学过的、容易上口的歌曲名称（名称需幼儿认识），再把每块厚纸板分割成四小块。

［活动过程］

1. 将分割后的纸板打散，由小朋友任取一小块。

2. 小朋友开始寻找伙伴，以便能拼成一张完整的动物图形。

3. 拼好图形的四个小朋友，一面牵手绕圈，一面唱出图形背后写明的那首歌。

4. 所有小朋友坐回原位，围成圆圈，进行讨论：

（1）开始寻找朋友时，你的心情怎样？

（2）当你找到同一组的第一个小朋友时，你想到了什么？

（3）当四个小朋友都找到时，你的心情如何？

5. 教师小结：小朋友友好合作，就能拼成最漂亮的图案。

[活动建议]

1. 如果想要四个特定的小朋友组成一组（例如吵过架的小朋友、平时接触不多的小朋友等），可在图片分配时，事先做特意安排。

2. 所选择的歌曲要是小朋友熟悉的，而且容易唱的。

[评析]

上述活动形式活泼，通过拼图和唱游，能激发幼儿参与活动的积极性，让幼儿在友好欢快的气氛中，增进彼此了解，拉近幼儿之间的距离，充分体验合作所带来的乐趣。

六、幼儿挫折教育

挫折是指人们在追求某种目标的活动过程中，受到阻碍或干扰，致使目标不能实现时所产生的情绪体验。挫折感容易发生在那些从小娇生惯养、意志软弱、独立性差、个性发展不健全的人身上。

由于挫折带给人的是一种不愉快，甚至是痛苦的体验，因此，许多家长出于对孩子盲目的爱，在生活中尽量避免让孩子受挫折。他们把孩子的一切都安排得很好，从来不让孩子单独面对困难。这样的孩子往往缺乏挫折承受能力。另外，那些乖巧、逗人喜爱的孩子，平时听多了表扬和赞赏，当面对挫折时，也往往表现得非常脆弱。

挫折教育就是有意识地利用或创设一些困境，教孩子独自去面对、去战胜，让孩子在困难中经受磨炼、摆脱困境，从而提高挫折承受力，培养迎难而上的坚强意志。

（一）幼儿挫折教育的内容

1. 充分感受和体验挫折

充分感受和体验挫折是挫折教育的基础，目的在于情感的培养。由于幼儿的生活经验少，缺乏解决问题的能力，因此，当他们面临困难的时候，成人常常替他们解决，在这个过程中，孩子不可能有对挫折的充分感受和深刻体验。长此以往，必然会使幼儿形成畏难和依赖的心理。只有当孩子充分地感受到挫折带来的痛苦体验时，才会激发他们解决问题、克服困难的动力。

2. 正确认识和理解挫折

正确认识和理解挫折是挫折教育的关键，目的在于认知的发展。美国心理学家艾利斯在 20 世纪 50 年代提出 ABC 理论。该理论强调挫折是否引起人的不良情绪，并不在于挫折本身，而在于对挫折的认知。因而，形成对挫折正确的认知是提高孩子挫折承受力的关键。只有让幼儿在克服困难中正确认识和理解挫折，才能培养出他们不怕挫折、克服困难的勇气和信心。

3. 掌握战胜挫折的方法

掌握战胜挫折的方法是挫折教育的归宿，目的在于行为的引导。通过挫折教育，要使孩子在战胜困难的过程中积累经验，掌握正确的方法，并通过强化，形成条件反射，当孩子再遇到相似的挫折情境时，便会不自觉地采用有效的方法来克服困难。只有掌握了正确的反应方式，幼儿应付挫折的能力才能真正得到提高。一般来说，幼儿战胜挫折的方法主要有以下几种：

（1）自我鼓励。在困难面前，幼儿比成人更需要他人的鼓励，父母、教师的鼓励会使幼儿获得安全感和自信心。但当幼儿必须独立面对挫折时，就应使他们掌握自我鼓励的方法，自我鼓励其实是一种积极的自我暗示。例如，幼儿对自己说"我能行的"、"我会很勇敢的"，这本身便包含了一种接受自我、肯定自我的态度，这种肯定的态度会转化成一种激励力量。自我鼓励的培养常来源于成人的肯定，如父母说"你真行"，幼儿便会将它内化为"我真行，我能行的"。

（2）增强努力。在很多情况下，幼儿的目标受挫是因为他们不够努力的结果，所以应让他们掌握"增强努力"的方法，继续努力以达到目标，在这些挫折情境中，应首先让孩子们意识到目标是可以实现的，只是行动上不够投入或不够认真才没有达到目标，并因势利导，让孩子明白，做好任何一件事都不是容易的事情，必须付出一定的努力和代价，当这种意识得到强化时，幼儿能逐渐形成坚韧的个性品质，对培养孩子的意志力有重要作用。

（3）分析原因，改变策略。在某些情境中，幼儿的目标受挫是因为他们只是采用了一种方法或坚持了错误的方式，因而需要启发他们分析产生挫折的原因，尝试不同的方法，最终达到目的。在这些情境中，应鼓励孩子积极地思考，从多方面考虑问题，培养孩子灵活解决问题的能力。

（4）补偿。当孩子因为自身的缺陷或社会环境的客观原因而不能达到目标时，可以通过加强另一方面的品质来补偿客观造成的挫折。例如，身体矮小瘦弱的孩子在体育方面可能难以取得好成绩，但是可能通过努力而达到另一方面的成功。这时，应引导孩子从挫折感中转移注意力，在另一方面取得成就感，以达到心理平衡。

（5）合理宣泄。挫折会带来消极的情绪体验，要引导幼儿通过合理的途径，把这种消极情绪宣泄出来，不要自我压抑，闷在心里，哭泣、大笑、运动、倾诉等都是宣泄的途径。但也要让孩子明白，宣泄的方式要合理，也就是说，在宣泄时不要影响和伤害他人。

总之，幼儿挫折教育就是要围绕着认知、情感、行为三个方面，进行全面的培养和教育，是知、情、行的统一。

（二）幼儿挫折教育的途径

1. 利用现实生活中自然产生的挫折进行教育

进行挫折教育的目的就是为了让孩子在现实生活中具有独立生存的能力，能独立面对挫折，较好地解决问题。所以利用生活中自然产生的挫折情境对挫折教育具有重要的现实意义。在这方面，美国对孩子的教育值得我们借鉴，美国的教育家认为，培养孩子的独立生存和抗挫折能力，父母负有重要责任。美国的孩子从小就单独居住自己的房间、自己活动、锻炼生存能力，学习走路时，很少由父母牵着手走，走不好摔倒了，自己爬起来，成人一般不去拉扶和安慰。孩子在很小的时候便要分担家务，例如打扫房间、替父母买东西等。在这些过程中他们常常会遇到困难和挫折，父母便要求他们独立地解决问题，于是在排除这些自然挫折的过程中，他们便进一步地独立和成熟起来。

2. 主动创设一些挫折情境进行教育

主动创设一些挫折情境，如远足、竞赛、劳动、严厉批评、提出难题让孩子解决等，能弥补利用自然情境进行挫折教育的不足，因为许多挫折是现实生活中不常遇到的。一旦突然遇到这些现实中未经历过的挫折时，如果没有一定的心理准备，往往会使孩子陷入困境。主动创设挫折情境进行教育具有预防性和针对性，在这方面，日本进行了大量尝试。平时，日本学校常有目的地组织障碍性活动，如经常让学生赤脚在布满碎石瓦块的地上走，冬天让学生穿着单衣在雪地里锻炼等。日本有关方面还建立森林之家、自然教室，实行"山村留学制度"等，定期让孩子们到艰苦的地方生活，培养他们的独立生存能力和抗挫折能力。

近年来，创设一定的挫折情境进行教育在我国也有不少尝试，但仍面临着科学化和制度化的问题。在进行这种挫折教育时，要注意活动的内容、时间以及活动方式都要适合幼儿的身心特点，不能活动量过大、要求过高、时间过长，否则会影响幼儿参加活动的积极性，甚至会影响幼儿的身心健康。

（三）幼儿挫折教育的方法

1. 开设专门的挫折教育课程

开设专门的挫折教育课程具有系统性、全面性和针对性，是一项有计划、有目的的教育活动，可以从认知、情感、行为等多方面对孩子进行培养。在认知上，正确理解挫折，懂得挫折是客观存在、不可避免的；在情感上，充分体验挫折，消除对挫折的害怕心理；在行为上，掌握战胜挫折的有效方法，形成正确的反应方式。通过知、情、行的系统培养和训练，使幼儿成为一个勇敢坚强的人。

2. 开展挫折游戏与竞赛

挫折教育课程应与游戏、竞赛等方式结合起来，因为游戏和竞赛是幼儿最喜欢的活动，在开展挫折游戏和竞赛的过程中容易让孩子接受和掌握战胜挫折的方法。例如，在进行角色扮演的游戏时，有计划地安排孩子分别扮演人际冲突中排斥和被排斥的角色，让他们体会不同的心理感受，老师辅以口头指导，帮助他们分析冲突产生的原因并寻找解决问题的方法。

3. 开展渗透教育

除了专门课程和游戏竞赛之外，还要把挫折教育渗透到幼儿园的各科教学之中，语言、算术、常识、美术、音乐、体育等科目都蕴涵着丰富的挫折教育因素，要善于发掘、运用。

4. 给予孩子适当的"劣性刺激"

在幼儿的生活、学习活动中，可适当地利用一些现实情境给孩子以"劣性刺激"。所谓劣性刺激是指令人不快或不舒服的外界刺激，如饥饿、劳累、困难、批评、惩罚等。适当地拒绝给予孩子喜欢的东西、让孩子感受饥饿，对经常获得表扬的孩子不失时机地给予批评，都能使幼儿体验到许多事情并非是按自己的意愿进行的，从而克服幼儿的自我中心倾向，使幼儿认识到挫折的客观存在性。

（四）课例

当挫折来临时（大班）
——体验与应付挫折

［活动目标］

1. 使幼儿在了解挫折的基础上，培养幼儿对挫折的承受力。

2. 引导幼儿正确面对挫折。

［活动准备］

精美食品5份，15份交换卡。

［活动过程］

1. 开始部分：听一听，想一想。

老师讲一则小故事——《小明真的成功了》：

小明平时画画非常认真，画得很好，经常受到老师和同伴的表扬。"六一"快到了，幼儿园准备举办一次画展，让小朋友每个人都画一幅画交上来。小明也很认真地画了。但在画展中，小明的画却落选了，而平时比他差的小朋友却选上了。小明心里非常难过，忍不住哭了。哭过之后，他就去问老师："为什么我的画没有选上呢?"老师告诉他，因为观察不仔细，他的画出了一个错误。于是，小明知错就改，平时画画更加用心了。功夫不负有心人，举行第二次画展时，小明的画得了全园第一名。

小朋友们听完这则故事后，想一想小明刚开始是怎样想的? 后来他又是怎样去做的? 结果怎样了? 你觉得小明这样做对不对?

2. 基本部分：玩一玩，想一想。

组织幼儿玩"寻找粮食交换卡"的游戏。提出游戏规则：

（1）限时 5 分钟，在活动室内四处寻找事先藏好的"粮食交换卡"。

（2）粮食交换卡有三种颜色，只有拿到绿色卡的才能到粮管处换取粮食（精美食品）。

（3）对没有找到绿色卡的幼儿给予引导，例如："你们现在没有找到绿色卡，心里一定很不开心，这就是一种挫折。碰到这种情况该怎么办呢? 从小明的故事中我们已经知道了在遇到挫折时，应不怕困难，争取今后的胜利。"鼓励幼儿重新寻找，争取成功。

3. 结束部分。

总结正确对待挫折的方法：不被困难和挫折吓倒，勇敢地面对。通过不断努力，最终成为一个胜利者。

［评析］

此活动设置的挫折强度适合幼儿水平，"寻找粮食交换卡"的游戏不仅能调动幼儿的积极性，而且易于操作。在开始部分运用通俗易懂的故事，启发幼儿思考，让幼儿对什么是挫折以及如何面对挫折有了初步的认识。在基本部分，通过游戏，让幼儿切身感受到挫折，在这个基础上启发幼儿把当前的挫折与小明的故事结合起来，学会运用相应的策略战胜挫折。在结束部分，通过总结，增强幼儿战胜挫折的信心和勇气。整个活动过程引导幼儿从认识挫折——体验挫折——战胜挫折，符合幼儿的心理活动特点。

活动不足处在挫折情境的设计中，"困难"不够突出，找到交换卡的孩子并不是克服了很多困难才找到的，因此，教育孩子"不怕困难，继续寻找"就显得有点牵强。同时，寻找交换卡本身就是一个令孩子很开心的过程，这种开心冲淡了对挫折的体验。

另外，活动设计的开始部分和基本部分两个环节未能紧密结合，小明经受的挫折和幼儿在游戏中的挫折相差较远，使幼儿在心理上较难将两者结合起来，所以，当孩子在游戏中遇到挫折时不太容易从小明的故事中得到启发，从而削弱了开始部分的"预热"效应。

我该怎么办？（大班）
——社会生存能力训练

［活动目标］

1. 掌握一些战胜挫折情境的方法，提高幼儿的生存能力和社交技能，以便更好地适应社会。

2. 通过小组竞赛，培养幼儿的竞争意识和集体荣誉感。

［活动准备］

"聪明树" 3 棵，红、黄、蓝果子若干，录像 2 段，图 2 幅，奖旗1面。

［活动过程］

一、开始部分

1. 幼儿整队入场。

2. 老师讲述故事，引出话题：有一个叫奇奇的小朋友和妈妈骑车出去玩。突然车撞到一块大石头上，奇奇只擦破了一点皮，妈妈却昏倒在地上。这时候该怎么办呢？（让幼儿讨论）奇奇想出了好办法，他拦住了一辆汽车，请司机叔叔帮忙，把妈妈送到了医院。大家都夸奇奇是个聪明、勇敢的孩子。因为在突然发生危险的情况时，他没有害怕，而是赶紧动脑筋，想出了又好又快的办法，救了妈妈，也保护了自己。我们小朋友在生活中，有时也会突然遇到一些危急的事情，我们该怎么办呢？今天我们就要进行一场比赛，比一比谁想的办法好，谁想的办法多。

二、基本部分

1. 介绍"聪明树"、"聪明果"，答题形式及规则。

（1）"这里有三棵'聪明树'，分别代表红队、黄队和蓝队，每一个小朋友都要动脑筋，想办法，争取让你们队的'聪明果'结得最多。"

（2）"今天，我们有很多问题，有抢答题、选择题和讨论题。老师说'开始'，小朋友才可以抢答、选择和讨论；老师说'停'，小朋友就赶快停下来，不然，就算犯规，就得不到'聪明果'了。"

2. 进行抢答题比赛。

问题一：（录像）妈妈生病昏倒在家里，你该怎么办？

问题二：（录像）你和妈妈在商场里走失了，你该怎么办？

3. 进行选择题比赛。

问题：（挂图）你一个人在家时，有陌生人敲门，你该怎么办？

办法一：坚决不开门，请客人下次再来。

办法二：问客人是否知道自己父母的姓名和单位，如知道就请他进来。

办法三：立即开门请客人进来。

引导幼儿选择最好的办法。

4. 进行讨论题比赛。

问题一：（挂图）你和朋友在公园玩，突然你的朋友掉入了河里，这时候怎么办呢？引导幼儿讨论，商量出救人的好办法。

问题二：（提问）晚上，你和爸爸妈妈在睡觉，突然家里失火了，还有很多呛人的浓烟，这时候该怎么办呢？引导幼儿讨论，商量出保护自己和家人的好办法。

三、结束部分

1. 小结：今大，我们的小选手都很能干，知道在突然发生危险时，要动脑筋，想出又快又好的办法，避开危险，保护自己和别人。

2. 颁奖：比一比哪个队的"聪明果"最多，并颁发奖旗。

思考与讨论

1. 幼儿心理健康教育课程有何特点？

2. 如何设计一个幼儿心理健康教育的课程？

3. 幼儿心理健康教育的教学方法有哪些？

4. 如何评估幼儿心理健康教育课程？

第六章 幼儿心理行为问题的
矫正与个案分析

本章要点

- ☐ 幼儿常见心理与行为问题
- ☐ 强化法与消退法
- ☐ 幼儿多动症与恐惧症
- ☐ 幼儿攻击性与退缩性行为
- ☐ 幼儿口吃与说谎
- ☐ 智力落后

第一节 幼儿常见的心理与行为问题

幼儿的心理卫生问题是一个值得幼教工作者关注的问题。许多研究显示，幼儿的心理和行为问题是比较普遍的。如国内的孙立杰曾调查了 600 名 4 至 6 岁的儿童，结果发现，脾气暴怒、说谎、爱骂人、语言障碍、自私、咬手指甲等问题行为存在于不少幼儿中，各种问题的单项检出率从 4.33% 至 56.69% 不等。在日常生活中，只要我们稍加留意，也会发现不少幼儿的不良行为习惯和不正常的行为举动，如遗尿、哭泣不止、厌食等，对于这些不良行为，如果不及时予以纠正，则会直接影响到他们的心理健康。

一般认为，幼儿中常见的心理卫生问题主要有情绪障碍、行为障碍、品行障碍和发展障碍等几类。

一、幼儿情绪障碍

幼儿情绪障碍最常见的表现是：（1）屏气发作，这是一种得不到满足的发怒表现，在婴儿期就可见到，这也可视为儿童癔症的一种表现。（2）滥发脾气，形式多样，但都以哭闹要挟成人。（3）依赖退缩，胆小恐惧，特别是在社交方面表现出焦虑。他们常常过分注重别人的评价，任何事都期望别人帮助和寻求与成人的身体接触。这类障碍的成因主要是因为父母个性不良、教育方式不当或者是环境对幼儿造成压力所引起的。当幼儿屏气发作时，成人可以泰然离开，使其自行停止。当幼儿滥发脾气时，可以将他暂隔离在一个无危险的地方，以不让参与活动为处罚。家长平时要注意不过分宠爱孩子。对待依赖退缩的小孩，可以用阳性强化行为治疗。同时，教师还应该检讨一下幼儿园的环境是否能给幼儿提供安全感，教学过程是否让幼儿感到超负荷等。

二、幼儿行为障碍

1. 睡眠障碍

梦游、夜惊、梦呓在幼儿中很常见，这与幼儿大脑发育不完善和每天接受大量新异刺激有关。这种现象发生时孩子除伴有癫痫和高热等器质性原因外，可能是幼儿白天体验到不安和恐怖，到夜间梦中又再度出现而导致的。睡眠不安是幼儿的另一个常见问题，这类孩子表现为不愿入睡，或白天昏睡，晚上哭闹，这种现象往往是由于成人过分地看重睡眠时间，强迫孩子睡眠造成的，有时，卧室的照明、空气、安静程度也能对幼儿的睡眠不安造成影响。对于这类幼儿，重点是要纠正成人对孩子睡眠的焦虑情绪，从小培养幼儿良好的睡眠习惯。

2. 饮食障碍

偏食是目前幼儿饮食障碍中的典型行为，具有一定的普遍性。这种不良习惯的形成不仅有其生理的原因，而且与心理因素关系密切，特别是与家长的抚养方式有直接的关系。有些父母为了迎合孩子的胃口，尽量满足孩子的要求，剥夺了他们尝试各种食物的机会，造成偏食，这是原因之一。原因之二是出自幼儿的逆反心理，这种现象在反抗期的孩子中表现得尤为突出。这个时期的幼儿会将"不要，不要"也带到饭桌上来，有时甚至把在别的地方受的气在吃饭时发泄，如故意不吃或打翻母亲特地为他制作的饭菜。而父母的普遍心理是担心孩子不吃或吃不够会造成营养不良，于是百般讨好，任由他们挑食。另外，幼儿的"退行"行为是引起偏食的另一心理因素，这种表现往往在爱的需要受到挫折时显露出来，孩子由于缺乏爱、缺乏关心，故意以偏食来引起成人的注意，这是一种心理自卫机制，当成人忽略孩子的需要和变化时，偏食习惯业已形成。

3. 排泄行为障碍

遗尿症是学前儿童中常见的排泄行为障碍，是指5岁后仍尿床或尿裤，有原发性（一直遗尿）和继发性（已会控制小便半年以上，5岁后又再次遗尿）之分。遗尿的原因一是婴儿期缺乏训练，造成持续的遗尿状态；二是幼儿智能发育迟缓，不能预先告诉排尿，或是无法控制；三是独自排尿后发生的遗尿，属继发性的；四是特别神经质的幼儿对周围的一种敏感反应，出现尿频的现象。

4. 多动症

儿童多动症也叫多动综合征或注意缺陷障碍，起病在入学前，而经常在入学后才被发现，原因还未有定论，可能与脑损伤、遗传、神经递质代谢异常、不良教育方式以及成人与儿童关系紧张等有关。儿童多动症的临床表现多种多样，其症状表现的高峰年龄是少年期，但常常在幼儿期甚至婴儿期就有多动不宁的表现，主要表现在以下几个方面：①活动过度；②注意力不集中；③情绪不稳，冲动任性；④感知觉及认知障碍；⑤学习困难；⑥轻微的神经系统缺陷；⑦先天性缺陷。正常儿童本来活动量就有很大差异，而且不同的父母、教师对儿童吵闹的忍耐性也各不一样，所以，判别儿童是否有多动症要特别慎重。

儿童多动症的治疗应从生物、心理、社会三方面着手进行。生物方面主要是改善身体状况和应用药物。社会方面主要是协调学校和家庭的关系，家长在治疗中有关键性的作用，应为孩子创造一个和谐、温暖的家庭气氛，耐心、细致地对孩子进行辅导。心理方面主要是对患儿进行行为矫正治疗、教育和训练。教师应给患儿更多的爱心，避免当众批评，尽量将患儿吸引到有益于身心健康的活动中来。

5. 其他行为异常

其他行为异常包括抽动症、缄默症、吮手指、咬指甲、拔头发等，造成这些行为异常可能是因儿童与成人关系不良，模仿、情绪异常，精神创伤和某些身体疾病而诱发的。1岁内小孩吸吮手指、2岁小孩的逆反行为和5岁前小孩口吃不必专门矫正，除非已影响进食和正常人际交往。治疗的重点应建立在关心和协调儿童与成人关系的基础上。

三、幼儿品行障碍

这类问题包括说谎、偷盗、攻击行为、破坏行为等。过去单纯从道德教育和社会问题角度考虑，我们发现只靠教育和惩罚的效果不理想，其实这些问题有一定的心理因素，甚至有的存在生物学因素。这些品行障碍是特指那些习惯性的、经常出现的、对他人造成伤害的，而不是指偶然的或过失性的行为。

1. 说谎

学前儿童中说谎的现象较多，成人对此也较敏感，甚至认为"说谎是小偷的开始"，这是不太正确的看法，幼儿说谎有其特殊的原因，有的是作为嬉戏性质的说谎；有的是为保护自己而说谎，如打烂东西怕大人责骂或体罚而说谎；有的则是为了引起别人注意而说谎。对于种种说谎现象，父母与教师不能简单地给予批评指责，而是要了解他为什么要说谎；然后针对他说谎的一些不正确的思想给以耐心解释，帮助他们认识不说真话、不承认错误的行为有损大家，而且对自己也没有好处，因为经常说谎会使大家不信任他、厌弃他。父母与老师要热情帮助幼儿，让他明白一个人说了谎并不是没有希望了，只要承认说了假话，认识说谎是不良行为，能努力克服改正，父母与老师仍然会喜欢他，信任他。

2. 偷盗

幼儿的某种"偷盗"行为不一定是病态反应。例如，幼儿饿了，不经别人同意，就拿别人的东西来吃；幼儿园的孩子常常把自己喜欢的东西带回家，因为他认为好玩的东西应与他在一起；父母往往不在意地乱放钱，幼儿发现后未征得父母同意就拿了钱去买他喜欢的东西等。幼儿在没有道德概念之前，他并不懂得这是不道德的行为。因此，父母与老师应正确看待幼儿的偷盗行为，分清哪些是偷，哪些不是偷。如果幼儿偷盗行为经常而持久地发生，则应该考虑到这是问题行为，及时加以注意与矫正。在教育和纠正幼儿偷盗行为之前，必须深入了解其原因。幼儿偷盗行为的原因有：作为自我吹嘘的手段；取得别人的注意；不公平感觉的结果；出于好奇心等。父母与教师要针对这些原因来进行耐心细致的教育，才会取得效果。

3. 攻击行为

动不动就打人骂人，恃强凌弱，横行霸道的行为，常常见于父母过分宠爱、百依百顺的孩子，特别是独生男孩，也见于缺乏父母关爱或者父母粗暴的孩子。小伙伴在一起玩时，往往有想当"头"的愿望，要别人按照他的意图行事。如果有人不听他的，他就欺负他们，这种偶然的行为不是病态行为。但是，若是一个孩子经常欺负他人或同伴，则属于问题行为，必须加以注意和教育。幼儿的攻击行为有遗传的基础，但主要是由环境因素逐渐养成的。因此，只要通过适当的环境改变与教育措施，幼儿的攻击行为是可以转变的。父母与老师要引导幼儿关心别人、爱护别人，减少儿童的攻击行为。当发现孩子有这种行为时，不要严厉训斥或采取体罚，而应耐心帮助孩子认识到这是错误行为，鼓励他自己控制这种行为。

4. 破坏行为

如果幼儿经常在墙壁或桌子上画字、打破别人的玻璃窗、损坏他人财物，这些行为都是破坏行为。破坏行为的原因是多方面的：有因为敌对情绪引起报复；发泄不愉快情绪；在人们面前炫耀自己的"能干"等。对于有破坏行为的幼儿，首先要找出他产生这种行为的根源，热情耐心地与之谈话，了解他的问题，然后进行教育；不要发现他有破坏行为就立刻严厉批评或处罚。要相信孩子具有分辨是非的能力，有改正错误的愿望，给他们思考自己过错与改正自己过错的机会。

四、幼儿发展障碍

此类问题是幼儿精神障碍中较严重的问题，以生物学因素为主，同时也受社会心理因素的影响。包括精神发育迟滞，儿童孤独症；特殊功能发育障碍，如言语、学习、运动技能发育障碍，儿童精神分裂症；婴儿痴呆症等。

1. 智能迟滞

智能迟滞一般认为由于各种各样的原因，在智能的发育上呈现持续的延迟，处于低劣的状态而言。智能迟滞通常以 IQ 为基础，分为边缘组、轻度、中度、重度、极重度等不同程度的几类，其形成原因可分为生物学因素和社会文化影响两大类。生物学因素大致有染色体异常、先天性代谢疾病、先天畸形及发育异常、胎内缺氧、营养不良等因素。心理的、社会的因素，对人的成长发育过程影响也极大，幼儿智能的发育有赖于外界的"良性刺激"，从"野生"儿的实例中可以看到剥夺人类社会环境的后果。另外，严重的精神创伤和心理挫折也影响幼儿的正常智能发展。

2. 口吃

口吃是幼儿发育中的另一种常见的发育性障碍。口吃的原因是多方面的，主要是心理因素，过多的精神紧张刺激，孩子间的相互模仿，左利手改为右利手，父母在孩子学习语言过程中过于急躁等都可能造成口吃。从调查中我们发现，儿童因模仿而口吃的占 2/3 的比例，儿童出于好奇学着玩。未定型的口吃表现，若不能有效地加以制止，多次练习和强化后便会形成习惯，特别是受到处罚，更会加剧口吃。

有口吃的儿童常因被人嘲笑而变得孤僻、自卑，故要及时纠正及治疗。在这过程中要特别注意消除儿童的紧张情绪，尽量减少容易引起口吃的情景，防止对儿童谈话的一切非难和指责。如幼儿的发音器官有缺陷，则应及早治疗。

3. 学习障碍

学习障碍的孩子智力并没有问题，在课堂里也表现得安静，也不打扰别人，但就是学习不好。他们有明显的阅读、算数或书写困难，以致成绩很差，甚至不能上学。这种学习困难不是由智力落后或者其他精神病引起，而是由于某些环境因素或生理因素引起。如果儿童有视、听或运动器官的缺陷，但并不影响他的学习，这种问题不能称为学习障碍。学习障碍是指儿童在某一科目的学习成绩，比他实际智力能达到的成绩差得多。对于这种孩子，父母与老师都不能失望与放弃，而要付出更多的关心与帮助。要知道这种儿童虽然阅读或算数不好，但在某些方面，如机械、建筑与艺术等方面可能有特殊才能。如果成人及早发现孩子的问题，及时给予特殊的帮助和教育，情况会有所改善。

4. 自闭倾向与自闭症

患自闭症的孩子对社会生活毫无兴趣，生活在自己的世界里，与成人精神分裂症相似。严重时连父母也不理。在他真正需要别人时，会拉着大人的手，请求为他做事。别人在他的眼里只是帮他做事的工具而已。到目前为止，自闭症的原因及治疗方法都还不太明了。

许多被视为"自闭症"的幼儿，根本谈不上是自闭症，他们只不过喜欢在自己的世界里一个人玩而已。这些幼儿应该说具有自闭倾向，但非自闭症。虽然自闭倾向有可能遗传，但事实上父母的性格与管教方式上的问题才是造成幼儿自闭倾向的主要原因。有的母亲嫌抚育孩子很烦人，对孩子不耐烦，冷淡，置之不理，母子感情疏远。孩子有事无人倾诉，久而久之，孩子就不愿理人，喜欢独处，过自己封闭的生活。

第二节　幼儿心理行为问题的矫正方法

一、行为矫正的概念

行为矫正是根据学习理论，对幼儿进行反复训练，以达到矫正不良行为、形成良好行为的方法。这种方法的理论假设是：一切行为都是学习得来的，因此是可以改变的。在使用这种方法时要注意：第一，行为矫正的目的是改变行为，而不是改变人格，当然间接地可以导致人格的改变。第二，行为矫正是一个反复训练的过程，因此要遵循严格的程序。

行为矫正的过程包括基线、矫正、追踪等三个阶段。

1. 基线阶段

即记录现有行为的状况。只有了解现有行为状况，才能设计有效的矫正程序，因此要做好观察记录。一般需要连续记录 3 天至一个星期。

例如，一位母亲因为儿子整天不停地把门关得很响而烦恼不堪，询问教师如何才能矫正孩子的不良行为。教师要求她每天记录孩子关门很响的次数，共记录 3 天，结果共有 123 次，平均每天 41 次。这三天就是基线阶段，平均每天关门 41 次是基线水平，也就是现有的行为状况。

2. 矫正阶段

（1）确定终点行为。如上述的例子中，可以确定如下终点行为：孩子不再用力关门。

（2）选择适当策略。在上述例子中，教师要求这位母亲在孩子不用力关门时，给予赞许；在孩子用力关门时，让孩子回到原来的房间里停留 3 分钟，给予短时隔离，并且不理他，然后要他出来重新轻轻地关门。

（3）策略实施。实施中要控制好情境，并且也要做好记录。很多时候，行为改变需要一个过程，不记录有时会看不到改变的效果，丧失信心。

3. 追踪阶段（维持阶段）

矫正一段时间之后，不再实施第二阶段的策略，但继续对幼儿的行为进行观察记录，看看矫正有没有效果。如果有效果，则继续进行矫正；如果没有效果或效果不明显，则重新考虑其他策略或检查在矫正阶段有无失误。

二、行为矫正法的原则

1. 有利于幼儿身心健康

行为矫正的最终目的是为了培养幼儿良好的心理品质和行为习惯，因此在矫正过程中不能损害幼儿的身心健康，不能为了矫正一种行为而给幼儿的心理带来其他伤害。例如，有的教师用惩罚手段让幼儿长时间地站在教室外面，或用隔离法将不听话的孩子关在不透气的小房间内。又如，有的父母每当孩子哭闹时，就哄骗说"你再哭，大灰狼要来了"或"警察叔叔来抓你了"，利用这种恐吓手段，虽然能马上收到效果，但无意之中损害了孩子的心理健康，致使孩子从小就害怕动物或警察，并且胆小怕事。

2. 遵循道德准则

实施行为矫正时，应先征得幼儿父母的同意，让他们明白实施的程序和目的，认识矫正的性质，并给予配合。同时，要慎重选用矫正方法，选用对幼儿具有最大效果和最小伤害的方法，要多用奖励等正强化法，少用惩罚等方法。

3. 防止滥用和误用

行为矫正是一项有严格程序和要求的技术，在使用时要十分谨慎。否则，不仅达不到教育、训练的目的，而且还会产生危害。不能把行为矫正法当成万用灵丹。

三、正强化法

正强化法其实就是奖励法，每当幼儿表现正常行为时或出现教师、父母所期待的行为时，就给予精神的或物质的鼓励，这样幼儿的这种行为就会得到强化。例如，新来的王老师正在给孩子布置作业，平常很捣蛋的小明，此刻正安静地坐在椅子上看书。王老师走向小明，发现他很认真，就表扬道："小明不错，学习很认真。"以后，小明在王老师上课时不再捣乱，而是安静听讲。因为王老师对他的行为给予了表扬，也就是给予了正强化。

1. 正强化的分类

可以给予孩子的奖励很多，但一定要是孩子自己感兴趣的。正强化物一般可以分为以下几种：

（1）消费性强化物。指糖果、饼干、水果等一次性消费品。

（2）活动性强化物。指看电视、玩玩具、逛公园、听故事、做游戏等孩子感兴趣的活动。

（3）拥有性强化物。指在一段时间内孩子可以拥有享受的东西，如衣服、玩具、图书等。

（4）社会性强化物。指表扬、点头、微笑、温情的拥抱、抚摸等。这对每个孩子几乎都是非常有效的强化物，能让孩子感到自己受到关注、受到肯定，从而产生满足感。

2. 实施要求

在实施正强化法时，要注意以下几点：

（1）及时强化，不要拖延。发现幼儿有良好行为时，及时给予奖励，间隔时间越长，效果越差。例如，一位妈妈对孩子说："你不要吵，妈妈等下给你讲故事。"孩子安静下来之后，妈妈却说："今天累了，明天再讲吧。"这位妈妈把讲故事拖延到明天是不恰当的。

（2）给予奖励时，把良好行为描述一遍。例如，当一个脾气暴躁的孩子一天都没有发脾气，教师可以这样奖励："你今天一天都没有发脾气，老师要奖你一朵大红花。"当一个孩子主动把玩具让给别的小朋友时，教师可以这样表扬："你把玩具让给其他小朋友玩，真是个懂事的好孩子，老师感到很高兴。"这样描述，能使孩子明确今后该怎样做。

（3）防止饱厌。所谓饱厌是指幼儿对这种强化物已经不再需要，不再感兴趣了。例如，孩子已经有了很多玩具，对玩具不再感兴趣了，再奖给他玩具就会使他饱厌。为了防止饱厌现象的发生，要注意两点。第一，每次给予的奖励物不要太多，有的父母动不动就给孩子买一大堆玩具，很容易使其饱厌。第二，经常更换奖励物，千篇一律的强化会使孩子失去兴趣。上述四种强化物可以配合使用。

（4）防止误用。正强化法使用不当，可能会强化不良行为。例如，儿子和妈妈一起上街，儿子看到一支玩具手枪，于是轻轻央求妈妈买。妈妈不同意，儿子便站在柜台前不肯离开。妈妈拉不动，就假装自己走了，儿子于是开始放声大哭并在地上耍赖，许多人开始围观。妈妈迫于情面，回转过身来给儿子买了枪。以后，当儿子的一些要求得不到满足时，他就更有可能用大哭或耍赖的方式来达到目的。在这里，这位妈妈用"买手枪"强化了儿子的不正当行为"哭闹和耍赖"。

四、惩罚法

在幼儿表现出不良行为时，给予适当的惩罚，可以抑制这些行为的发生。

1. 惩罚的类型

假如一个孩子在家里乱扔玩具，弄的"嘭嘭"响，他父亲正在房间里看书，出来制止孩子的胡闹行为，他可能采取以下三种方法。

（1）揍孩子一顿。

（2）把孩子带到小房间里关上片刻。

（3）大声批评："别闹了，再闹看我揍你。"

上述三种方式都可以对幼儿的不良行为产生抑制作用，它们代表了三种不同的惩罚类型。

（1）体罚。体罚使幼儿感到身体疼痛或不舒服，如挨打、长久地站立、忍受不舒服的声音或气味等。例如，当孩子说脏话时，就用针刺他的嘴，或在他嘴上涂黄连，都属于体罚。体罚会令惩罚者和幼儿都感到不愉快，应尽量避免使用。但对有些孩子来说，体罚也是一种有效的方式。

（2）批评。批评就是给予幼儿强烈的否定或警告言语，以阻止或消除不良行为的出现，批评也包括瞪眼、用力抓等动作。批评的后面必须偶尔跟随别的惩罚刺激，否则将会失去作用。像上例中的父亲，如果孩子继续乱扔东西，则他下一步就可能揍孩子一顿。如果他总是大声批评而不伴随别的进一步的惩罚，则批评最终会没有效果，因为孩子知道父亲只是说说而已。从这个意义上说，批评只是一种惩罚的信号。

（3）隔离。即把幼儿与正在享受的某种权利分开。如不让他参与游戏，让他远远地坐在角落里，和小朋友分开；或者关进别的小房间，注意小房间里不要有任何东西。运用隔离，可矫正幼儿的捣乱和攻击性行为。但运用时要慎重。特别是关进小房间里，时间不能过长，一般不要超过 5 分钟。同时小房间要有窗口，以便随时观察幼儿反应，防止意外发生。另外，有孤独症倾向的幼儿，很喜欢单独活动，这样隔离对他来说，就不是惩罚而是正强化了，所以不宜采用隔离这种惩罚方式。

2. 惩罚的副作用

惩罚有许多潜在的缺点和副作用，因此，使用时必须谨慎。

（1）不良的情绪反应。强烈的惩罚会导致幼儿不良的情绪反应，如愤怒、悲伤、焦虑、紧张、恐惧等。而这些情绪可能会影响幼儿的心理发展。

（2）产生逃避反应。惩罚容易导致幼儿对惩罚者和惩罚情境产生逃避反应。例如，受到教师严厉惩罚的幼儿，以后不但会厌恶和回避老师，而且会对幼儿园、教室、同伴都产生厌恶逃避感，由此引起不愿上幼儿园、逃学等反应，甚至发展成幼儿园恐惧症。

（3）产生模仿行为。幼儿有很强的模仿能力，他会模仿成人的行为来对付别的孩子。

（4）不能树立良好行为。惩罚只能抑制不良行为，使幼儿明白不应该做什么，但并不能指导幼儿应该做什么，不能使幼儿树立良好行为。

3. 实施要求

（1）惩罚及时。拖延惩罚会使效果大打折扣。如有的妈妈在恐吓孩子时说："你再捣乱，等你爸爸回来后叫他狠狠揍你一顿！"但爸爸回来时，孩子的捣乱行为已经发生多时，他可能都已经忘记了，这时父亲的打骂可能会令孩子莫名其妙，或者感到委屈。

（2）惩罚适度。根据幼儿不良行为的程度，选择适当的惩罚物，不要让幼儿感到教师或父母的惩罚是随心所欲的，是不公正的。如果惩罚太重，则会引起对抗情绪，或使孩子形成恐惧、胆小的个性特征。如果惩罚太轻，"高高举起，轻轻放下"，则不足以使幼儿有深刻印象，教育意义不大。

（3）惩罚适量。惩罚不是正强化，运用时要非常谨慎，次数不要太多。惩罚如果太多，幼儿会产生"免疫力"，受罚之后，依然我行我素，教育效果不大。同时，过多的惩罚会使孩子心理上长期处于紧张状态，觉得自己这也不行，那也不行，从而可能产生严重的焦虑感和自卑感。

（4）罚之有理。要让幼儿知道为什么受罚，使他们心服口服。孩子最能接受的批评和惩罚是有针对性的，而不是概括性的。例如，孩子打小妹妹，父母批评说："为什么你要做坏孩子？你就不能做点好事？"这样的批评是无济于事的，因为孩子并不懂得自己干了什么事是坏的。如果父母或者教师真想帮助孩子改正某个缺点，就应对他进行有针对性的批评。例如，对打妹妹的孩子说："我告诉你不能打妹妹，你伤害了她真让我生气，现在你进屋去好好想想对不对。"对用手吃饭的孩子说："我不喜欢看你用手吃饭，这是小孩子的行为，你是大孩子了，不能再有这种行为。"对没有完成指定的家务劳动的孩子说："妈妈生气了，因为你没有打扫屋子，没有人喜欢看这样乱的房间，请你快回去打扫！"

总之，在惩罚时，教师或父母一定要向孩子讲清道理，不要让孩子受了惩罚后还丈二和尚摸不着头脑。道理可以在惩罚前讲，也可以在惩罚后讲，也可以边惩罚边讲，根据不同情况选择不同方式。

（5）惩罚者的态度要一致。当孩子出现不良行为时，父母或教师进行惩罚时的态度和标准应该一致；否则，孩子的不良行为无法真正改变。如果爸爸批评孩子"自私、任性"并狠狠打了他，奶奶心疼地搂过去又是亲又是揉，说"甭听他的，奶奶和你在一起，打爸爸"，孩子还会改掉自私、任性的毛病吗？他只会更加自私和任性。所以，成人在孩子面前要保持一致的态度，即使有不同意见，也不要当着孩子的面争论。

（6）惩罚应和良好行为的强化相结合。因为惩罚只能抑制不良行为的产生，不能产生良好行为，所以，单用惩罚是不够的。教师或父母不仅要让孩子明白"这样做不行"，而且要让孩子明白"怎样做才好"。如果孩子乱扔玩具，教师可以对这种行为给予惩罚，但同时要引导孩子产生良好行为："把玩具放好，才是好孩子。"并对这种良好行为给予正强化。

五、消退法

消退法就是对不良行为不予理会，不予注意，使之在"自讨没趣"的情况下不再出现。例如，浩浩是一个大班的孩子，他时刻希望成为老师注意的焦点。开学的第一天，来了个新老师——张老师，浩浩在上课时不停地把自己的椅子左右摇晃，张老师指出这一行为的危险性，但浩浩我行我素，于是张老师不再理会他。有一次，浩浩因摇晃得太厉害而跌到了，张老师也没有注意他，继续上课。浩浩爬起来，摸摸自己，开始安静地坐下来。在这个情境中，浩浩为自己的行为付出了代价，但并没有得到老师的关注，所以这个行为就慢慢消退了。

消退法是一种简单易行且效果显著的行为矫正法，成人有意无意都在运用消退法来消除幼儿的许多不良行为。但运用消退法时，要遵循以下要求。

1. 实施要求

（1）消退应和正强化相结合。在消退不良行为时，如果能对良好行为进行正强化，则效果会更好。例如，对幼儿的无理哭闹行为不予理睬，直到他停止哭泣达 1 分钟，再对他进行奖励，并告诉他之所以获得奖励是因为他不再哭闹。这种奖励可以是一块糖，也可以是一个玩具。

（2）不受旁人干扰。实施时要控制好情境，控制好其他人的行为，不要因其他人的干扰而使消退程序中断。例如，3 岁的小女孩——子君有一个不好的行为，当她想得到某样东西时，会长时间地哭泣，母亲决定用消退法消除这种行为。一天，子君想吃冰激凌，妈妈不给，子君开始哭泣，妈妈坚持不理，子君哭了一段时间之后，终于停止了。后来，子君又想吃巧克力，得不到满足后，又开始哭泣。妈妈还是坚持不理。正好有一位阿姨到家里来，看到子君在哭，问明原因，自作主张地拿了巧克力给子君吃。这位阿姨的行为严重干扰了消退程序。

（3）坚持。教师或父母在消退孩子的不良行为时，一定要坚持，如果不坚持，将会前功尽弃，并且有可能强化不良行为。像上例中的子君，当她长时间哭泣时，如果妈妈坚持不住，在中途给了她冰激凌或巧克力，只会强化她的哭泣行为。在消退过程中，成人要做好思想准备：消退中可能会引起幼儿激烈的情绪反应或攻击行为，这时成人更要坚持。否则，不仅强化了你想消退的行为，而且还强化了附加的攻击行为。例如，子君在哭泣之后，仍然得不到冰激凌，就有可能乱砸玩具，如果妈妈看她乱砸玩具，就马上给她冰激凌，那下次再碰到类似情形，子君就不仅会哭泣，而且会伴随着砸玩具。这样一来，不仅没有消退她的哭泣行为，而且还会增加一种不良行为。因此，教师或父母一定要防止此类情况的发生。当幼儿有攻击行为时，可以用一些惩罚手段，如隔离，但不能妥协。

（4）防止消退幼儿的良好行为。当幼儿表现出良好行为时，如果成人不理，这种行为就有可能消退。例如，一个孩子每天早晨到幼儿园都喊"老师，早上好"，而老师经常视而不见，没有回应，经过一段时间后，这个孩子就可能不再主动叫"老师，早上好"了。这种礼貌行为就被错误地消退了。

（5）防止用于不具有消退性质的行为。一般来说，当孩子的不良行为是为了获得成人的关注和注意时，可以用消退法，并不是所有的不良行为都可以用。例如，妈妈买了一盒糖回家，孩子很喜欢吃。妈妈只准他吃1颗，但孩子吃了后还想要。妈妈不理他，孩子就自己拿来吃。妈妈很生气，就不理他，自己看书去了。结果1小时后，发现糖被孩子吃得差不多了。在这里，孩子吃糖的行为是无法消退的，因为这种行为并不是为了让妈妈"关注"他，而是他本身就喜欢做的，因而不具有消退性质。不像孩子的哭闹，哭闹是为了引起成人的关注。

2. 实施案例

美国心理医生威廉1959年曾发现一名21个月的幼儿，每天晚上当父母将他放在床上离去时，就大哭大闹或大发脾气，父母不得不在孩子睡觉前陪伴他1~2小时，直到他安然入睡，才能离去。威廉分析，孩子父母的关注和安抚显然成了孩子大发脾气的强化物，他以哭闹作为得到父母爱抚的手段。于是决定用消退法进行矫正。矫正过程中，父母还是像平时一样把孩子放在床上，但不再关心或理睬他，只是告诉他，让他自己睡觉，父母不会再进屋，就离开了。第一天，幼儿大哭大闹持续50分钟，第二天哭闹时间缩短为15分钟，到第十天，哭闹行为完全消失。不久，由于小孩的姨妈偶尔插手进行安抚，而使孩子的哭闹行为又有反复。以后继续矫正，效果巩固下来。追踪两年表明，哭闹行为没有复发。

由此例可以知道，运用消退法时，一定要控制好环境，使整个过程不受干扰。其次，消退程序一旦开始执行，就一定要坚持下去，不管幼儿有多么大的反抗，也要坚持。上述幼儿第一天哭闹达50分钟，如果父母心软，过去安抚，只会使孩子第二天哭闹时间更长。

六、模仿法

模仿法是通过观察学习来增加、获得良好行为，减少消除不良行为的方法。它以班杜拉的社会学习理论为基础。幼儿的许多行为都是通过模仿而获得的，因此，通过模仿可以改变一个人的行为。模仿法比较适合矫正幼儿的恐惧症、孤独症、退缩行为等。

有心理学家的实验证实了模仿法的作用：实验者要培养孩子的互助行为。让实验组的孩子看一段示范影片。影片的内容讲述一个男孩和女孩为了争抢荡秋千而吵架，后来一个孩子建议大家轮流玩。实验结果表明，看过这段影片的孩子比没有看过的孩子具有更多的互助、合作行为。

模仿的基本类型有电视、电影或录像模仿法、现场模仿法和参与模仿法等。下面我们看一个实施的案例。

一个大班男孩威威，极端害怕与人交往，患有社交恐惧症。教师采取模仿法予以矫正。实施程序如下：

（1）给他看有关幼儿之间友爱相处的图片、故事和短片。

（2）给他看人与人之间相处的现实情境。

（3）示范者参与其他幼儿的活动，威威陪同并观察。

（4）示范者和威威一起参加一些比赛性质的游戏，让他与其他孩子一起分享游戏中的快乐。

（5）鼓励威威一个人与其他孩子一起游戏，示范者逐步退出。

经过模仿训练，威威已经能与其他孩子一起游戏，经过两个月的追踪表明，威威的社交恐惧已经基本消除，能独自去参加同伴们的游戏，用语言与人交往，并能独自与陌生人待在一起，不再焦虑不安。

七、代币制

代币制是一种综合性的行为矫正方法。所谓代币是指可以累积起来交换别的强化物的东西，如塑料片、五角星、记号等有明确单位的东西。例如，教师对孩子在幼儿园的好行为以贴五角星来记载，当五角星积累到 10 个时，就给一支铅笔作为奖励。在这里，五角星就是代币，而铅笔是强化物。代币可以用来换取孩子感兴趣的强化物（如糖果、玩具、出去玩等）。

系统地运用代币来矫正不良行为、形成良好行为的程序就是代币制。

1. 代币制的操作程序

（1）明确目标行为。目标行为即希望幼儿所具有的行为，要具体明确。

（2）确定代币。

确定代币的原则如下：

第一，马上可以利用。代币必须是马上可以利用的实物或象征性的东西，如塑料片、五角星、记号、游戏用的假钱等。它必须轻便，易于携带，幼儿可以看到并且可以计算其价值。

第二，随时可以发放。代币制的主要优点之一就是当良好行为出现时，可以立即给予强化，执行强化时没有时间再去寻找代币，因此，它们必须是随时可以发放的。例如，教师可以随身携带一些小五角星，父母可以在衣袋里放一些塑料片，当看到幼儿表现出良好行为时，即时给予奖励。

第三，不容易复制。代币必须是幼儿不容易复制的。如果被复制，就失去了价值。如果随便拿一些白纸片做代币，幼儿自己可以仿制出来，就有可能弄虚作假。

（3）确定强化物。

幼儿领取代币是为了交换他们感兴趣的物品或活动。这种存在于代币背后、支持代币的东西就是一种强化物，它使得本来没有强化作用的代币具有了强化作用。例如，当幼儿表现出良好行为时，教师就奖励给他一个五角星，当幼儿有五个五角星时，就可以到老师那里换一块糖。在这里，糖就是强化物。为了获得糖，幼儿必须先获得代币——五角星。

确定强化物的方法和正强化法中的一样。强化物不用很昂贵，但必须是孩子感兴趣的。自由支配时间、玩玩具、看图书，甚至帮老师做事等，都是教师常用的有效的强化物。

（4）拟定代币交换系统。

明确目标行为、确定代币、确定强化物后，接下来的问题是如何将上述内容组合成一个代币系统。我们可以根据以下事项拟定代币交换系统。

A. 指出什么行为可以获得代币，获得多少代币。

B. 代币必须在期望行为之后立即给予。

C. 给所有强化物确定一个价值，让幼儿知道赚取多少代币才能换得相应的强化物。

D. 指定交换的时间和地点。

我们来看一个案例。

6 岁的小飞在家非常懒惰，父母想通过代币制训练他干家务，于是拟定了一个代币交换系统。父母告诉小飞，每当他完成一件家务后，就可以获得一定的代币数，代币可以用来交换不同的强化物，见表 6 - 1。

表6-1　小飞的代币交换系统

我的日常工作表：	代币数
①早晨铺好床	1
②晚餐后抹桌子	1
③给花浇水	2
④晚上把玩具放在抽屉里	2
我的报酬表（我赚的代币可以用来交换下列物品或活动）：	
①看最喜欢的电视节目一小时	4
②去吃麦当劳	20
③获得一把玩具枪	25
④获得一块巧克力	2
⑤去游乐场	40
⑥短途旅游两天	120

　　小飞的父母又设计了代币记录表（见表6-2），每星期一张，贴在冰箱门上。小飞每完成一项任务，就自己在表上画上记号（父母在旁监督），例如可以画"√"，每天晚上父母帮小飞计算当天得到的代币数。小飞可以每天用代币交换强化物，例如今天得到两个代币，就换取一块巧克力；也可以把代币积累起来，用来交换更大的强化物，如积满了40个代币，就要求父母带自己去游乐场玩一次。慢慢地，小飞越来越喜欢干家务了，终于养成了良好的劳动习惯。

表6-2　代币记录表

任务	代币数	星期一	星期二	星期三	星期四	星期五	星期六	星期日
早晨铺好床	1							
晚餐后抹桌子	1	√						
给花浇水	2							
晚上把玩具放在抽屉里	2	√						
每日总数	/	3						

2. 代币制的优缺点

代币制的优点主要表现在以下几个方面：

第一，使强化作用更加有效。代币可以马上发放，因此能即时强化良好行为；强化物多种多样，避免产生饱厌现象；同时，代币可以使幼儿明显看到自己的进步，从而增强兴趣和信心，加速行为的改变。

第二，可以用代币惩罚幼儿，这比体罚要优越。当幼儿表现出不良行为时，我们可以罚代币，即收回幼儿的一个或几个代币，这种惩罚方式克服了体罚的不足，而又具有同样的效果。

第三，代币本身是一种良好的教学工具。代币的应用可以教会幼儿如何计算代币，如何用代币换取等价强化物，幼儿由此可以学会简单的加减运算，并学会与钱有关的一些行为。同时，在这个过程中，幼儿要学会有效地使用和管理自己的代币，因此，他们的自我管理能力也会得到提高。

当然，代币制也有很大的不足。它操作起来费时、费力，并且幼儿对代币容易产生依赖性。在一个没有代币的情境中，幼儿的行为就可能发生变化。要使幼儿的良好行为在没有代币的情况下仍能保持下来，就需要消除代币，而消除代币也是一个较长、较困难的过程。

第三节　幼儿心理行为问题的个案分析

一、婴儿孤独症

（一）个案举例

阳阳，4岁，上幼儿园中班，因独自一人、不与其他幼儿交往、不参与班集体活动、语言表达障碍等，被父母带到心理咨询门诊寻求帮助。

通过仔细询问，了解到该男孩是第一胎，分娩过程并无异常。孩子在两岁之前，身体发育很好，长得胖乎乎的，也能背诵许多唐诗，深得父母喜欢。但是，自从父母将孩子送到其爷爷奶奶家后，孩子便表现出情绪波动大、常独自一个人玩耍、不爱说话等现象。起初并未引起父母的重视，以为是孩子不适应，但随着时间的推移，孩子的情况越来越让人担忧。他表现出对人越来越冷淡，越来越孤独，即使是父母来看他，也无动于衷。原来会背的唐诗似乎也忘了，话也不讲，甚至不叫爸爸妈妈。上了幼儿园后，孤独的情况更加突出：他不主动与其他幼儿往来，别的小朋友接近他他也不理睬；对老师的教学漠不关心，不会主动地跟着老师的思路走，只能被动地接受一点点知识；也不参与老师组织的各种文体和游戏活动，总是游离于集体之外；不理会任何人的任何建议和要求，也不接纳老师的个别辅导。同时，不主动说话，更不能用连贯的语言来准确表达自己的意见。如果别人叫他问老师好，他就说"叫老师好"。即使到了 4 岁，仍不能正确地应用人称代词，常把"我要……"说成"他要……"。平时只喜欢玩一些机械的东西，不喜欢布娃娃或小动物等玩具。常有一些刻板性的动作，如一个人不断地摆弄同样的东西或反复画同样内容的图画等。

在家里，孩子的表现似乎好一些。他有时能回应父母的问话，用简短的、不连贯的词语表达自己的意思。但仍然不主动与家人亲热，喜欢独自一个人玩耍，对家里来往客人的询问没有反应。令父母感到难以理解的是，孩子的语言和思维能力表现很差，但记忆能力却似乎很好。在父母的耐心教育下，他又能记住不少诗歌，而且孩子对音乐似乎有天然的兴趣和理解力，他特别喜欢交响乐，能长时间地专心倾听并用身体语言和着乐曲摇动。

（二）问题分析

该孩子患的是婴儿孤独症，又称自闭症。据调查，在我国婴儿孤独症的发生率大约是 2/10 000 ~ 3/10 000，男女的比例约为 3∶1 至 4∶1。按这样的比例推算，我国目前约有 30 至 50 万名孤独症患者。

婴儿孤独症的起病很早，通常在两岁半前就发病。其临床特征主要有社会交往障碍、言语及认知障碍和行为或动作的异常等。

1．社会交往障碍

此类儿童不仅对亲人表现不出亲近感，不需要相互的安慰，不会分享共同的乐趣，还缺乏社会交往方面的兴趣和反应。他不会与伙伴一起玩耍，也不理会任何人的问话，就是面对面地跟他打招呼，他连眼睛注视对方、面部出现相应的表情等起码的形体语言也没有，所以陌生人常以为这孩子是聋哑儿童。实际上此类儿童没有视、听觉障碍，他们只是没有与人交往的兴趣，视人为一件家具。

2．言语及认知障碍

这类孩子语言发育迟缓并伴有特殊形式的语言障碍。一般表现在两岁以后还不讲话，即使偶尔能冒出若干单词或一句话，也不是用于交流的词句。不会用或不会正确地使用代词，同时还有延迟的模仿现象。比如母亲几天前曾问他："你想出去散步吗?"几天后孩子想出去时，则说："你想出去散步吗?"把"你"代替"我"。对他们来说，语言似乎只是一种形式，而不是交流的工具，他们对别人的呼叫没有反应，也不跟人打招呼。

3．行为或动作的异常

没有正常的依恋父母的举动，对父母及周围的环境不感兴趣，但会依恋某个物体。他们对一些物体的个别部分有着稀奇古怪的嗜好，并常把它们收集起来，以奇特的、刻板的方式摆弄它们，如连续不断地轻打或旋转某个东西，或反复拨弄电灯开关等。或者不论在什么场合、什么时间看到某个东西会非常固执地要拿到手。有的孩子还具有明显的刻板动作，如自我不断旋转、坚持用足尖走路、反复摇晃身体等。此外，有的患儿还对物体的排列、室内家具位置等环境固守同一性，反对变化。

另外，孤独症孩子还具情绪障碍，表现为情绪变化大，经常大怒，或自伤或打人，有时则大哭大笑。他们也不怕危险，常大摇大摆地横穿马路。

从上述各种特殊的障碍中可看出，婴儿孤独症患者有着广泛的认知缺陷，他们具有感觉和知觉的异常，神经系统对外来的刺激缺乏有机的统合，表现出感觉统合失调。其依据有：①此类患儿的智力大多滞后，但其单项的结果却常常使人不解，如他们可能具有特殊的记忆力，但言语却非常迟钝，这表明患儿的认识模式与众不同。②他们的语言障碍涉及各种形式（书面语、口语、手势语），对语言的理解力差，特别是不能将语言运用于交流，因此不仅是语言本身的缺陷，还是认知的缺陷。③他们的社会交往异常不是由于害羞或情绪紊乱引起，而是由于不能获得与人一致的交往方式而引起。一般儿童与他人的目光对视可传达许多信息，获得关注、表达意愿、传递情感等，但孤独症患儿却不能从中获得一般人所能得到的信息来调节社交活动，这表明患儿社会认知的异常。

婴儿孤独症的病因尚不清楚，早期资料揭示与其家庭环境及社会心理因素有关。但近十年来，随着医学、生物科学及其他学科的迅速发展，对孤独症病因的研究取得了重大进展，有研究认为孤独症是由多种生物学及医学原因所致，甚至有人认为此病是由神经病理学损害而引起的一种行为综合征。综合病因学研究的结果，孤独症的原因大致概括为如下几类。

1. 社会心理因素

（1）环境剥夺：这是早期研究中占主导地位的观点。持这一观点的人认为由于儿童处于一个冷漠、缺乏与父母交流的生活环境中，孩子缺少刺激，导致自我封闭。之所以有这种观点，是因为有学者发现婴儿孤独症儿童的父母往往具有很高的智商，但却生硬并具有强迫性，因此认为儿童孤独症的发生可能与无感情的"冰箱似的"父母长期接触有关。但后来的许多研究指出这一说法并无确凿证据，甚至认为父母的情感障碍可能是婴儿孤独症的结果而不是原因。不过，早期环境生活中缺乏丰富和适度的刺激、没有及时教给社会交往的经验，可能是婴儿孤独症的原因之一。

（2）精神压力和打击：精神压力和巨大打击是孤独症常见的诱因，特别是儿童的生活环境突然发生巨大变化对孩子的影响更大。如儿童突然被送到别处、亲人突然去世等，都会使其产生强烈的情绪反应，或整天啼哭，或大声喊叫，当情绪反应过后，便会逐渐沉默不语，丧失语言交际功能，表现出孤独症的症状。本案例的阳阳就是这种情况。目前的研究认为精神压力和打击不是孤独症的病因，而是诱发因素。

2. 生物学因素

由于心理和社会家庭因素的研究结果不一致，加上婴儿孤独症的发病很早，因此对其生物学因素的研究成为重要内容。许多学者认为，言语障碍是形成孤独症的核心，而这种言语障碍在某种程度上具有一定的神经学基础。例如，一个叫布莱克斯多克的学者曾提出证据证明，婴儿孤独症的患儿表现出大脑右半球优势的迹象，他们明显地偏爱非语言刺激，如音乐，而不喜欢语言刺激。此外，医学和生物学科的发展，也使人们越来越相信生物学原因是导致孤独症的重要原因。一般认为，其生物学因素包括以下三点。

（1）围产期并发症：孤独症儿童比正常儿童有更多的围产期并发症。如母亲孕期感染、宫内窒息、缺氧等，尤其母亲孕期感染麻疹病毒和巨细胞病毒危害更大。另外，出生时和出生后对中枢神经系统的有害因素，如婴儿早期患有严重感染性疾病、代谢性疾病也可以并发孤独症。

（2）遗传因素：在孤独症患儿的兄弟姐妹中，患孤独症及认知、语言障碍的比例比一般人群要高。而孪生子的研究也发现，同卵双生的儿童其孤独症的同病率比异卵双生高，比值大约为95%∶23%。进一步的遗传学研究表明，孤独症与脆性 X 染色体综合征有关，有人还发现孤独症儿童有长 Y 染色体，而患儿的父母兄弟也有长 Y 染色体。

（3）器质性因素：孤独症儿童的围产期损害比正常儿童多，如早产、难产、窒息等。随着年龄增长，相当一部分患儿可能出现癫痫发作，说明孤独症有器质性病因基础。大脑 X 光照影和 CT 扫描发现部分患儿脑结构部分异常，如脑室扩大等。也有人研究发现，孤独症儿童的小脑和大脑的某些部位细胞结构有变化。

以上是研究者从不同的角度对孤独症病因进行的分析研究，但是仍无法确认究竟是哪一种因素导致了孤独症。现在，更多的学者倾向于孤独症是社会心理因素和生物因素共同作用的结果。

不管是何种因素所致，对婴儿孤独症患者来说，早期发现、早期治疗都是很重要的。其实，绝大多数婴儿孤独症孩子很早就有一些异常表现的迹象，只是许多父母因为缺乏相应的知识而没有给予注意和重视。比如，一般婴儿在 6 个月时就能和成人之间进行应答性的社会交往，如母亲微笑，孩子也微笑；听到母亲的呼唤，孩子会寻其目光、对视；母亲抱孩子时，婴儿有迎抱的姿势等，但婴儿孤独症患儿则没有这种社会性情感反应。父母和幼儿园老师需要了解孤独症的表现，以便及时发现问题。

（三）问题处理

婴儿孤独症是一种严重的全面精神发育障碍，在治疗上一般采用多种模式的治疗方案，包括各种药物治疗、特殊教育和心理治疗等。

1. 药物治疗

药物治疗主要用于自闭症儿童的冲动、暴怒、失眠和自伤行为等，但对社交及语言障碍没有效果。多种精神药物可供选择，常用的有氟哌啶醇、舒必利、利他林、匹莫林、纳曲酮等，这些药物需要在医生的指导下服用。另外，对于伴发有癫痫的孤独症儿童，还需要选用有效的抗癫痫的药物及早加以控制。

2. 特殊教育

孤独症儿童身心发展独特，需要给予特殊的教育。首先，对孤独症儿童应注意早期诊断、早期教育和训练；其次，在教育中应有针对性地采用相应的方法和手段来帮助自闭症儿童的发展与提高。比如，针对自闭症儿童的感觉统合失调，进行捏黏土、搭积木、滑行板和拼图等活动训练，以提高其感觉和动作的协调；针对自闭症儿童的人际孤独情况，设计"碰撞"、"握手"、"优点轰炸"等班级活动来促进其人际的沟通与交往；针对其语言障碍，可通过一些字句比赛、语言模仿等活动来锻炼其语言表达等。

3. 心理治疗

包括行为矫正训练和环境治疗，前者是指应用行为矫正技术来提高患儿的社会交往技能和矫正不当行为，后者是指为患儿提供一个精心控制的、规范化的环境，该环境的设计尽量提供给孩子各种安全、有效的刺激，使患儿能够在这种环境下克服交往的困难，获得社会化过程。比如，应用游戏治疗的方法来训练自闭症儿童与别的孩子一起玩耍的技能，并获得与他人分享喜悦的社会经验；应用及时奖励等增强原理来鼓励患儿与其他孩子的接触、交往和语言的表达；应用隔离、消极增强的原理来矫正患儿的自伤、刻板等不受欢迎的行为；应用模仿、动作训练等方法来发展患儿的语言和促进其行为的协调与恰当表达。

具体到本个案中的患儿来说，其帮助的途径和方法主要有：第一，让幼儿园老师和家长正确认识儿童孤独症的表现和原因，在思想上意识到对患儿进行特殊教育和行为训练的重要性和艰巨性。第二，根据孩子的具体情况，制定相应的教育和辅导策略。如针对患儿不主动参与各种集体活动的情况，幼儿园老师有意识地将其安排到某些情景中，让其扮演一个角色，尽量使其能融入到活动的场景和气氛之中；针对患儿不与其他小朋友来往的情况，老师安排班上一些善于关心他人、与人交往的小朋友与患儿同坐，并经常同他进行交流，建立人际的好感；针对患儿上课不专心、缺乏有意注意的情况，专门安排一个老师在上课时蹲在患儿身旁，及时给予指点和辅导；针对患儿不主动讲话但记忆较好的情况，老师尽量利用各种机会，有意识地对患儿进行词汇教育，并与患儿进行一对一的语言对话、反复交流等。第三，对患儿的某些刻板行为进行行为训练。如针对患儿只喜欢用同一种色彩笔画同样图案的情况，给予行为矫正：在患儿桌上放置各种色彩的画笔和老师的示范画，并要求患儿按老师的示范画进行绘图。如果患儿不按要求，自己刻板画画，则马上停止供给其画笔，并将画纸拿开；如果患儿表现出对示范画的关注（即使是短暂的），则马上给予表扬，并给予色彩画笔。这样反复强化，有助于帮助患儿减少刻板行为。另外，也可以利用患儿某些特长，进行适当行为的强化。如根据患儿喜欢音乐的特点，对患儿进行情感的培养，让孩子在乐曲的变化中了解情感，并学习情感的表达和交流。

　　总之，对儿童孤独症患儿的教育和治疗是一项长期系统的工程，不仅需要幼儿园老师和家长的密切配合，更需要社会的关注和支持。一些研究发现，孤独症儿童对海豚等动物能产生亲和力，能表现出关注、喜爱等社会情感，因此，利用海洋公园对孤独症患儿进行治疗，在某些地区已开始尝试。

二、儿童多动症

（一）个案举例

　　东东，6岁，上幼儿园大班。自小就调皮好动，爱乱跑乱爬，上蹿下跳，经常把家里搞得乱七八糟。父母认为孩子小、活泼，没有给予重视。

　　上幼儿园后，老师发现这孩子一刻也闲不住，他喜欢东跑西跳，见到什么就抓什么。即使和小朋友们一起听老师讲故事，他也不能按照老师的要求坐好，而是动来动去，一会儿用手去拉扯前面同学的衣服，一会儿用脚去踢邻座小朋友的凳子。平时行为也比较冲动，经常冒冒失失，不是撞倒别人，就是自己碰到墙上。与小朋友相处，也很随意，时常去推、抓别人，惹得小朋友很恼火。进入大班后，注意力不集中现象更加明显，他不能老老实实、专心一意地听老师上课，经常乱讲话、乱走动。回答老师的提问，更是答非所问、张冠李戴，常惹得小朋友们哈哈大笑。即便是做自己喜欢做的事，如看动画片，东东也难以控制自己，总是要动来动去。为此，老师感到头疼，建议父母带孩子去心理咨询。

（二）问题分析

根据东东的表现，可考虑诊断为儿童多动症。儿童多动症是儿童时期一种常见的行为障碍，约占儿童的 3%～9%，其中男孩比较多见，男女性别之比约 3：1 到 10：1。多动症不是单一的活动过多，而是一类综合征，其主要症状有注意缺陷、冲动、活动过多、学习困难等。

1. 注意缺陷

注意缺陷是多动症的核心症状，表现为患儿不能保持注意力集中，不论是无意注意还是有意注意都是如此。与正常的孩子相比，他们很少长时间地做某一件事情，而是很快地从一种活动转到另一种活动，干任何事情都难以自始至终。即使是听故事、看电视，都会开小差，有时连做游戏和玩耍也难善始善终。学习、做作业更是难以持之以恒。他们上课时注意力分散，难以专心听课；做作业时，不是东张西望，就是边做边玩，一切图书文具都是他们摆弄的对象，因此作业常常很马虎、字迹潦草。

2. 冲动

多动症儿童经常是不经思考就突然发生一些行动，自我控制能力差，极易兴奋、激动。兴奋时，大笑大叫，又蹦又跳，得意忘形。稍不如意时，又大发脾气，甚至摔东西，打人。纪律性较差，上课或游戏都不能控制自己，常在排队游戏时尚未轮到他就要抢先，上课也爱不举手就提出问题，随便讲话，甚至大喊大叫，做鬼脸，扮怪相，干扰同学。

3. 活动过多

表现为坐立不安，烦躁，终日忙碌不停，总是在活动，运动量大大超过同龄的孩子，而且活动总是杂乱无章，毫无系统，没有目标，在任何时间、地点、环境中都是一样。与正常儿童的活泼相比，多动症患儿无论在什么样的班级、什么样的场合都有活动过多的表现。

4. 学习困难

多动症患儿由于注意涣散，学习缺乏毅力，多动不安，难以坚持听课和认真做作业，因此他们虽然智力正常，但成绩却很差。他们一般在小学一二级还能达到中等以上的成绩，以后则越来越糟。一般而言，多动症儿童的特点是阅读、拼写、计算等学习成绩较差，他们在背诵语文、外语时，常常掉字、错字，拼写生字也常常错拼或遗漏，计数则容易错位。

除了上述症状外，部分多动症患儿还伴有品行问题。如侵犯攻击行为，他们经常与人打架、斗殴，好发脾气，吵骂不休；专横霸道，与同伴相处时喜欢称王称霸，好欺负、控制他人，与人发生矛盾时强词夺理，把错误缺点归咎于对方；不讲礼貌，说话言语粗鲁，不分老少、师长，行为不分先后，鲁莽急躁，辩论高声大叫。有的患儿还说谎、偷东西、逃学、离家出走等。不过，这些品行行为并不是多动症的原发症状，而是继发于家长、老师、同伴对多动症儿童的不良态度和不良的教育方式。

关于儿童多动症产生的原因，目前尚不能十分肯定，一般认为是由多种因素引起的，主要原因可能与下列因素有关。

1. 遗传因素

国内外一些研究资料表明，多动症可能是遗传因素引起的。比如国外的一项研究中，四对同卵双生子进行配对测试，发现他们都存在多动症状，而六对异卵双生子中只有一对表现出多动症状。国内也曾报道儿童多动症患儿家族成员中有多动症病史的占 13.6%。有的研究还进一步认为，儿童多动症是由于遗传关系所致的某种脑胺（神经递质）代谢障碍所引起的综合征。

2. 轻微的脑功能失调

一些学者认为多动症的原因可能是轻微的脑功能失调，这种失调可能与脑的损害，特别是脑干的损害有关。母亲孕期患疾病、高烧，分娩时早产，难产后新生儿窒息，幼儿时期的过度高烧、患脑膜炎、头部外伤、一氧化碳中毒等都可能造成儿童脑的损害，造成轻微的脑功能失调，引起儿童多动症。也有的学者认为是中枢神经系统的唤醒功能异常，造成患儿多动和注意缺陷。

3. 饮食因素

有人发现过多食用含有水杨酸盐的食物，可能诱发多动症。如研究显示，当儿童食用并消化了一些含有水杨酸类的食物时，多动症表现显著增加，并会持续 48 小时至 72 小时。

4. 铅中毒

城市中的儿童多动症较农村为多，有人认为这与汽油燃烧使空气中铅化物浓度增加有关。一些研究也显示，儿童早期接触过多的铅，使体内蓄积的铅含量过高，会使患儿产生运动过度、学习无能等现象。

5. 心理社会因素

不安的环境（父母不和、家庭经济紧张、教育条件差）和父母的不当教育方式常是儿童多动症的原因之一。据调查，多动症患儿中有 60% 以上家庭管教过于严格，父母亲经常干涉孩子的活动、过多地批评指责甚至体罚。而国外的报道显示，暴力式的家庭教育方式，可使多动症患儿发展并增加新的症状，诸如咬嘴唇、眨眼、口吃等。究其原因，是因为不良的态度和教育方式导致了孩子对父母的不亲近、情绪紧张和惧怕。另外，溺爱、放任自流、漠不关心，也可能使症状出现或使症状加重。

家长或老师在依据上述标准来判断孩子的行为是否属于多动症时，需要注意将多动症儿童与正常活泼好动儿童相区别。目前许多教师或家长对儿童多动症的诊断存在误区，凡是孩子调皮、多动的，都认为是多动症。其实多动症儿童的核心症状是注意缺陷，如果多动的孩子在有意注意和无意注意两方面都存在问题，就应考虑是多动症。但如果多动的孩子仅有有意注意涣散，而无无意注意问题，就需要进一步综合分析。比如，要在儿童的行为控制能力方面、儿童接受指示和要求的持续性方面、儿童情绪的稳定性方面以及在做事的目的性方面等进行比较分析。多动症儿童在这些方面都存在着明显的不足。

（三）问题处理

因为多动症是一种综合征，且引起多动症的原因是多方面的，所以对多动症儿童的处理也必须从多方面进行考虑。常用的处理方法主要包括教育的、心理的、药物的、饮食的方法等。

1. 教育

正确的教育是治疗儿童多动症的主要方法，在具体实施过程中应注意以下几点：①正确认识，端正态度。家长和老师要了解儿童多动症的表现和原因，对多动症患儿给予充分的同情和关怀，要认识到孩子的多动和冲动等行为并非是故意的，不能因此而歧视和排斥他们。同时，也要支持和鼓励孩子树立改善自我行为的信心和决心。②对患儿的要求要合乎实际。由于多动症患儿的自我控制能力差，注意力不集中，因此他们在许多方面的表现都难以如意，为此家长和老师不能用衡量正常儿童的标准来衡量多动症患儿，也不能用对正常儿童的要求来要求患儿。实际上，在许多方面都需要适当降低其标准和要求，如对患儿的多动，只要控制在不太过分的范围就够了，不能要求他们一动也不动；课堂上，患儿能够集中精力听一会儿课，就应该给予表扬，不能要求他们整节课都专心致志。③要多鼓励，少批评。因为患儿多动，且常有冲动、冒失和破坏行为，他们自小挨的打骂和批评就比一般儿童要多，这样反过来又加重了孩子的紧张和多动症状。因此，家长、老师要用一片爱心和耐心去对待患儿，要及时发现孩子做得好的地方，并给予表扬和肯定，这样会增强患儿的自信心和自尊心，减少情绪的波动。④帮助患儿建立良好的人际关系。由于患儿的自我控制能力差，情绪波动大，在与小朋友的交往中经常冒犯别人，久而久之，小朋友们就不和他玩，甚至主动回避他，这样会导致患儿的孤僻和不合群。因此，家长和老师要鼓励患儿多与其他小朋友接触，并帮助患儿学习如何与他人友好交往，避免交往中的不良行为。比如，针对个案中的东东喜欢通过推、打、撞击他人来引起别人注意，使别人与他交往的情况，老师要及时教育孩子通过语言表达来正常交往的方式，并透过"交朋友"、"哑语表达"、"唱歌分享"和"三脚竞走"等活动来促进孩子人际关系的改善。⑤加强注意力培养。注意力不集中是多动症最核心的症状，老师和家长自小就要对孩子加强这方面的训练。通常，要制定出增强孩子注意力的具体计划，并有目的、有步骤地实施。比如，为患儿制定一个专门的作息时间表，根据时间表，及时提醒患儿在什么时候该干什么，让患儿自小养成按时起床、吃饭、学习、游戏、睡觉的好习惯，让患儿的生活规律化。同时，要注意循序渐进，分配任务。如安排患儿的学习内容要分段，小步进行，使其在较短的时间内，学习内容不多。当患儿在规定时间内能完成学习任务后，就让孩子休息一会儿，然后再安排时间，增加学习内容。在学习和其他活动过程中，老师还可以有意识地训练孩子的注意力，如透过"穿珠子"、"查字典"、"跟老师说、跟老师做"、"我们都是木头人"等活动来帮助孩子提高注意力。

　　2. 心理治疗

　　治疗多动症的心理方法效果较好的有强化法、认知行为矫治、娱乐疗法等。①强化法。此法的理论基础是在一种正确的行为之后，加以奖励（强化），可以增加这种正确行为发生的概率。治疗可以有计划、有系统地对患儿进行指导，提出少动、保持注意或遵守纪律的适当要求。每当孩子活动减少或注意力不集中、破坏纪律等不良行为减少时，便及时进行表扬，或让他们获得"代用币"，用代用币可以换取糖果、玩具或游戏的机会。例如，针对东东上课时乱讲话、乱走动的情况，老师可以同东东一起，制定一个行为改善计划，要求东东一节课的时间里，乱讲话、乱走动的次数不得超过多少次，并制定出相应的奖励计划。如果老师对孩子的行为要求明确而具体、难度适当，奖励物符合孩子的心理需要，许诺的奖励及时而有信用，那么这种强化法就能有效地控制患儿的不良行为。②认知行为矫治。这种方法注重引导患儿进行自我观察，自我指导和自我强化。这些自我法则的目标在于让患儿自己认识到多动症的中心问题——注意缺陷、冲动、缺乏深思熟虑，并让他们自己认识到克服这些主要缺陷的重要性。一旦患儿能够在这种认识的支配下去进行行为的自我控制，那么也就能够推广到其他状况，不再受外部暗示和偶然性的影响，从而使多动症得到改善。通常，认知行为矫正适合于年龄稍微大一些的孩子。③娱乐疗法。指通过多种形式的娱乐活动，如游戏、音乐、体育运动等来创设一种轻松愉快的气氛、陶冶性情的一种心理疗法。由于儿童天性活泼，如果老师能够事先设计好娱乐治疗的有关环节、把握好帮助孩子改善行为的机会，娱乐疗法是特别恰当的。

3. 药物治疗

治疗多动症最有效的药物是中枢神经兴奋剂。常用的药物有利他林、匹莫林等，这类药物可使患儿注意力集中、减少活动过多症状。但是，药物治疗只有短期的疗效，不能长期滥用药物，一定要在多动症状严重影响到学习和集体活动时，才应考虑，并应该在医生的指导下进行。像东东这种6岁以下的幼儿或青春期后，不宜药物治疗。

4. 饮食疗法

对多动症儿童还可用特定的饮食来治疗，首先应控制含有甲基水杨酸盐的食物；其次要控制含有调味剂，如辛辣食物、含人工色素的食物等。另外，有研究指出，在儿童饮食中增加含有咖啡因的食品，结合兴奋剂的药物治疗，可以增加疗效。

总之，对儿童多动症的治疗应根据孩子的具体表现，有的放矢地进行。这里要请家长和老师注意的是，儿童多动症的症状有时会随着孩子年龄的增长而逐步得到改善，因此老师和家长，尤其是家长，千万不要太着急，过分的紧张关注和四处求医，有时反而会加重孩子的心理负担。

三、幼儿恐惧症

（一）个案举例

华华，4岁半，上幼儿园中班。最近突然变得很胆小、很紧张，害怕单独一人，总是要妈妈陪着，也拒绝到幼儿园上学。一听到去幼儿园，就大哭大闹，恐惧万分。晚上睡觉也不安稳，有时会从梦中惊醒，哭闹不止。

与老师和家长交谈，了解到华华的母亲此前曾出差一个多星期，孩子的父亲因为工作太忙，总是很晚才到幼儿园接孩子，华华经常是全园中最后一名被接走的人，她感到孤单、害怕，担心爸爸忘了她。即使回到家里，父亲也忙于家务和自己的事，没有像妈妈那样关怀和照顾华华，为此，华华更加害怕。加上华华又在电视上看到了一些有死亡镜头的电视片，令她恐惧万分，她以为她的妈妈也死了。虽然后来妈妈回来了，但华华却不敢去上学了，也不敢离开妈妈半步，情绪处于紧张恐惧状态。

（二）问题分析

华华患的是幼儿恐惧症。恐惧是幼儿常见的一种情绪体验，每个孩子都会害怕和恐惧某些事物，如怕冷，怕太热，怕饿，怕尖锐和巨大的声音，怕坠落的感觉，怕闪耀的灯光，怕陌生的人、物或情景，怕弄痛他们的人和物等。一些研究认为，大约40%的2~14岁的儿童至少有一种怕惧；43%的6~12岁儿童约有7种以上的怕惧，只有5%的儿童没有怕惧。这些害怕与儿童的身体大小和应付能力有关，随着儿童体力与智力的发展，惧怕会不断消失。所以大多数儿童的惧怕是短暂的。但是，如果害怕和恐惧持续的时间太长，或恐惧的反应太强烈，让人难以理解，那么就要考虑是恐惧症了。

恐惧症，是指个体对于某些事物或特殊情境产生的十分强烈的恐惧感。在人类生活中存在着各种各样的恐惧症，如对人的恐惧症，对某些植物的恐惧症，对各种动物的恐惧症，对利器、电器、绳索等物体的恐惧症，对黑暗、雷电、疾病、死亡等自然现象的恐惧症以及对环境的恐惧症等。在儿童时期，上述典型的恐惧症发生率并不高，而且儿童的恐惧症与成人不同，儿童的恐惧症持续时间相对较短，即使是严重的恐惧症也会在短时间内消失。但是，由于儿童恐惧症影响了他们的生活，甚至可能给他们将来的心理健康带来不良影响，因此有必要对儿童恐惧症有所了解，以便及早干预。

一般来说，儿童期常见的恐惧症主要有以下几种。

1. 社交恐惧症

这类患者的主要表现是害怕在众人面前出现，有的还特别怕看别人的眼睛，怕碰别人的目光，对别人的注意大为敏感。在人际交往中表现出害羞、局促不安、尴尬、笨拙。如果强迫患者出现在公共场合，他会感到非常紧张、害怕，有时会心慌意乱、面红耳赤、大汗淋漓，表情很不自然。对于年龄小的幼儿来说，则大多表现为对陌生人的恐惧。

2. 幼儿园、学校恐惧症

表现为在没有任何令人信服的外在理由下，仅出于患儿心理上的原因就拒绝到幼儿园上学的状态。患儿一听到学校或幼儿园，就会情绪紧张、恐惧，甚至会浑身发抖。如果强迫他们去学校或幼儿园，他们会大喊大叫，坚决不从，而且可能会出现恶心、腹痛、头痛等生理反应。

3. 黑暗恐惧症

患儿首先惧怕黑暗的房子，拒绝关灯睡觉，而后可泛化到惧怕一切黑暗的东西，如不吃夹有暗色葡萄的面包。

4．动物恐惧症

表现为患儿惧怕某种动物或某几种动物，如惧怕小白兔，并由此泛化到惧怕所有有毛的动物和玩具。他们不敢摸，不敢碰，甚至连看一眼都不敢，经常如此，无法自控。

儿童恐惧症的产生，大多是在后天的环境中学习获得的，但也受先天素质的影响。下列几种观点，可以对儿童的恐惧症进行解释。

1．条件反射式学习

此观点认为，恐惧情绪的出现是由于形成了不良的条件反射的结果，其经典的研究来自于美国心理学家华生做的一个实验。他的实验对象是一个名叫艾伯特的小男孩，这个男孩在9个月的时候很喜欢兔、老鼠等动物，他对这些动物实在太喜爱了，只要一看到它们，就会迫不及待地伸手抚摸。在他11个月的时候，华生博士把他带进了实验室，正当艾伯特开始抓一只白鼠时，华生大喝一声，这响声使艾伯特吃了一惊，害怕起来。他一边哭叫，一边往前倒。一星期以后，又把老鼠给他，华生又大喝一声，艾伯特又吓得哭了。这样进行几次以后，艾伯特只要一看到老鼠，就会害怕得哭闹起来。他不但对老鼠害怕，而且对兔子、狗之类的长毛动物，以及对海豹皮制成的外套、棉花、圣诞老人面具之类的皮毛制品都感到恐惧。这说明，恐惧的情绪反应可以形成条件反射，而且这种由条件反射引起的恐惧可以泛化，使患儿对与恐惧对象相类似的物体也产生恐惧反应。

条件反射式学习的恐惧有两种情况：一是患儿直接与物体接触，产生恐惧反应，而后强化固定下来的恐惧。例如，儿童喜欢玩火，但若被火烧伤过一次后，火与痛联系在一起，以后再见到火，就会有恐惧反应。二是患儿在某一环境中产生恐惧反应，引起了对某情境或情境中某物体的恐惧。如在医院环境中产生了对打针的恐惧反应，以后碰到与医院相似的房间或与医生相似的穿白大褂的人，都会产生恐惧。

2．模仿学习

儿童的恐惧不仅可以通过条件反射的方式学会，还可以通过直接的观察与模仿学习。如孩子在同别的小朋友一起参观动物园时，看到别的小朋友看见蛇就吓得惊叫，自己也会模仿学习到对蛇的恐惧。儿童除了模仿学习同伴外，对成人、父母的模仿也是获得恐惧的途径。如母亲非常害怕风暴，在风暴时将孩子硬推进地下室，并且紧张不安地做祈祷，于是孩子也会模仿学习到对风暴的恐惧。所以，日常生活中，常看到孩子害怕的对象往往与他的父母或兄妹怕什么有关。

3. 对事物的认识作用

儿童对某一事物的认识是出现恐惧反应的原因之一，因为扰乱人的精神的，与其说是事件，不如说是人对事件的判断。对于恐惧症而言，虽然导致恐惧的刺激或情境是不可缺少的条件，但之所以引起恐惧则主要是人们感知了它，对它有了认识、判断和评价（比如说"这是可怕的东西"或"预示着危险的来临"等），如果没有这种中介心理过程，就绝不会产生恐惧体验与反应。正如本案例中的华华，她对母亲的离开和父亲总是很久才来接她的事件，产生了错误的认识，以为母亲和父亲忘了她，甚至认为母亲死了，这种判断导致了她的恐惧和不安情绪。

4. 分离不安说

学校恐惧症的主要原因是母子间强烈的相互依赖关系，儿童拒绝入园、上学，是因为母亲从他很小的时候起就过分地把他当作无力的存在体，长期给予过多的保护，这种过多的保护如此强烈，足以完全扼杀儿童自主要求的萌芽。结果，由于母亲越俎代庖，儿童非依赖母亲不可。当这种儿童离开母亲入园、上学时，就会想到是否母亲身上发生了什么不好的事，为此深感不安。同时，母亲也会觉得把这么小的孩子送到自己照管不到的地方，孩子能不能适应，内心也感到深切不安。母亲的这种情绪又感染孩子，使孩子产生疑虑：妈妈离开后，将会发生什么可怕的事，我最好不要让她离开。这样一来，就形成母子不能分离的相互关系，使儿童坚决拒绝意味着母子分离的入园、上学。另外，从家庭到学校或幼儿园的环境变化、教师对儿童的态度等，也会给儿童的心理带来一定的影响。

5. 父母错误的教育方法

如果父母不注意培养儿童的独立意识和独立生活能力，使儿童的依赖心太强，到一个新的环境，心理上就难以适应。或者父母为了追求一时的效果而吓唬孩子，如"再不睡觉，猫来了"，"再吵，把你关进黑房子"，"我丢下你不管了"，"不听话，送你到幼儿园去"，等等。这些不良的教育也会导致儿童的恐惧情绪。

6. 父母不良的性格和儿童个体先天素质

有研究认为，患有恐惧症的儿童的家族成员中，往往都有抑郁倾向，大多拘谨、内向、敏感。而儿童个体的神经系统也较为脆弱，对刺激的承受力差。因此，在同样的紧张刺激下，常人不会出现恐惧症状，但先天素质差的儿童则会出现。

对儿童恐惧症的识别，主要依据其恐怖情绪的严重程度来判别。正常的恐惧行为是对客观存在的危险的正常反应，其反应程度是与恐惧情境的危险性相适应的。而恐惧症则是表现过分的恐惧，患儿所害怕的东西或情况在事实上并不具有危险性，或者虽然有一定的危险性，但患儿所表现的恐惧大大超过了客观存在的危险程度。

（三）问题处理

对于儿童的恐惧症状，家长和老师最重要的是不能对孩子进行训斥，不能骂他们胆小，而要给予足够的爱心和关怀，让其有充分的安全感。同时，分析其恐惧症发生的原因，进行有的放矢的教育、辅导和行为矫正。

1. 教育方面

帮助孩子正确认识导致其恐惧症状的事情和情景，培养孩子坚强的意志和良好的性格，是改善和防止儿童恐惧情绪的重要措施。由于儿童的恐惧许多都是缺乏知识或不了解事情的缘由而造成的，因此，只有消除儿童对病源的不正确认识才能治本。比如，针对孩子惧怕雷电的情况，家长和老师应该正确地向孩子解释雷电产生的原因，甚至可以通过一些实验来帮助孩子认识雷电，这样就可以消除孩子对雷电的盲目恐惧。针对孩子惧怕黑暗的情况，通过讲故事告诉孩子黑暗并不可怕，而且黑暗里有许多有趣的事情，如黑暗里可以玩捉迷藏，可以睡好觉，做好梦，还可以更清楚地看电影电视等，以消除儿童对黑暗的不正确认识和惧怕。对孩子的一些误会，如个案中的华华，她错误地把爸爸的迟到理解为爸爸不要她了，这时老师就要帮助孩子进行问题分析，消除误会，并帮助孩子学习正确对待和自我控制。老师还可以设计一些活动来帮助孩子懂得应付突发事件或恐惧情景，学会寻求支持和培养勇敢、独立等性格。比如，可透过"秘密大会串"、"信任跌倒"、"穿越隧道"、"寻宝游戏"、"化装舞会"、"深呼吸"等活动来帮助孩子了解恐惧是每个人都有的，知道可寻求他人的支持，并学习如何克服恐惧的方法；透过"伟人传记"、"神射手"等活动来培养孩子的勇敢品质，增进儿童的勇气。

2. 心理辅导和行为矫正

安慰和关怀是恐惧症儿童最迫切需要的，因此，对患儿的心理辅导，首先是要对其进行心理支持。老师和家长要通过身体抚摸、拥抱、交谈、保证等方法，让孩子明白地感受到自己不孤独，感受到安全性。然后，帮助儿童获得应付他所害怕的对象或情境的信心和方法。如儿童害怕一个人在不开灯的房间睡觉，可以在他床头装一个灯的开关，学会了开与关，这样就让儿童掌握了黑暗与明亮的主动权，帮助其消除了害怕。又比如，孩子害怕母亲的离去，不愿意上幼儿园，可以让孩子带上妈妈的相片上学，或将妈妈的相片贴在幼儿园的课室或睡室里，使孩子随时能感受到母亲的存在，减少分离焦虑。

此外，还可以通过行为矫正的方法，帮助儿童消除恐惧症状。常用的方法包括系统脱敏法和示范疗法。

（1）系统脱敏法。这个技术的基本前提是害怕的心理状态不能与不紧张的身体状态（如肌肉放松）同时并存，而且认为这种不紧张的身体状态能够阻止与害怕相联系的反应。根据这个原理，先要训练儿童学会放松身体的技术。其具体做法是，让孩子舒服地在椅子上闭目静坐，放松全身肌肉，想象最轻松愉快的事情，然后让患儿先紧握左拳继而放松，放松时先放松手指，然后全手，继而放松左臂部。以后按同样顺序做左下肢、右下肢及腹部、胸部、颈部肌肉的松弛练习，这样反复若干次，直至听到指令就能随时使肌肉处于松弛状态。然后，老师和家长将害怕刺激分成几个等级，构成等级结构表，如帮助孩子克服怕蛇的危险的等级结构表是：

第一步：走进房间站在离蛇 15 米处；

第二步：站在离蛇 10 米处；

第三步：站在离蛇 5 米处；

第四步：站在蛇的面前；

第五步：碰这些无毒的蛇；

第六步：用双手接触蛇 10 秒；

第七步：用双手把蛇拿起来 5 秒；

第八步：用双手把蛇拿起来 10 秒。

首先，实施第一步，呈现刺激、产生恐惧时，让孩子松弛全身肌肉。反复进行这一场面的练习若干次，直到患儿不再感到害怕时，就说明患儿对这级刺激的害怕消除了。于是，再逐级上升害怕刺激，即实施第二步。以后每一步都按照呈现刺激、放松肌肉的程序实施，直到完全克服对蛇的恐惧为止。经过 10 天这样的训练，有 86.7% 的儿童敢把蛇放在膝盖上，敢用手接触蛇 15 秒之久。这种方法还可用图片幻灯或言语指示，向儿童呈现害怕的对象或事物，并要求儿童想象害怕的对象或事物。每次想象害怕对象时，就要求儿童放松肌肉。

（2）示范疗法。又称模仿疗法，指向儿童显示同伴能成功地对待所害怕的对象，可以有效地帮助儿童广泛而持久地减少恐惧的程度。社会学习理论家班图拉等用实验证明了这个观点。实验者把托儿所里害怕狗的儿童分别分到 4 个条件不同的小组。第一组儿童在一起参加一个愉快的聚会（积极的情境）

时，可以看到一个 4 岁的儿童与狗亲密地在一起玩（示范者）；第二组儿童同样看到儿童与狗一起玩的情景，只是他们没有参加聚会（中性情境）；第三组儿童虽然参加了愉快的聚会，也看到了狗，却没有示范者；第四组儿童只参加聚会，既没有见到狗，也没有见到示范者。实验者在实验前先对各组儿童害怕狗的情况做一次摸底测验，训练后一天及一个月又做了一次测验，测验由一个个与狗相互作用的等级组成，如接近狗、抚摸狗，最后能关上房门与狗一起玩等。实验结果表明，有榜样示范的两组儿童害怕狗的测验成绩比没有榜样示范的两组儿童进步明显。前两组儿童中有许多儿童达到了可与狗在一起玩的水平，根据一个月后的跟踪测验表明，有榜样示范的两组儿童不害怕狗的影响比较持久。此外，在实验中还看到这种进步，表现在儿童对不熟悉的狗也不害怕，这说明已有了反应的概括化。

可见，通过心理辅导、认识调整和行为矫正等方法，可以帮助儿童消除惧怕各种动物、惧怕洗澡、惧怕上幼儿园等恐惧症状。

四、遗尿症

（一）个案举例

明明，5 岁半，上幼儿园大班，全托。近半个多月来，该孩子晚上老是尿床，平均每两天就尿床一次，严重时一个晚上还会尿床两三次。询问其家长和老师，了解到该孩子平时也偶有尿床，但不频繁。只是近两周来，幼儿园的夜餐大多是稀饭或汤类，这可能导致了孩子的夜间多尿。加上每次尿床后，夜托阿姨都会在第二天马上告诉其班主班老师，但由于没有注意避开其他孩子，使得全班幼儿都知道了明明的尿床。于是明明成了班上小朋友嘲笑的对象，这反过来又加重了明明的紧张和焦虑，尿床的情况不但没有停止，反而加重了。

（二）问题分析

明明患的是遗尿症。遗尿症是指儿童缺乏控制排尿的能力，与自己年龄不相称地昼夜经常不自主排尿，表现为白天尿裤和夜间尿床。

一般说来，遗尿现象发生在婴儿时期，不能算有病，因为那时的儿童还没有发育成熟，还不能够控制自己的大小便。但是随着年龄的增长，60% 的儿童到 2 岁半以后就不尿床了；4 岁左右则基本上没有尿床现象。如果 5～6 岁的儿童每月要尿床 2 次，上小学之后每月还要尿床 1 次的话，那就不正常了。

遗尿症分为原发性和继发性两种。原发性遗尿症是指儿童膀胱括约肌的控制能力发展迟缓，或未形成控制膀胱收缩的能力。几乎 10% 的这种患儿是由于神经系统缺陷或身体疾病所致。这种患儿除了每夜都尿床外，白天也经常尿裤。而继发性遗尿症是指儿童形成了控制排尿的能力，但由于种种原因又出现不能控制排尿的情况。这种遗尿大多数都是由心理紧张因素所引起的，本身的泌尿系统并没有问题，所以又称为功能性遗尿。个案中的明明属于后者。

遗尿症的原因主要有下面几个方面。

1. 遗传因素

有研究发现，家族中有遗尿史的儿童与家族中无遗尿史的儿童相比，前者患遗尿症的发生率是后者的 30 倍。此外，单卵孪生子的遗尿遗传性也比双卵孪生子的要明显。这些都显示了遗传体质的重要作用。

2. 神经系统缺陷和躯体疾病

约有 10% 的遗尿症儿童有泌尿系统的生理缺陷或尿道感染，先天发育不良或后天慢性病引起的虚弱也是导致遗尿症的因素，因为发育迟缓易产生不适当的大脑皮质抑制现象，使膀胱功能减弱。

3. 难以觉醒

一般来说，遗尿的儿童比较难以觉醒，特别是在他尿的时候难以把他唤醒。但研究也发现，孩子尿床并不一定都是在深度睡眠或做梦阶段，睡眠的各个阶段都可以产生不自主的排尿。孩子长大后的尿床都发生在轻度睡眠时。

4. 心理社会因素

大部分儿童的遗尿症是由于受惊吓、环境的突然改变、失去母爱、过度疲劳或不正确的教养习惯等心理社会因素引起的。例如，父母本人是遗尿症则会对孩子过于保护或惧怕，而忽视排便训练；也有的父母厌恶孩子的大小便，严格规定孩子的排便时间，在训练中过于严格和严厉，都会影响孩子形成控制排便的能力。

在儿童形成了控制排便能力之后再出现遗尿现象，大多数是由于家庭关系不和、父母管教不一致、离开母亲、学校恐惧或其他紧张因素所造成的。个案中的明明，则是在多尿的情况下，由于幼儿园阿姨的不正确态度和方式所引起的。因为孩子尿床后，本来就会感到害羞和不安，如果再受到别人的批评、指责或嘲笑，孩子会更加紧张与焦虑，加重尿床情况，最后就形成紧张、尿床、再紧张、再尿床的不良循环。

（三）问题处理

对儿童的遗尿，父母和老师要给予充分的宽容和关怀，千万不要打骂、训斥和讥笑，以免加重孩子的自卑与不安。同时，要分析孩子遗尿的原因，有针对性地进行帮助和矫正。一般而言，对功能性的遗尿，可用下面几种方法来矫正。

1. 减少饮水

针对孩子夜间多尿的情况，可在下午 4 点以后逐渐减少儿童的饮水，夜间的晚餐或夜宵也避免是稀饭或汤类。还可适当减少食物中的盐量，以减少孩子膀胱中的储尿。

2. 定时唤醒

针对孩子尿憋时难以惊醒的情况，老师和家长可以在夜间定时唤醒孩子，让其起床小便。也可以通过闹钟来惊醒孩子，督促其撒尿。

3. 药物治疗

常用的药物是盐酸丙咪嗪，这是一种中枢神经系统兴奋药，它能提高孩子的情绪，减轻睡眠，使患儿尿憋时能醒来；还能增强膀胱括约肌的张力，扩大储尿能力。当然，药物的治疗应在医生的指导下进行。

4. 心理行为治疗

包括一般性心理支持和特殊的行为矫正。前者主要是指老师和父母对孩子的尿床要有正确的态度和适当的教育方式，不能歧视或嘲笑，也不要打骂，而是要理解孩子尿床后的不安心理，给予安慰和关怀，以消除孩子的紧张心理。然后，对孩子的尿床行为进行行为矫正。这里介绍一种效果较好的行为疗法——床垫警铃法。这方法是让儿童睡在特置的床垫上，能吸水的床单上装有打孔的金属薄片，下边安装电路通向电警铃。当儿童尿湿了床，警铃发出响声，铃声惊醒儿童并抑制其膀胱括约肌的收缩，停止撒尿。此时膀胱内仍留有尿，父母即让孩子起床上厕所，然后要求他自己换床单上床睡觉。这是一种条件反射，即膀胱胀满了尿（条件刺激），多次结合警铃的声响（无条件刺激）形成了惊醒和抑制排尿的条件反射。为了保证这种警铃装置发生作用，要求儿童在上床前多喝水，而不是少喝水。通过这种方法训练多次后，儿童就能逐渐形成在尿满时自己醒来去撒尿的行为，如果儿童一夜未尿床，即及时给予奖励、表扬。如果连续 14 夜不尿床，则可撤走这种装置。

当然，对较大的少年儿童，则主要是心理开导，尽量减轻其焦虑情绪，必要时可配合放松训练使患儿的紧张情绪松弛下来。同时，也可鼓励患儿积极参加文娱体育等活动，一方面增强体质，另一方面也有助于增加患儿的自信心，使他们把害怕遗尿的心理转移到别的活动上去，减少遗尿次数，直至遗尿现象消失。

五、幼儿攻击性行为

（一）个案举例

小刚，6岁，上幼儿园大班。个子长得很结实，出手有力，攻击性强。在幼儿园里，他好强霸道，经常欺负其他小朋友：不是用手推、抓旁边的同学，就是用东西投掷打别人，要么就用彩色笔涂脏他人的书本画册。老师批评他后，暂时收敛一点，但很快又旧态复萌，继续有意无意地碰、撞、踩、踢他人，小朋友很讨厌他，老师也感头痛。

询问其家长，了解到小刚自幼由爷爷、奶奶照顾，到4岁半才被接回来与父母同住。由于是长孙，小刚被爷爷、奶奶宠爱有加，遂养成了小霸王作风。在家里，同样也是横行霸道，稍不如意就乱抓乱叫，乱扔东西，有时还用头冲撞父母。

（二）问题分析

小刚的这些行为表现，被称为幼儿攻击性行为。攻击性行为又称侵犯行为，是一种既会对他人造成伤害，又会导致人际关系恶劣的不良行为。通常，具有攻击性行为的儿童，都会因为难以与他人发展良好的关系、缺乏正常交往的活动与经验，从而影响到其性格、能力等心理品质的正常发展。如不及早干预，攻击性行为还可能转化为品德不良，甚至走上犯罪的道路。心理学家韦斯特就进行过一项长达14年的追踪研究，结果发现，70%的暴力少年犯在13岁时就被确定为有攻击性行为，48%的少年犯在9岁时就被确定为有攻击性行为，而且儿童攻击性行为越强，今后犯罪的可能性就越大。可见，对儿童的攻击性行为，家长和老师都要给予足够的重视。

在日常生活中，幼儿的攻击性行为通常可分为三类：一是自卫性攻击，指孩子针对同伴的攻击性行为而反映出来的自我防卫方式；二是非自卫性攻击，指孩子为了达到支配、干扰其他同伴而表现出来的打架、咆哮等行为；三是强迫性攻击，指孩子没法控制情绪的攻击性行为。我们这里所讨论的主要是指第二种攻击性行为。这类攻击性行为的产生，主要是后天的环境和不良教育所致。一般认为，儿童的攻击性行为主要与下面几个因素有关。

1. 教育方式不恰当

过分放纵和过分专制的教育方式都可能导致孩子的攻击性行为。因为过分放纵，会养成孩子自以为是、自我专横的个性特征。他们习惯于大人满足其各种要求，习惯于一切事物都围绕着他转，把他当成"太上皇"来服侍。只要一不如意，就会大发脾气，甚至殴打大人。而大人的忍让、放纵，更使孩子学会不断地任性和具有攻击性。这种习性又会带进幼儿园，在与其他小朋友的交往中也表现出攻击性行为。像个案中的小刚，就属于这种情况。

过分的专制，则会导致儿童严重的挫折感，并引发攻击性行为。一些心理学家就认为，攻击性行为就是针对心理挫折的一种反应方式。如果一个人在满足其需要和实现其目标的过程中遇到了干扰或障碍，这时他就会做出攻击性反应。例如，儿童的行为受到大人的阻止，使他们的需要得不到满足，目标不能实现，尊重的需要得不到满足等，就可能引发其攻击性行为。调查表明，少年儿童的攻击性行为是明显的，其中对父母的攻击远远多于对他人的攻击，其重要原因之一便是父母与少儿观念格格不入，而父母往往凭借自己的地位与权威，要求少年儿童按照他们的要求、观念行动，对少年儿童进行大的干预和限制，这往往使少年儿童产生严重的挫折感，从而产生攻击性行为。

2. 不良的学习

学习理论认为，攻击性行为是一种社会行为，儿童的攻击性行为主要是在社会生活中通过学习而获得的。这种学习分直接学习和间接学习两种。

（1）直接学习——强化。当孩子的攻击性行为得到奖励或"默认"（正强化）时，他便从攻击性行为中得到了"好处"，从而在今后去重复它。例如，孩子在与别人争抢玩具时，采取攻击性行为（打、推倒对方等）获得了玩具，成人不加理睬——默认，孩子以后就会更多地采取类似的攻击性行为。在外打架的孩子，如果父母不管甚至夸奖"真是好样的"，"在外就是要厉害点，免得受人欺负"。孩子受到这类夸奖，就会更爱攻击。相反，如果老师、父母对孩子的攻击性行为进行干预，如没收抢到的玩具，进行批评、惩罚（负强化），使有攻击性行为的孩子不是从中获得"好处"，而是获得批评、惩罚，那他以后就会很少有攻击性行为，以避免批评和惩罚。

（2）间接学习——模仿。儿童喜欢模仿，他们无时不在模仿成人的语言、动作、活动、为人处事的方式等。我们常常可以看到一些孩子不仅长得像父母，就连说话的神气、腔调、手势、动作甚至某些性格都与其父母有惊人的相似之处。有的孩子由于模仿电影和电视中的武侠、神仙、妖怪，或从屋顶、墙头飞身而下，或喝药、上吊，想入地府、上天堂走一遭以致丢了小命。同样，儿童通过模仿也可以学习到攻击性行为。他们如果看到别人的攻击性行为，在相似的情况下，他们就会像过去所见过的一样，采取攻击性行为。

3. 身体状况因素

一般认为，儿童的身体疾病、睡眠不足和营养不良等健康状况，会引起孩子的烦躁不安，令他们容易出现攻击性行为。而个子的矮小或身体的虚弱，可能使孩子经常遭受别的同伴的欺负，当他忍无可忍时，可能会奋起反抗，并付之武力来威胁其他孩子，显示自己不再是懦弱无能，不再甘心受欺负。这也是儿童产生攻击性问题行为的原因。

在判别孩子的行为是否属于攻击性行为时，要注意与正当防卫行为相区别。通常，那种当自己的利益、生存、安全受到威胁，荣誉、尊严或正当权益受到损害时，产生的攻击性行为是一种正常的防御性反应，我们称其为良性攻击性行为或正当防卫。这种良性攻击性行为对于儿童的自我保护，对社会复杂环境的适应，都具有积极意义。我们应当从小培养孩子正当防卫的意识和行动。但是如果攻击性行为偏离了自卫的目的，超出了自卫的范围，发展成经常性的，有意的并导致物品的损毁、造成他人肉体的伤害和心灵的痛苦，就成了攻击性问题行为。

（三）问题处理

对儿童攻击性行为的矫治方法有很多，老师和家长首先要做的是搞清楚孩子产生攻击性行为问题的主要原因，然后对症下药，选择有效的方法。通常，常用的矫治方法如下。

1. 了解和满足孩子的合理需要

对于长期压抑，正当需要得不到满足，造成心理挫折而发生攻击性行为的孩子，家长先要学会在日常生活中了解并尽可能创造条件满足孩子合理的需要。老师和父母要了解孩子的需要，特别是要注意不能用自己的想象，而是要通过与孩子的沟通和交流，来真正了解孩子的感受、愿望及需要。在沟通时，要尽量听孩子说，并注意不要随意打断孩子的讲话，待孩子讲完后，老师和父母再对其所讲的内容，与孩子进行交流。如果孩子的要求是合理的，就应该创造条件尽可能满足他们的需要。对他们一些不合理的需要，也要心平气和地与其讲清道理。

2. 正确的榜样作用

为孩子提供学习的榜样，最好是让他多与那些用理智处理问题的孩子接触，交朋友。不少心理学家的研究表明，若将有攻击性行为的儿童置身于无攻击性行为的楷模之中，可以减少其攻击性行为。老师或父母在遇到孩子之间发生矛盾、冲突的时候，应该用理智的非攻击性的方法帮助孩子解决矛盾与冲突，而忌讳去打骂孩子。有暴力内容的影视节目，要制止孩子去看，或跟孩子一起看，帮助孩子分析暴力行为的复杂动机与后果，讨论使用非暴力解决问题

3. 奖励与惩罚的正确应用

在矫治孩子攻击性行为的过程中及时地奖励与惩罚也很重要。对孩子正确的行为，如帮助别的孩子等，应马上给予奖励，如口头赞扬，允许他看电视或玩一会儿游戏机，带他去一次公园，或做他特别喜欢吃的东西等。不过在运用奖励的方法时应注意，奖励的大小应与孩子正确行为的难度相适应。同时，对其不良行为，则应给予及时的隔离或惩罚。当然，其惩罚的手段也必须是与孩子的心理惧怕相一致的。另外，应用代币制来矫正孩子的攻击性行为，其效果也很好。其方法如下（以小刚为例）：

首先，确定打人次数：仔细观察并纪录小刚每天推、打人的次数，连续进行 3~5 天后，求其平均数，即可确定其打人的次数，如每天 5 次。然后，实施计划：

（1）告诉小刚随便打人是不对的，所以希望他能改变。

（2）跟小刚约定，如果他在一天中，打人次数不超过 3 次时，在放学前给他一张荣誉卡，若次数超过 3 次则处分（每天放学时，老师都告诉他，当天是否达到要求，但不告诉次数的纪录）。

（3）实施一段时间，若连续一周都能达到要求，获得荣誉卡则自下周起，开始把标准提高，即打人次数每天降到未超过 1 次为标准，其他有关奖惩照旧。

（4）实施一段时间后，打人次数未超过一次，若连续达一周，则可进入零次的最后阶段，其余类推，终可改善小刚打人的情况。

4. 培养自控能力

矫治孩子攻击性行为最根本的一点还在于培养孩子的自我控制攻击性行为的能力，具体可从两方面着手。

第一，教给孩子正确的社会、道德观念，使孩子树立正确的认识、观念，从内心深处认识到攻击、伤害他人是不行的，逐步学会用社会规范约束自己。这样就能有效地控制攻击性行为。

第二，培养孩子的同情心，也即让有攻击性行为的孩子学会体验受害者的痛苦。心理学家称此为"共感性"，即从他人的角度感知某种现象或体验他人的感情、感受的能力。研究表明，这种共感能力越高，对他人的攻击性就越小，也就是说共感性能有效地抑制攻击性行为。对孩子共感性的培养，关键在使孩子知道其他人也会疼痛、痛苦、不快，帮助他们把自己对疼痛和不快的感觉与别人处在这种状态时的感受加以对比。简而言之，就是教会孩子把自己对疼痛、不快的感觉扩大到别人身上。一位教育家说过："如果我们极力使儿童注意到成人和小朋友的疼痛感受是怎么样的，那么我们自然会卓有成效地培养起儿童的同情心。"

5. 强身健体

对于患了疾病、身体虚弱的患儿则应加紧医治，加强锻炼和营养，适当地休息，改善身体状况，使他们健康、快乐，从而减少攻击性行为。科学研究证明，虽然不是所有的孩子过多地摄入糖都会产生攻击性行为，但有攻击性行为的孩子过多地摄入糖则有增加攻击性行为的倾向。所以，对有攻击性行为的孩子应合理地限制糖的摄入量。有人对美国的儿科医生和私人开业的医生进行了调查，大多数医生将减少糖的摄入量作为治疗这类孩子的方法之一。

六、幼儿退缩性行为

(一) 个案举例

丽丽，5岁，上幼儿园中班。2年前，初到幼儿园的丽丽长得很瘦小、单薄，一副怜弱的样子。与别的小朋友相比，她显得更加胆小，更加依赖母亲。每次母亲把她送到幼儿园时，她总是紧紧地抓着母亲的衣服不放，坚决不让其走，哭的时间是全班小朋友中最长的。而且，在将近2个月的时间里，丽丽都抱着小书包，独自一人站在课室的角落里，不与别的孩子往来，也不听老师的安排。实在是累了饿了，就坐在原地打个盹，或在原地吃一点东西。一直到后半学期，丽丽才勉强与小朋友坐在一起，但仍然很少讲话，显得格格不入。

以后的每学期初，丽丽都比别的小朋友适应困难。即使是正常上学了，丽丽也表现得胆怯和退缩，缺乏主动性。无论是上课、游戏或玩耍，她都是被动地参与，害怕老师向她提问，害怕老师让她表演，也害怕小朋友主动拉她去活动。班上的老师想尽一切办法，试图让丽丽活泼些、积极主动些，但效果似乎不大。询问其父母，了解到孩子在家里也是比较胆怯，常紧跟着母亲，好像害怕母亲会消失一样。

(二) 问题分析

丽丽的表现属于儿童退缩性行为。所谓退缩性行为是指儿童胆小、害怕、孤独、退缩，不愿到陌生的环境中去，也不愿和其他人交朋友，常独来独往等问题行为。其突出特征有3点。

1. 胆小、害怕、羞怯

有退缩行为问题的儿童一般都胆小、怕事，他们怕见生人，即使家里来了客人也常躲开。躲不开时，较小的孩子就往父母的身后藏，大些的孩子则紧张不安，浑身不自在，或低眉顺眼，或面红耳赤。他们还不愿在公开场合抛头露面，害怕在众人面前讲话，表现得很不大方。他们害怕到陌生的环境中去，较小的孩子常拒绝去幼儿园，大些的孩子则拒绝去学校。按理儿童生性好玩，爱活动，特别喜欢逛公园、动物园和游乐场，而有退缩行为的儿童常常因为害怕、胆小而不愿去公园和游乐场玩耍，更不敢离开父母独自去玩，逢年过节时不愿随父母走亲访友。

2. 孤僻不合群，难以适应新环境

正常的孩子都有与同龄孩子交往的需要，学前儿童喜欢与同龄孩子一起玩耍、游戏，小学生则喜欢与同伴一块玩耍和学习，他们往往两人一伙、三个一群地在一起做作业、做游戏或外出活动。中学生则更有了交友的需要，一般都有自己的小群体，特别是高中阶段，他们青春年少，更是富有集体精神，由于生理成熟，心理的发展，他们都渴望友谊，需要志趣相投和倾心交谈的朋友，在他们的心目中，朋友甚至比父母老师还重要。而有退缩问题行为的孩子从不主动与人交往，小点的孩子总是独自一人与玩具为伴，喜欢独自游戏，而不喜欢与小朋友一起玩，较大一些的孩子在班集体中往往既不被他人所选择，也不被他人所排斥，而是被人忽视，同时自己也不选择和排斥他人，他们往往是游离于各种群体之外的孤独者。即使有的孩子主动与他们交往，或邀请他们参加活动，他们的态度也往往是消极的、冷漠的。正因为他们不愿与人交往，不参加集体活动，很难了解和喜欢别人，也难被人了解和喜欢，所以他们很长时间都难以适应新环境。

3. 对客观现实常采取被动或逃避的行为方式

有退缩问题行为的儿童在各种活动中往往只是旁观者，而不是参与者，对他人采取冷淡态度，其目的都是为了逃避他人对自己的了解或认识。在课堂中，他们很少主动积极地回答老师的提问，如果遇到什么困难，他们往往没有克服困难的信心，所以不是去积极想办法战胜困难，而总是想方设法避免或依赖老师、同学、父母的帮助。

在识别退缩问题行为时要注意一点，即不能把正常儿童在特殊情况下暂时表现出的害怕、恐惧、孤僻、冷漠等退缩行为与儿童退缩问题行为混为一谈。因为，正常儿童在成长的过程中也会由于环境的变迁和强烈的精神刺激而产生一些退避行为，如搬迁、转学、临时寄宿在陌生人家，或父母离婚、亲人突然死亡。惊恐的遭遇，诸如遇到歹徒的骚扰，目睹火灾、车祸惨景等，可能使一个活泼、健谈的孩子出现少动、发呆、沉默、恐惧、孤僻等退缩行为。而刚入园或刚上学的小孩中，绝大部分在开始时都不同程度地表现出退缩行为，如害怕、拘谨、羞怯、不与他人交往，特别是没进过幼儿园的独生子女更是如此，但没有退缩问题行为的正常儿童一般 1 个月内就能很好地适应，变得大胆、活泼，主动找别人说话和游戏。所以，这些症状是一时性的，属于正常儿童的生理性防护反应或称适应反应。但有退缩问题行为的儿童则会长时间表现出退缩行为，他们即使在无特殊原因的情况下，也经常表现出特别害怕、羞怯、孤独、胆小。

儿童退缩性行为产生的原因是多方面的，有父母教养方式不当，家庭关系不正常，缺乏与同伴联系，也有儿童自身先天素质问题、后天的性格和身体状况不佳等因素，下面我们分几点来具体分析。

1. 教养方式不当，过分严厉或过分溺爱

管教过严是造成孩子退缩问题行为的主要原因。山西张玉安的调查表明，退缩儿童家庭中家长对孩子管教过严的占 74.07%，而一般儿童只占 38.8%，差异非常显著。在大多数情况下，退缩问题行为儿童所表现出的害怕、羞怯、不愿参加集体活动、不愿与人交往等一系列退缩行为所掩盖的是他们的独立性差、自我意识缺乏和自卑心理。他们对自己信心不足，害怕在集体场合中、在与人的交往中暴露自己的弱点和内心世界，害怕被人嘲笑、看不起，所以采取退缩逃避的方式来保护自己。而过分的保护和溺爱，因为限制了孩子的必要活动和他们与同龄人的交往，也会造成孩子的退缩性行为。一些孩子在家受到过分的保护与溺爱，他们的一切需要（合理的和不合理的）总会得到及时的满足，养成孩子有求必应、以自我为中心的习惯。他们一旦进入幼儿园或学校生活环境，在家里可以得到满足的许多需要，如独占玩具，就不能得到满足。另外，在集体中还必须遵守纪律、游戏规则等，老师和其他的孩子不会像家里人一样处处让着他，以他为中心。于是他就会觉得莫大的委屈，内心会产生一种强烈的挫折感，从而情绪低落，变得冷漠，极力想逃回自己温暖的家，重享"皇帝"般的快乐生活，重新获得安全感。

2. 缺乏同伴联系

国内许多学者的研究都认为，"早期与同伴隔绝的儿童存在着后来调整问题的危机"，缺乏同伴联系也是导致儿童退缩问题行为的重要原因。父母或者孩子生长的环境，限制了孩子与同伴的交往，不管是出于保护孩子的安全，怕他们受外人的欺负，还是怕他学坏等原因而限制孩子各种活动和与同龄孩子交往，都会使孩子失去处理生活中各种事情的机会，失去学习如何与他人相处的机会，也就不可能使孩子的独立生活能力、社交能力、与他人相处的技能得到锻炼和发展。因而他一旦进入陌生环境和集体生活，就会一筹莫展，无所适从，或者由于他不能或不会与其他人合作而遭受其他孩子的责备与冷落，从而使他们情绪低落，渐渐地厌恶和害怕集体生活，不愿与人交往，严重的干脆拒绝上幼儿园和学校。

3．家庭关系和气氛不正常

父母不和、对孩子的态度不一致、感情用事等不正常的家庭气氛，也是儿童产生退缩问题行为的原因。父母感情不和，会使孩子常处于紧张、惊恐、孤立无助的心理状态，他们没有安全感，享受不到家庭的温暖，从而对成人产生不信任感。父母对孩子态度不一致，一个严厉，一个放任，一个宠爱，一个粗暴，或者高兴时对孩子宠爱有加，忧虑时无故责骂，也会使孩子无所适从，处于紧张、焦虑、惊恐的状态，迫使儿童采取退缩、逃避的方式来保护自己，以适应环境。

4．个体素质原因

心理学家的研究认为，有退缩行为问题的孩子大多性格内向而孤僻，还有一些是天生适应能力就差。他们天生就难以适应新环境，在新的环境中感到特别拘谨，不愿接触人；即使引导、帮助他们去适应，也很难奏效。这类儿童一般不喜欢活动，对新鲜事物和陌生人缺乏兴趣和热情。还有的孩子因为身体虚弱，与同伴游戏、活动、学习时特别容易疲劳，烦躁不安。他们看到别的孩子可以尽情地干自己想干的事，而自己却不能，或遭到反复的失败或拒绝，便产生自己不如别人的自卑心理，进而不愿或害怕参加集体活动，特别是体力强、竞争性强的活动。研究表明，如果一个人在儿童期或青年期患病，需要卧床或单独一个人消磨相当长的时间的话，这便可能导致许多退缩性行为的形成。

（三）问题处理

少年儿童退缩问题行为虽是多方面的因素长期作用的结果，但由于他们的心理正处于发展阶段，有很大的可塑性，因此通过有效的教育矫治，是可以得到纠正的，而且教育矫治越早效果越明显。退缩问题行为矫治的总的原则是，深入细致地分析孩子退缩行为问题的根本原因，再对症下药。通常包括下面两方面的措施：

1．改变错误的教养方式

对于以严厉著称的父母和老师来说，重要的不是把对孩子的爱用严厉的方式表达，而是心肠柔软地理解孩子，多表扬，少批评，要懂得自己就是孩子整个世界的支柱，父母和老师要放弃求全责备、追求完美的习惯。要懂得对孩子来说，坚持尽力去做要比做好更为重要，不以某件事情的成效来衡量孩子的价值，以免他在第一次尝试失败后就认输，就产生恐惧感。另外，父母和老师要学会并坚持从孩子行为中去寻找好的一面加以肯定，例如，帮父母或老师收拾碗筷而摔破了几个碗时，父母和老师不要去批评他损坏了多少餐具，骂他笨，而应该从孩子主动帮父母老师干活、有热爱劳动的美德和具有责任感上去肯定和赞扬，然后再教给他具体操作方法和注意事项，使孩子感受到的是理解与爱，是幸福的保护、信任、宽容与支持，他们有了这种牢固的支柱和安全感，也就没有必要通过逃避和退缩来保护自己了。

对因为过度保护、溺爱造成退缩行为的患儿，父母和老师要使自己的心肠变硬，逐步让孩子学会自己的事情自己做，从日常生活的每一件小事做起，如摔倒了让他自己爬起来，千万不要帮助他，哪怕他伤心大哭，或用可怜求助的目光望着你。当孩子自己爬起来了，就马上表扬、安抚他，以勉励他的自立行为。有一点必须记住，不能动摇决心、半途而废，以致前功尽弃。对家长来说，这样做起来会很难，但必须坚持。如果是家里老人溺爱孩子，则要想办法从空间上把老人与孩子隔离一段时间。

对于过多地限制了孩子的活动和与同龄人交往的父母，有效的办法就是早些送孩子到幼儿园或孩子群中去，并与老师取得联系，多关心、重视和鼓励孩子。

2. 培养孩子的自信心

因为退缩行为掩盖着自卑心理，从这个意义上说，孩子退缩行为的矫治，就是自卑心理的克服，所以自信心的培养建立是退缩行为矫治的关键。主要可从以下方面着手来帮助孩子，使其能爬出自卑的泥塘。

（1）创造条件让孩子体验到成功的欢乐与自豪。父母和老师可以从孩子特别感兴趣的事情和活动着手，创造条件让孩子获得成功，再慢慢引导，鼓励他们参加各种活动，并教给他们方法，创造条件帮助他们获得成功。成功的目标与欢乐逐步代替了以往挫折失败的痛苦和恐惧之时，就是他们爬出自卑泥塘之日。只要有心，父母、老师给孩子创造的成功的机会是很多的，如委托孩子做一些力所能及的事情，让他们出门购买小物品，找邻居借东西，给亲戚送节日礼物，引导他们养花、种草、自制玩具、修理家具等，他们会从活动的成果中获得成功的体验，产生一定的成熟感，从而看到自己的能力，逐步获得自信和大胆行动的勇气，使退缩行为随之消失。

（2）自我肯定训练。因为行为退缩的孩子大多缺乏自信、不敢自我表达，所以老师可以通过一些活动来训练孩子的自我表达能力，增进其自信心。自我肯定训练的内容包括训练孩子自然、大方地说出自己心里想说的话和对别人的要求；学习如何向别人说"不"，避免为了情面或为了怕得罪人而委屈自己，去顺从别人的意思，做自己不愿意做的事；训练孩子学习如何接受别人对自己的负向看法和意见；让孩子帮助年龄更小或能力不好的小孩做事情、玩游戏，以促进自我肯定等。老师可以通过优点轰炸、故事接龙、渐进式歌唱、本周名星孩子等活动来训练孩子的自我肯定。

（3）社交能力训练。儿童在和人相处时，若能有适当的社交技巧，则容易与人往来，同时也有助于树立孩子的自信，减轻退缩行为。社交技能训练可分为下列几个步骤：

第一，教导。教导包括任何与其他人发生接触的方式，例如自我介绍，向对方打招呼，以及如何以微笑、点头及眼光的接触作为称赞人的媒介。其次，主动倾听也很重要，这样才能让对方觉得受到重视，愿意继续交谈下去。

第二，回馈。教导之后让孩子练习，并给孩子适当的回馈，以便能够帮助孩子更进一步了解及改进所学到的技巧。

第三，模仿。让孩子向父母、老师和同学模仿，学习他们恰当的交往方式。

第四，演练。利用角色扮演或有关实际活动，有助于孩子将学到的知识和技能进行练习。如老师可透过经验分享、合作画画、交朋友游戏等活动来训练孩子的交往技能。

除了这些训练之外，老师还可以通过脑力激荡、情境演练、善问者答等活动来提升孩子解决问题的能力，以增进其自信心。

七、幼儿口吃

（一）个案举例

哲哲，4岁，上幼儿园中班。哲哲原来是个口齿伶俐的小男孩，不知为什么最近两个星期以来，突然有了口吃的现象，他讲话时结结巴巴，一个字要重复好几次才接着说下一个字。老师叫他慢慢说，或深呼吸再说，都没有用。

询问其父母，了解到哲哲口吃的原因。原来哲哲的舅舅最近到他们家住了一个星期，而哲哲的舅舅有口吃。哲哲觉得舅舅说话结巴挺好玩的，就经常模仿舅舅说话，不料自己也变得口吃了。哲哲的父母很着急，听见孩子口吃就制止他，骂他，但似乎无济于事。

（二）问题分析

哲哲患的是习得性口吃。口吃是一种语言表达的障碍，表现为说话时音节、单词的重复延长，或者由于经常发生独特的犹豫和暂停，以致中断有节律的语流。这类儿童有的还在说话结巴的同时伴有跺脚、摇头、用手指腿、挤眼、歪嘴、歪脖子、上身摇晃或嘴唇颤抖等动作，以及情绪不稳定、敏感、恐惧、焦虑、睡眠不佳或食欲不振等。不过，轻度口吃儿童单独与喜爱的人、玩具或动物说话时或低声细语、唱歌时，或重复他人说话时，可能因精神不紧张而不出现口吃。有研究者认为，美国和英国儿童口吃的发病率约占儿童总数的4%。我国心理学工作者在上海市某小学的调查结果是，口吃发生率为6%，口吃多发生于3~4岁，男孩子口吃发病率比女孩高4倍左右。

口吃作为一种常见的言语障碍，其产生原因是复杂多样的，其中常见的原因有3种。

1. 父母对初学言语的孩子过分的关注常常是导致儿童口吃原因之一

儿童在开始学说话时，由于言语功能发育不成熟，掌握词汇有限，不能迅速选择词汇以及流利地连接语言和词语，因此经常表现出重复拖长一个发音或短句中的一个词，这是言语发展的正常现象。但若此时父母操之过急，过分地去纠正孩子的讲话，甚至经常加以批评指责，这样会导致儿童的紧张情绪，引起口吃；儿童越觉得自己讲话不流利，就越紧张，最后口吃就形成习惯了。

2. 模仿

据调查，多数口吃患儿的父母或亲属都或多或少有口吃现象。儿童在学习语言的时候，不知不觉之中受到影响。有的孩子则完全是因为看见别人"结巴"，觉得好玩，就进行模仿，结果自己也变成了结巴。本案中的哲哲就是如此。

3. 心理社会因素

儿童在受惊吓、被严厉地斥责或惩罚、环境剧烈变化、父母丧亡或离异、家庭横遭灾难、父母关系不和睦等情况下，会引起儿童的恐惧、焦虑、愤怒、仇恨等不良情绪，继而导致口吃发生。必须注意的是在儿童口吃的初期，父母的斥责、打骂等不正确处理方式常常加速口吃的形成，因为斥责、体罚的结果加重了儿童的紧张情绪，使其越来越口吃。

（三）问题处理

口吃的矫正首先应该消除造成孩子心理紧张的社会因素。这就要求父母、老师和周围人们不要过分注意或议论孩子言语的缺陷，模仿、嘲笑或谴责他，甚至严厉地强迫他矫正。这些引起孩子紧张、恐惧、愤怒、焦虑的做法，只能加重孩子的口吃。因此，让孩子感到轻松愉快是纠正口吃的关键。同时，家长和老师应该尽量让孩子同其他小朋友搞好关系，使小朋友不嘲笑或轻视他。其次，对孩子的口吃进行行为矫正。具体的方法有 5 种。

1. 条件抑制法

让口吃者带上耳机并要求他说一段话，如果他能顺利流畅地说，则耳机里传来适度的噪音，这个适度的噪音不会引起任何不快；但如果他一旦表现口吃的时候，则噪音的声量变大，此强度会使他非常不舒服，具有惩罚效果。

2. 肌肉放松法

先教会孩子放松的心情和放松的姿势，然后建议他在说话之前作肌肉放松，尤其是帮助其声带肌肉的放松，这样反复练习可改善口吃的毛病。

3. 分心治疗法

让口吃的孩子做某些事来分散其注意，则口吃程度会因之降低，甚至完全消除。比如，让孩子学习唱歌，特别是让口吃孩子与一般儿童一起唱歌，让他沉溺于歌声之中，忘情之下，多半不会口吃，而能自然地说话。

4. 模仿抑制法

让口吃儿童模仿另一个口吃者的特征，多次练习后，若口吃能够完全控制的话，则可改善口吃。也可让口吃的孩子对着镜子，模仿自己独特的断断续续的说话方式，当他学习这种自我模仿技巧后，也可以改正说话断断续续的毛病。

5. 语言练习法

让口吃儿童在自然环境下或安排程度不同的恐惧情形下练习讲话。例如，先让他与好朋友说话，逐步引导他与陌生人讲话。再如老师可先在课下单独向他提问，要求他回答，如果他能较顺利地回答，则立即给予表扬；进而老师再在课堂上向他提问，鼓励他回答，使他相信自己能答好。这样可使孩子体验到各种情景下讲话并不可怕，同时也发现自己对口吃也不太在乎，且能忍受别人对他口吃的各种反应而不紧张。当口吃儿童的流利言语逐渐增多，而且不受环境的紧张刺激影响时，可教会儿童应付使他产生口吃的各种环境因素。例如，要求他与老师一起慢慢地、有节奏地说话或朗读，然后治疗者在说话过程中突然插入口吃，但要求儿童继续流利地讲下去；一旦他在训练中能不口吃，就及时给予强化。经过这样的训练，孩子正常的说话便巩固下来。

八、幼儿说谎

（一）个案举例

梅梅，6岁，上幼儿园大班。因为总爱说谎话而令家长和老师担忧。

询问其过去，了解到梅梅从小就聪明伶俐，2岁时就能背诵许多唐诗，也能唱许多歌曲，深得父母和爷爷奶奶的宠爱。家里人经常让其在众人面前表演，赢得了许多掌声。在这样的称赞声中，梅梅渐渐长大。进了幼儿园后，梅梅虽然也讨老师喜欢，但班上还有其他小朋友也很聪明。看到别的孩子受表扬，梅梅也不甘落后，她积极发言，尽量表现自己。同时，也喜欢向小朋友炫耀自己的家庭。慢慢地，梅梅开始说假话、大话了，她向别的孩子吹嘘自己有很多玩具，向老师谎称自己家里很有钱，向家长编造自己在幼儿园得了多少表扬等。每次说谎都得到了小朋友的惊叹和爷爷奶奶的奖励。

后来，与老师沟通后，梅梅妈妈发现自己的孩子在说谎，于是她生气地训斥了孩子。然而梅梅似乎并没有由此而停止说谎，为此父母很着急。

（二）问题分析

说谎就是指瞎编假话骗人，这在少年儿童中并不少见。由于说谎是一种不为社会所接纳的行为，因此受到老师和家长的严重关注。但是，由于说谎的原因比较复杂，因此，家长和老师应根据孩子说谎的情境和不同年龄的心理特点进行具体分析。一般说来，说谎有以下几种情况。

1. 无意性说谎

儿童由于记忆、想象、联想、判断上出现错误而造成的"谎言"，说出与事实不相符合的话，这属于无意性说谎。这种"谎话"不是儿童有意编造的，而是由于他们的心理发展水平所限而产生的。对于这种说谎，不必太紧张，家长和老师只要及时纠正其错误则可。当然，也要注意培养儿童细致观察、精确表达事物的能力，培养儿童在记忆和表达客观事物时，不随意插入自己的想象和幻想，从而避免孩子的表达与客观事物不相符合。

2. 模仿说谎

有的孩子是受到成人或同伴的影响而产生说谎现象。例如，孩子常看到成人长辈说："你听话，就给你买糖果"，结果说了许多次却没有一次兑现，于是孩子也学会说谎。另外，从同伴处看到说谎及玩弄别人的行为，觉得很好玩，也会引起向他们学习的动机。

3. 有意说谎，即为了某种目的的说谎

常见的原因有：①说谎可以逃避惩罚。这种情况多见于父母管教严厉的家庭。例如，孩子只要做了点错事或无意中打碎了东西，都会受到大人的惩罚，于是，孩子慢慢地就会通过说谎来避免受到惩罚。②说谎可以避免做自己不想做的事。有的孩子不想做作业，便谎称自己头痛，并因此得到父母的照顾，自然作业也就可以赖掉。③说谎可以提高自己的威信。这多见于那些虚荣心强或有自卑感的儿童。他们为了引起别人的注意，便讲大话让别人羡慕，例如，谎称自己家里如何有地位、如何有钱；谎称父母如何爱自己；谎称自己学习怎样好、常受老师表扬等。本案中的梅梅就属于这种情况。④说谎可以达到报复的目的。有的孩子为了报复父母没有满足他的要求，则把父母珍贵的东西藏起来，谎称不见了，待父母急得不得了时才拿出来。这种情况多见于娇宠任性的儿童或受到父母冷落、歧视的儿童。

对于孩子的说谎，父母和老师需要给予重视，因为说谎容易演变成习惯。但是，也要注意区别其缘由。有的孩子的说谎甚至可能是善意的。家长和老师一方面要以身作则，避免孩子的模仿学习，另一方面要注意与孩子沟通，了解孩子的需要，分析孩子说谎的真实原因，采取不同的措施区别对待。

（三）问题处理

针对儿童说谎的不同原因，父母、老师要因势利导，对症下药，才可能使孩子不再说谎。常用的方法有：

1. 动机控制法

针对孩子说谎的动机，采取不同的应对策略。例如，若为了得到赞赏、注意而说谎，可采取多称赞和鼓励孩子本身所做的好事入手；若为了避免处罚、挨打而说谎，则宜在处罚时程度减轻些，并对其诚实行为给予奖励和称赞；若是害怕失败受到处分而说谎，可以降低对孩子的期望；若是为了得到某些东西而说谎，应协助孩子发展其用合理方法来取得他想要的东西；若是因报仇心理而说谎，应该设法了解孩子的思想，疏导其不良情绪，增进与孩子之间的沟通和交往；若是由于能力低下、缺乏自信而说谎，则应加强孩子本身能力的培养，并发展其特长，以增进其自信。

2. 想象认知法

运用想象认知训练来消除儿童的说谎。包括想象抑制法和想象示范法。想象抑制的步骤是：首先安排诚实情境，讲述一些类似"狼来了"的故事，让孩子自我意识到诚实不说谎的好处，最后让儿童想象说谎后所面临的人人厌恶的情景，使其自我发觉说谎的确是不受欢迎的。想象示范则是采用正面认知策略，如讲一些诚实、不说谎而受到称赞的故事，让孩子想象自己如果诚实，也会受到表扬的情景，影响孩子的适当行为。

3. 行为矫正法

包括对孩子诚实行为的及时奖励和对孩子说谎行为的及时处罚。通常，用隔离的方法比较有效。另外，也可以用代币制来矫正孩子的说谎。其步骤如下：首先是测量基线，了解孩子平均每天说谎的次数。此阶段一般为5天或一周。然后，实施改变计划：①告诉孩子，说谎是不对的，所以希望他能改善。②跟孩子约定，如果他在一天中，说谎的次数由原来的5次降到3次以下，在放学时奖给他一张贴纸，若4次以上则给予处分。贴纸积累到一定数目可以换取孩子喜欢的奖励物。③实施一段时间后，若连续一周都能达到要求，可进行第二阶段，即把标准提高，每天说谎次数改为2次，若达到则给予贴纸，否则给予处分。依次类推，终可改善孩子的说谎现象。

在运用处罚手段矫正孩子严重说谎的时候，要注意惩罚的及时、有效，即处罚一定是孩子很害怕的、很不情愿接受的惩罚，如关进一个房子，而且一定要告诉孩子为什么要惩罚他，说明父母是不喜欢他的说谎行为，并非不爱他。另外，要直截了当地指出孩子的错误，尽量避免让孩子有再次说谎的机会。切忌明知故问孩子有没有犯错，结果导致孩子再三说谎来遮盖谎言。

九、儿童学习障碍

（一）个案举例

晨晨，6岁，上幼儿园大班。晨晨的眼睛大大的，圆圆的，看起来很机灵。然而，老师却被他的表现弄糊涂了。他总是容易看错字，写错字，经常把6看成9，把P当成q；也分不清上下左右的关系，常将"土"写成"士"，将34写成43。说话动作也令人好笑，除了动作不够协调外，还经常左右反穿鞋，并常把"进来"说成"出去"，把"开"说成"关"。另外，晨晨的语言表达也不够连贯，对人讲话总是不能清楚、完整地表达自己的意思，讲故事更是不断地丢词。但在数数、计算方面，似乎没有太大问题。班上的老师很纳闷，他们觉得这孩子的问题好像不是智力问题，但又不知道是什么，就觉得这孩子可能是哪条神经搭错了线。

（二）问题分析

从晨晨的表现情况来看，他属于比较典型的学习障碍儿童。学习障碍儿童是指非感官缺陷、智能不足或其他生理残障而产生的某一学习方面的严重困难的儿童。专家们估计1%～3%的儿童有学习障碍。学习障碍主要有以下几个方面的行为表现。

1. 活动量特殊

学习障碍儿童常见的特征之一就是活动量特殊，要么活动量过多，要么活动量过少。由于活动量特殊，致使学习障碍儿童无法长时间专注于某一活动，同时也使个人对其环境刺激无法做出正常反应，造成对学习的不利。

2. 动作不协调

在学习障碍儿童中，动作不协调的情况比较普遍，他们的跑、跳、投球、接球等能力发展迟缓，动作协调欠佳。书写与其他精细动作的技能差，表现得笨手笨脚，甚至经常摔跤。

3. 注意力反常

学习障碍儿童难以将注意力适当地转移到有意义的学习活动上，同时也无法在某一活动上专注一定的时间。因此，在上课时，他们经常东张西望，偶尔才注意到老师的教学活动。

4. 知觉异常

知觉异常包括视知觉、听知觉、触摸与运动感知等方面的问题。如有视觉问题的儿童可能无法正确抄写文字，或看不出6与9的区别；有听觉问题的儿童，可能分不清各种声母的发音。

5. 记忆缺陷

许多学习障碍的儿童有记忆缺陷，有的儿童可能在某一房间住过相当长的时间后，仍然记不清窗户在哪里或床铺在哪一边；有的儿童在听过老师连续说过三个字后，要他立即说出来，却无能为力。

6. 能力发展的不平衡

学习障碍儿童的各种能力发展存在不平衡的状况，例如，有的儿童动作协调能力差，但理解力却比较强；有的儿童空间认知能力强，但语言能力却比较差。

7. 学业成绩落后

学习障碍儿童由于智力正常，感官没有缺陷，生理上也无障碍，他们应该学习好，但事实上他们由于脑功能的原因使得学习未能达到预期的效果，以致学习成绩相对落后，形成潜在的学习能力与实际学习效果的很大差距。

8. 固执现象

所谓固执就是指一个人不由自主地重复某种动作，或做某种事情，难以进行注意的转换。例如，有的学习障碍儿童常常会不由自主地重复抄写某个字，好像有人催着他这样做。

9. 行为偏差

除了以上的表现特征外，有的学习障碍儿童还会出现各种行为上的偏差，如人际焦化与沟通的困难，对环境变化难以适应，过度敏感等。

以上各类行为表现并不是每个学习障碍儿童都具有的，当教师或家长发现某个儿童具有以上几种情况时，就应该加以注意，进一步请有关专家诊断。

学习障碍的原因可能是多方面的，专家们目前也没有一个定论。一般认为学习障碍的原因可能包括器质性和生物性因素、遗传因素与环境因素等。

在器质性和生物性因素上，可能的原因有大脑中枢神经系统轻微损伤或功能失常；大脑两半球左右偏用的障碍；学习通道障碍以及轻度身体异常方面的问题。有不少学者将学习障碍归因于大脑中枢神经系统轻微损伤或功能失常，导致儿童在认知过程的某一方面或多个方面出现障碍，包括知觉、记忆、综合、表达等方面的问题。有的学者认为个体对大脑两半球使用有偏用的现象也可能对认知过程产生不良影响，导致学习障碍。有的学者还认为学习障碍儿童是由于他们在听觉、视觉与运动觉这三种感觉通道上的问题造成的。

（三）问题处理

要矫正或帮助学习障碍儿童，首先要及早确诊他们。一般说来，对于学习障碍儿童的教育诊断要经过筛选和诊断两个阶段。筛选工作一般由教师根据学习障碍儿童常见的行为特征对班上儿童进行观察，对于表现出多项特征的儿童，定为怀疑对象，并将其转介给有关人员，接受进一步的检查。在诊断阶段，心理学家、语言病理学家、医生以及学习障碍的专家等各方面的专家组成工作小组，共同对转介来的儿童进行测量、评估与诊断。最后确定该儿童是否有学习障碍。如果有学习障碍，进一步找出其学习障碍的具体方面，如阅读障碍、书写障碍、算数障碍等，并制定出有针对性的补救教学训练计划，指导学习障碍儿童学习习惯与教育环境调整。

因为学习障碍儿童难以将注意力适当地转移到有意义的学习目标上，容易被教室内外的事物所吸引，所以，要求教室布置力求简单，并利用窗帘遮蔽窗口，学生的座位安排也要尽量避免相互干扰等。学习障碍儿童由于学习困难容易体验到失败经验，教师应多鼓励他们，为他们提供成功的经验，帮助他们增强自信心。除此之外，教师可以通过适当的教育训练，改善或消除他们的学习障碍。主要的教育训练方法有以下几种：

1. 感知与动作训练法

学习障碍儿童往往有感知或动作方面的缺陷，可采用适当的感知—动作训练给予矫正。例如，使用平衡台、弹簧床帮助儿童发展平衡、姿态及方位能力；利用涂色与手眼协调活动，训练儿童知觉动作的统合能力；提供儿童配对物件、图画、几何图形、拼图等训练儿童的形状知觉等。

2. 多重感官训练法

这种方法在学习中让儿童使用一种以上的感官，给予多重的学习刺激来帮助学习障碍儿童。例如，在学习单词时，先让儿童看（视觉）这些单词，再听老师读（听觉），最后让儿童练习写这些单词（运动觉与触摸觉）。

3. 提倡自我指导与自我监督

对于学习障碍儿童，发挥自我的作用是十分重要的。教师要鼓励他们学会用语言来控制自己的行为，并长时坚持下去，直至完成一件事。

4. 行为矫正法

强化法、行为塑造法、模仿法与代币制等各种行为矫正方法都可以用来帮助学习障碍儿童。

5. 感觉统合训练

学习障碍与神经系统发展不平衡和不规则，无法组合脑的适应性反应有关，因此，向儿童提供内耳前庭、肌肉关节与皮肤等部位的感觉刺激，并给予适当的控制，使儿童能自动形成脑的顺应性反应，促成脑对各种感觉的组合与统一，这就是感觉统合训练的基本构想。在运用这种方法时，治疗师利用各种游戏活动，向儿童提供所需的特定感觉刺激，并帮助儿童控制与协调这些感觉刺激，以促进儿童脑的整合与发展。

由于学习障碍儿童的特殊性，有必要采用特殊的教育安置方式与服务措施来满足他们的特殊需要。可以将他们集中在特殊班进行专门的教育与训练，或者采用资源教室的方式，大部分时间在普通班就读，少部分时间回到资源教室，接受教师的专门辅导。

十、儿童性别认同障碍

（一）个案举例

南南，6 岁，上幼儿园大班。南南是个模样端正、性格活泼的男孩，他喜欢结交朋友，经常和班上其他的小朋友一起玩耍。但是，南南有一个问题，就是不太喜欢竞争性强的体育活动，也不喜欢玩打仗等游戏，而是喜欢一些较静的活动，比如和女孩子玩过家家、玩布娃娃等。

了解南南在家里的情况，发现他平常也喜欢和妈妈待在一起，而且特别喜欢妈妈房间的各种化妆品。有时他还会坐在妈妈的化妆台前，用各色化妆粉、干膏认真地往脸上抹。另外，他也喜欢模仿女孩子的打扮，常躲在家里把妈妈的衣服、裙子披在身上。

对南南的这些表现，其父母起初并不在意，反而觉得孩子挺好玩的，有时还夸奖孩子打扮起来很漂亮。后来见孩子女性化倾向越来越明显，才感到是个问题，着急起来。

（二）问题分析

南南的这些表现，在变态心理学上称之为儿童性别认同障碍。这类障碍的儿童在对自己的性别认同方面出现了偏差，他们不太认同、喜欢自己的性别角色，反而更喜欢打扮成异性的样子。他们也不太喜欢与同性的同伴玩，而是喜欢与异性同伴玩耍，喜欢参与到异性同伴的活动中，玩异性同伴玩的游戏和玩具等。通常，男孩出现性别认同障碍的现象比女孩多一些。

从幼儿心理发展的历程来看，3~4岁的孩子大都已经知道自己的性别，但对男女之间的差别还是很模糊。这时候，男孩子可能会模仿母亲的样子在口唇上涂口红或喜欢穿着女孩子衣服玩等，这些现象如果只是偶尔发生，父母也无须惊慌，只要正确引导则可。但如果孩子经常模仿妈妈、喜欢穿女孩的衣服，甚至在行为上也表现出女性化的倾向，则需要考虑是否出现性别认同障碍了。

儿童性别认同障碍的原因除了可能与其染色体异常或性激素异常有关之外，绝大多数是由于父母将孩子当异性来教养，或有意无意地强化了孩子的异性化表现所致。

（三）问题处理

对有性别认同障碍的儿童，首先应带他到大医院检查看有无先天性生理缺陷；若无，则主要给予心理治疗，主要是认知行为的矫正。其方法主要有：

第一，消除对孩子异性行为的强化，鼓励孩子的同性别行为。儿童性别认同障碍的产生很大程度上来源于父母对其异性行为表现的赞赏、默许，所以要帮助儿童改变，就必须要消除这种不良的强化，即在孩子产生不合于自己性别的行为表现时，父母应给予冷处理等鲜明的态度，使孩子明确感到父母不欣赏他的行为表现。同时，一旦孩子表现出符合于自己性别的行为，则立刻给予关注和表扬。

第二，加强儿童对自己性别及其相应行为的好感和认同。孩子不喜欢自己的性别、拒绝参与典型的同性行为活动，这与父母早期经常称赞他的异性模样和异性表现有关。所以父母在对孩子的教育过程中，就应有意识地欣赏、称赞、夸奖各种同性身体特征和同性行为表现。比如，在房间的墙上贴一些英俊的男子像，母亲常对此像给予欣赏；父母同孩子一起看男子的体育活动时，有意称赞男性的勇敢、果断、刚强的性格特征；父亲的形象也宜更加突出，尤其是在母亲权威、父亲温和的家庭里，更宜有意识地加强父亲的权威形象，使孩子有模仿自己同性行为的榜样和动机。

第三，帮助孩子建立适当的社交圈，使他能在健全的交友活动中，得知和认同自己的性别角色。由于患儿平常经常与异性伙伴玩耍，因而会受到同性伙伴的白眼和讥笑，这又使得患儿更不愿接近同性伙伴。因此，老师同学宜伸出友谊之手，组成一个友谊活动小组，使患儿能在友善、接纳、欢迎的气氛中，与同性同伴一起游戏、玩耍和活动。并且，透过一些"我是谁"、"我的性别"、"欣赏自我"、"怎样的行为符合自己的性别"等活动，来增进孩子对自己性别的接纳，帮助孩子建立统一的自我。

对于性别认同异常儿童，父母与教师应及早发现与矫正，因为早期干预的效果比较好。若是在异常的性别认同模式定型之后，再进行矫正则困难得多。矫正通常在家庭里面进行，采用替代性模仿学习的形式与行为训练的方法都有一定的效果。厌恶治疗的方法在理论上也是可行的，但所用的情况并不多见。对于性别障碍儿童的治疗还存在一个道德问题：患有这种障碍的儿童应该按照父母的要求接受治疗吗？这种儿童必须找医生治疗吗？有社会评论家认为性别认同异常的儿童没有必要接受治疗来改变自己的行为模式；相反，社会应该改变，因为社会不公平地约束了并不直接危害他人的同性恋和其他性别认同异常者。有的法学家还认为对于性别认同异常儿童的矫正与治疗需征求儿童本人的同意。

十一、儿童智力落后

（一）个案举例

凯凯，5岁，上幼儿园中班。他个子高大，身体发育很好。但是，他的智力发育却迟缓与落后。他虽然5岁了，但仍不会说连贯的话，只会说一些单词，或者发出一些无意义声音。他几乎完全听不懂老师讲的话。在幼儿园里，凯凯常常行为冲动，一会儿冲出课室，一会儿大声乱叫，不听老师指挥。而且有时还会出现一些危险行为，如从高处往下跳，从后面猛推别的孩子。父母把孩子带到某高校心理咨询中心，经检查测评，发现凯凯的智商为40，属于中度弱智儿童。凯凯的父母很伤心，也不明白为什么会生下这个智力落后的儿子，因为凯凯出生过程并无产程创伤，家庭中也没有弱智的家族史，父母本身也是知识分子。

（二）问题分析

弱智是人类神经系统的常见病。据报道，国外每30个新生儿中就有一个弱智患者。在我国，虽然不知道弱智患者的精确数目，但估计弱智患者在人口中的比例占3%左右，即中国13亿人口中有近4 000万弱智患者，可见这个数字大得惊人。

根据智力落后的程度，弱智可以分为愚钝、痴愚和白痴三种。

愚钝即轻度弱智，智商在50～70，其智力障碍较小。这种儿童被称为"可教育的"，他们的智力虽然发展落后，但能够接受一定程度的教育。在普通学校，他们一般跟不上学习进度，学习成绩很差，几乎到了青年期才能掌握小学6年级的课程。他们从外观上，一般看不出异常来。在成人的指导下，能适应社会，独立生活，从事简单的劳动。

痴愚即中度弱智，智商在25～50，其智力缺陷较严重。这种儿童被称为"可训练的"，即经过适当的训练可从事一些简单的活动。他们能够学会说话，但词汇贫乏，词不达意，难以掌握小学2年级以上的课程。他们可以从事某些简单的、机械性的工作。在社会生活中，需要他人的监督与保护。

白痴即重度弱智，智商在25以下，其智力受到非常严重的损害。他们不会说话，也不识数。不能独立生活，甚至大小便失禁。白痴儿童常常伴有其他器官的先天性缺陷，有时在婴幼儿期就死亡。在良好的照料下，有部分白痴能活到成年。

一般说来，弱智儿童的各种感觉较为迟钝。在视觉方面，轻度弱智儿童感受性较低，一般都很难或不能辨别物体的形状、大小、颜色等的微小差异。例如，他们不能区分颜色的不同浓度，分不清深红、浅红、粉红和紫红的差别。严重程度的智力落后儿童根本不能辨别多种颜色，或者只能识别红色或不是红色。智力落后儿童听觉迟钝较明显。他们往往不注意亲人的招呼，不理睬哨声的召唤或周围的声响，致使家人或教师常常误认为他们是聋子。智力落后儿童对语音的识别尤为困难，以致学习汉语拼音十分吃力，不能区分四声的变化，不能区分猫叫和羊叫。智力落后儿童的皮肤感觉一般不如正常儿童敏感，严重的智力落后儿童在暴晒、冰冻或严重自伤时，也无明显的痛觉，其嗅觉、味觉可能缺失。

智力落后儿童的知觉速度缓慢，知觉范围狭窄，感知信息容量小。正常人一眼望去，能"捕捉"到许多物体；而弱智儿童能看到的东西，要比正常儿童少得多。那些正常儿童一眼就能看出的东西，弱智儿童则要花更多的时间去看才能看清楚。即使如此，他们知觉的理解仍然不及正常儿童那样全面、深刻，仍然难以把握事物之间的关系和联系。这种特点明显地妨碍了他们的认知能力的发展，影响了他们对周围事物的感知。

智力落后儿童认知过程中的又一个明显的特点是缺少认识的积极性。和正常儿童相比，智力落后儿童在感知物体时，往往缺乏应有的好奇心，没有仔细观察和深入了解物体特性的强烈意向或愿望，更不会问个"为什么"，而只是满足于对事物的一般了解。例如在寻找失物的游戏中，智力落后儿童常常是毫无目标地东张西望一阵，而后说"找不着"了事；而正常儿童会积极主动得多，他们往往能有计划地寻找，他们善于利用周围环境的某些特点，或抓住伙伴们的个别反应作线索，准确无误地把失物找出来。

智力落后儿童大脑的发育迟滞或障碍，不可避免地会给记忆的发展带来严重的损害，导致整个记忆过程的明显缺陷，突出地表现为识记速度缓慢，记忆容量小，容易遗忘。智力落后儿童的机械记忆相对好些。这一特点有时在某些"白痴学者"身上表现得尤为突出。例如，南京有个被人称为"活日历"的男孩，他对日历上星期几可以对答如流；他能记住父亲厂里所有汽车的牌号，并能将牌号与司机一一对上，家里的水表、电表由他算，从来不出错，就是不知他怎么算的。但智力测验结果，他的智商仅为57。这个例子至少可以说明，可教育的智力落后儿童还是有一定的学习潜能的，只要教育方法得当，学习和掌握某些知识和技能是完全可能的。

直观具体是智力落后儿童思维发展的一个明显特点。所谓直观具体是指他们的思维总是受着事物的具体形象或表象的支配和束缚，不能正确理解隐蔽在事物形象背后的本质的共同特征。没有明确的目标，不善于预见行为的后果，事先也不会周密思考完成任务的计划、方法或策略，给人的印象是：弱智儿童只知道做，不会想。许多弱智儿童只知道在课堂上主动举手回答教师的问题，至于到底应该如何回答好这些问题，他们并不多加思考，也不会动脑筋。

智力落后儿童的言语发生晚，表达能力差，无论是语言的理解能力，还是语言的表达能力，都要比正常儿童发生得晚一些，且言语的发展速度迟缓得多。一般的弱智儿童到两三岁才开始说一些单个的词；五六岁时才会说简短的、内容单调、往往不合乎语法的句子；到入学前，他们的语言发展仍然很落后。严重的弱智儿童，可能长大成人后，仍然不会说话，或者说话不清楚，使旁人难以听懂。

以上是弱智儿童在智力与学习方面的一般特征，只要经过细心的观察就可以辨别出来。如果儿童的家长与教师能发现这些特征，及早转介给有关专家，进行早期诊断与干预，将有利于弱智儿童的发展。

造成弱智的原因是复杂的，大致可以分为两个方面。

第一，遗传因素。遗传方面的因素包括染色体数目或结构的异常、特种显性基因遗传与隐性基因遗传等。例如，先天愚型就是染色体异常导致的先天智力落后，父母有尖头、并指畸形、多发性神经纤维瘤等引起子女弱智就是特种显性基因遗传造成的，而苯丙酮尿性精神发育不全就是一种隐性基因遗传的代谢障碍引起的弱智。一般说来，由遗传因素引起的弱智大多是严重的智力障碍，伴有多种躯体的和精神的缺陷。对于这种儿童需要多方面的医疗和专业人员给予特殊的生活护理和训练。

第二，环境因素，包括在胎儿期、出生时与出生后等不同时期所产生的各种不利的环境因素。在胎儿期，母亲患有感染性疾病，发生过中毒、用药不当，如为保胎服过激素、受过辐射；营养不良、精神紧张等因素都有可能影响胎儿的正常发育，导致中枢神经系统受损。在出生时，早产、难产时用产钳造成的产伤、窒息缺氧以及母亲的疱疹病毒从产道感染新生儿等都会影响儿童的神经系统功能。其中出生时的窒息是智力落后常见的原因。儿童在出生后的营养不良、感染性疾病、中毒、头部损伤等都可能导致儿童弱智。除此之外，家庭、社会和文化因素在智力落后的发生中也起一定的作用。如在经济文化条件差的家庭，父母为了生活，忙于工作，不能给予孩子足够的情感与言语训练，也难以提供增强智力活动的物质刺激与场所，加上其他不利条件如营养不良、卫生条件和习惯差、缺乏适当的早期教育等都会严重阻碍儿童智力的发展。

(三) 问题处理

弱智儿童并非不可救药，他们虽然缺乏正常的学习能力，但或多或少是能够学习的。除了极度严重的弱智外，一般的弱智都能通过适当的教育与训练改善其智能与社会适应能力。家庭、学校与社会都应采取积极的预防与矫正措施来控制智力落后的发生和发展。

1. 学习优生优育知识，向有关专家咨询

遗传因素在诱发智力落后中起了重要作用，染色体畸形和有缺陷的隐性基因的配对，对儿童正常的脑发育有害。明智的父母应该了解这种遗传学知识。目前可以通过各种检验手段查明父母的染色体是否异常或是否有缺陷，验明其基因是不是劣质的，从而积极控制智力落后儿童的出生。遗传学理论表明，近亲结婚所生育的后代更有可能产生先天性的躯体残疾和严重的智力缺陷，所以青年人在结婚或生育之前，要学习并掌握遗传学知识，从而达到优生优育的目的。

2. 对母亲和孩子要给予充分的照顾

家庭应对怀孕后期和哺乳期的母亲提供营养合理的饮食，对母亲和婴儿要采取必要的日常健康措施，实行科学的护理，避免在产前、产程和产后给孩子带来创伤。

3. 保持正常的家庭气氛

为了履行好教育子女的义务。夫妻之间必须互敬互爱、互谅互让，凡事都要互相支持和帮助。正常的家庭气氛要求家庭成员之间相互平等，团结一致，以免子女（包括智力落后儿童）的自尊心受到伤害。家庭要合理地安排好休息，在闲暇时间一起出外参观游玩，串亲访友，看电影，看戏；在家里看电视，讲故事，相互交流信息，把家庭生活搞得和谐融洽，愉快幸福。这样的家庭气氛有助于子女各方面的健康成长，有助于矫正子女的智力缺陷。

4. 正视现实、早期训练

孩子的智力是否落后，必须经医生、心理学家、教师和家长综合鉴定，从各方面分析诊断，不能轻易下结论，以免误诊，使儿童带上"弱智"的标签，产生长期的不利影响。若确诊孩子属智力落后，父母就必须承认这个现实，并对其进行早期训练。要耐心地同孩子一起做游戏，借助卡片、图片，和孩子一起朗读、记忆。鼓励孩子从事他擅长的活动，以便减轻因学习失败而造成的心理压力，从而培养孩子的自尊心和成功意识。家庭对于弱智儿童要多进行直观教育。拿实物作为教具，这样既能引起弱智儿童的兴趣，又能增长其知识，循序渐进地开发其智力。

5. 把弱智子女视为家庭中的平等一员

家长要掌握弱智子女的特点，明确弱智儿童在家中的地位及同其他成员的相互关系。家庭中要平等地看待弱智子女，而不应该歧视他们，家庭还应该给弱智子女安排一定的家务劳动，并督促他们去完成，以培养他们的劳动态度和劳动习惯，形成对家庭的责任心。家长还应按照一定的规则和社会的需要，培养弱智子女的文明生活习惯。

6. 保持对弱智孩子的一致要求

在弱智儿童的家庭里往往看到这样的情景：有的对孩子宽容，有的对孩子严厉。母亲不准的事情，父亲却允许做，祖母同意的事情，父母又禁止做。这样的教育方法对儿童十分有害。弱智儿童尽管思维迟钝，但是也能逐步觉察到成人之间的矛盾，并摸清什么时候向谁求告，需要对谁隐瞒自己的缺点和错误。这样会使儿童用不着公开地老实地承认自己的错误和缺点，只要在父母和其他长辈之间"投机取宠"即可。另外，对儿童的要求不一致、不协调，会造成其神经系统的过分刺激，破坏其精神活动的稳定性，使他们容易疲劳和激动。这些都是在弱智儿童的家庭教育过程中应该极力避免的。

7. 帮助弱智儿童过好空闲时间

家长们不应该因自己的子女傻而把他们禁锢在家庭里。应该充分利用儿童的空闲时间，带他们去公园和动物园游玩，去看电影，看戏，参观博物馆，参加少年宫的活动，串亲访友，等等。家长应该认识到，把儿童禁锢在家里，剥夺他们接触社会和自然的广泛机会，乃是阻碍孩子智力发展的人为障碍。家长应创造条件组织好儿童的空闲时间，使家庭充满有益于儿童发展，有助于矫正儿童智力缺陷的各种健康活动。只要往这方面努力，家长们会明显地看到子女整个精神面貌的明显改观。

8. 表达问题要明确

由于弱智儿童思维有障碍，理解问题的能力远低于正常同龄儿童，因此父母在表达和解释问题时，应该做到简明扼要，恰如其分。一次说明一件事情，让孩子有足够的时间进行理解。当孩子做错事情时，家长应让其明白为什么做错了，怎样做才算对。

另外，对于弱者儿童，要根据他们智力落后的程度，采取不同性质的训练和教育。对于重度智力落后儿童，首先要训练他们发展自我生活技能，采用操作性条件反射的方法进行穿衣训练、排便训练、吃饭行为训练以及言语与社会交往训练等。例如，给弱智儿童一定的声音刺激，训练他听到声音即去便盆，拉下裤子，进行小便，然后拉上裤子。每当完成一个动作就及时给予奖励，这样逐渐使之形成独立排便的行为。对于"可教育的"轻度弱智儿童，学校应设立辅助班进行特殊教育。

思考与讨论

1. 幼儿常见的心理与行为问题有哪些？
2. 如何运用行为矫正的方法？
3. 如何减少或消除幼儿的多动行为？

4. 幼儿攻击性行为的根源是什么？

5. 如何处理幼儿说谎的行为？

6. 如何理解儿童学习障碍？

参考文献

1. 林崇德．发展心理学．人民教育出版社，1995

2. 郑雪．幼儿心理教育手册．暨南大学出版社，2000

3. 艾里克·J. 马施，大卫·A. 沃尔夫．儿童异常心理学．孟宪璋，冼漪涟，罗文文，卢志臻译．暨南大学出版社，2004

4. 潘玉明，郭瑞芳．幼儿小学生中学生心理分析．中国工人出版社，1998

5. 贺淑曼，蔺桂瑞．健康心理与人才发展．世界图书出版公司，2000

6. 郑雪．广东学生心理健康教育探索．暨南大学出版社，2000

7. 郑雪．人格心理学．广东高等教育出版社，2004

8. 郑雪．社会心理学．暨南大学出版社，2004

9. 吴增强．当代青少年心理辅导．上海科学技术文献出版社，2003

10. 姚本先，方双虎．学校心理健康教育导论．中国科学技术大学出版社，2002

11. 姜伏莲，张义泉．少年儿童心理异常与矫治．安徽教育出版社，1998

12. 申荷永，高岚．心理教育．暨南大学出版社，1996

13. 朱智贤．心理学大词典．北京师范大学出版社，1990

14. 郑雪，王玲，宇斌．中小学生心理教育课程设计．暨南大学出版社，1997

15. 陈家麟．学校心理教育．教育科学出版社，1995

16. 王玲，刘学兰．心理咨询．暨南大学出版社，1998

17. 肖前瑛．德育心理探索．广东教育出版社，1991

18. 刘丽．儿童不良心理与行为矫正．科学普及出版社，1991

19. 王玲．心理卫生．暨南大学出版社，1999

20. 查子秀．超常儿童心理学．人民教育出版社，1993

21. 林正文．儿童行为观察与辅导——行为治疗的辅导取向．台湾五南图书出版公司，1999

后记

　　心理健康教育是以维护与增进学生心理健康，培养儿童、青少年良好心理品质为目的的教育。幼儿期是个性心理品质发展的一个关键期，适当的心理教育将有利于幼儿身心健康与良好心理品质的形成。本书的主要作者都曾在实验幼儿园工作过，并进行了幼儿心理教育的实验与探索，取得了幼儿心理教育方面的一些实践经验与研究成果。目前，国内有关幼儿心理教育的书籍甚少，这不利于幼儿心理教育的广泛开展。为了推动国内幼儿心理教育的发展，作者在自己的实践与研究基础上，参考了国内外大量有关研究成果与实践经验，写成了这本书。

　　本书在内容上具有系统性与科学性，而内容的表达力求形象具体，具有较强的可读性。更重要的是本书强调了实践操作性，使得缺乏心理学专业知识的幼儿园教师及普通家长，都可以将书中有关幼儿心理教育的理论与方法直接用来分析与解决自己面临的幼儿心理教育问题。本书共分为六章，其中第一、二章和第四章由郑雪编写，第三章和第五章由刘学兰编写，第六章由王玲编写，全书由郑雪统稿。在本书的写作过程中，作者参考了国内外大量有关的文献资料，在此对各位原作者表示衷心的感谢。同时也感谢暨南大学出版社的同志们，他们为本书的出版付出了辛勤的劳动。

郑　雪

2005 年夏于广州华南师范大学